高等职业教育高速铁路客运乘务专业系列教材
高等职业教育校企合作新形态系列教材——轨道交通类

活页式

高速铁路
客运服务礼仪

主　编◎周庆东　潘自影
副主编◎文　佳　董桂玲

西南交通大学出版社
·成　都·

图书在版编目（C I P）数据

高速铁路客运服务礼仪／周庆东，潘自影主编．—
成都：西南交通大学出版社，2021.6
高等职业教育高速铁路客运乘务专业系列教材　高等
职业教育校企合作新形态系列教材．轨道交通类
ISBN 978-7-5643-8081-6

Ⅰ．①高… Ⅱ．①周… ②潘… Ⅲ．①高速铁路－乘
务人员－礼仪－高等职业教育－教材 Ⅳ．①U293.3

中国版本图书馆 CIP 数据核字（2021）第 125738 号

高等职业教育高速铁路客运乘务专业系列教材
高等职业教育校企合作新形态系列教材——轨道交通类
Gaosu Tielu Keyun Fuwu Liyi
高速铁路客运服务礼仪
主编　周庆东　潘自影

责任编辑	臧玉兰
封面设计	墨创文化
出版发行	西南交通大学出版社 （四川省成都市金牛区二环路北一段 111 号 西南交通大学创新大厦 21 楼）
发行部电话	028-87600564　028-87600533
邮政编码	610031
网址	http://www.xnjdcbs.com
印刷	四川玖艺呈现印刷有限公司
成品尺寸	185 mm × 260 mm
印张	15.75
字数	334 千
版次	2021 年 6 月第 1 版
印次	2021 年 6 月第 1 次
书号	ISBN 978-7-5643-8081-6
定价	54.00 元

课件咨询电话：028-81435775
图书如有印装质量问题　本社负责退换

前言
PREFACE

本书立足于岗位需求，通过对现场深入调研并进行精心提炼、总结，根据现场对客运服务相关岗位的知识、技能、素质要求，突出实用性、系统性和时代性，确定了“项目导向，任务驱动”的教材编写模式。本书共分为三个项目，项目一主要介绍服务礼仪基础知识，使学生具备日常服务礼仪修养；项目二主要介绍高速铁路客运服务知识与技能，使学生对相关知识、技能有全面的把握，培养学生客运服务的专业修养和技能；项目三主要介绍高速铁路客运服务礼仪的基本要求与行为规范，让学生在学习中、实践中具备高速铁路客运服务礼仪方面的技能、素质和思政修养。

本书体现了教育部关于高职教育深化工学结合、校企合作、顶岗实习的人才培养模式改革要求，其编写特点为：

（1）立足现场，知识前沿。在编写前，我们通过深入铁路企业调研，积极征求铁路企业对客运服务岗位技能、知识、素质培养的意见和建议，经过精心提炼和总结，确定了编写内容。

（2）项目导向，任务驱动。本书为“项目—任务”式结构，每个项目包含几个独立的任务。每个任务通过任务导入来激发学生的兴趣和求知欲；然后通过逻辑清晰、精辟透彻的论述，使学生掌握相关专业知识；在任务结尾处安排了多种形式的任务实施内容，包括情景模拟、小组讲解比赛等，以帮助学生巩固知识，培养技能。

（3）内容精炼，学习资源丰富，知识检验方式多样。本书内容紧紧围绕岗位需求，知识技能兼而有之，实用性强；在每个任务后面还安排了案例资料、单选、多选、思辨等检测内容，确保学生从不同的角度掌握知识技能。

（4）图片精美，阅读轻松。本书配有大量与知识内容相关的精美图片，可以给读者带来轻松、舒适之感，避免了阅读大量文字带来的枯燥感。

（5）辅助资源丰富。本书配有检测试卷，另提供视频资源，可实现让学生同步学习知识技能并及时检测。

（6）课程思政教育贯穿始终。通过学习，使学生更加坚定社会主义核心价值观、热爱中国传统文化，培养学生的铁路职业修养和工匠精神等。

本书由周庆东、潘自影任主编，文佳、董桂玲任副主编，全书由潘自影统稿。编写分工如下：周庆东负责编写项目二的任务 3，潘自影编写项目一、项目二的任务 1、2 和项目三的任务 1、2、3，文佳负责编写项目二的任务 4，董桂玲负责编写项目三的任务 4。在编写过程中，我们得到了天津铁道职业技术学院刘世强老师的鼎力相助，得到了天津铁道职业技术学业院“王婕礼仪比赛小组”的帮助，在此表示感谢。另外，本书项目二任务 3“高速铁路客运手语服务”中的手语图，我们根据原创图重新进行了绘制与编排，在此，谨对原创者表示敬意和谢意。

对本书的编写，我们做了很大努力，但由于编者水平有限，书中仍难免有疏漏之处，敬请广大读者不吝赐教。

编　者

2021 年 2 月

目录
CONTEN

高铁车站和动车组列车
服务质量规范

项目一　服务礼仪基础知识认知

项目描述

礼仪是人类在长期社会交往中形成的行为规范，是人类文明的重要标志，是人们在社会交往活动中共同遵守的行为规范和准则。随着我国改革开放的不断深入，人与人之间、群体与群体之间以及世界各国之间的交往越来越频繁，人们社会活动的范围、规模都在日益扩大，这使得服务礼仪不断充实和发展，应用越来越普遍。如要将服务礼仪运用于实践，须全方位掌握服务礼仪的基本规则和相关理论知识。

任务 1　礼仪的基本理论知识

【教学目标】

1. 能力目标

根据现代礼仪的特征和应遵守的原则，能够正确、适度运用礼仪。

2. 知识目标

掌握礼仪的含义和内容、熟悉礼仪的起源和发展、理解礼仪的功能和作用。

3. 素质目标

树立礼仪观念，形成从事高铁客运服务工作的礼仪意识。

【任务导入】

某公司的场地安排有点特殊，进门的玄关旁边的一个座位安排给了财务主管，因为财务主管不用和项目组的同事坐在一起。该公司新来的一位大学毕业生，每次进门首先看见该财务主管，她既不打招呼，也不点头，还直瞪瞪对着该财务主管看一眼就走进去了。后来过了几天，大概她终于搞清楚该财务主管并非是接接电话、收收快递的阿姨，而是掌管她每个月工资的“财政大臣”，就突然变得殷勤起来，一进门就“李老师、李老师”叫得非常亲热。虽然非常热情，但该财务主管的心理感受却不一样了。她现在表现得如此尊敬和热情，毕竟是有原因的。所以，无论如何对她也生不出什么好感来。该财务主管很纳闷，“怎么一个堂堂大学生，刚进社会就学会了势利？如果我真的是前台阿姨，是不是她这辈子都不打算跟我打招呼？”

讨论题：

（1）为什么说“修养是第一课”？

（2）应该怎样提高自己的修养？

（3）礼仪在个人修养中处于怎样的地位？

一、礼仪的含义

（一）礼仪释义

礼仪是“礼”和“仪”共同构成的合成词。在中国古代，“礼”和“仪”是两个不同的概念。“礼”是制度、规则和一种社会意识观念；“仪”是“礼”的具体表现形式，它是依据“礼”的规定和内容而形成的一套系统而完整的程序。

1.“礼”的含义

（1）尊敬。《礼记·曲礼》开宗明义就是“毋不敬，俨若思，安定辞，安民哉”，把“敬”作为礼的本质内涵予以强调。

（2）秩序。《礼记·乐记》中有“礼者，天地之序也……中正之邪，礼之质也”。这说明“礼”体现了符合自然规律的秩序，引申为人际关系中的“人”的定位。每个人都要明确自己的身份、地位，都要守本分，不可做出轨的事。不偏不倚，怀着正直之心，做正事，走正道，才是礼的本质要求。

（3）道理。《礼记·乐记》中有“礼也者，理之不可易者也”。这里的“理”是道理、原则和规范，是为了保障社会正常秩序和人类生存发展及其交往的需要而制定出的行为准则和社会规范，这就是礼。

（4）风俗。《礼记·曲礼》中有“礼从宜，使从俗”。所谓风俗，即人心所为也，一定区域的居民，在长期共同生活过程中，依生存环境、宗教信仰、生活习惯而形成了民情风俗，体现在生老病死、婚丧嫁娶、迎来送往、节日庆典等方面就成为礼仪。

（5）履。东汉许慎《说文解字》中有“礼者，履也”。这说明礼的基本落脚点在于践履。《礼记·曲礼》中有“修身践言，谓之善行。行修言道，礼之质也”。这说明要发挥礼的功能，做个有礼的人就必须严于律己，言行一致，认真去实践礼的精神，使言谈举止都符合礼的要求，才算把握礼的本质。

所以，在中国古代，礼是社会的典章制度，是社会政治制度的体现，是维护上层建筑以及与之相适应的人与人交往中的礼节仪式。

因此，礼是指特定的国家、民族和人群基于客观历史传统而形成的，以确立维护社会等级秩序为核心内容的价值观念、道德规范及与之相适应的典章制度、行为方式。

2.“仪”的含义

（1）法度、准则。如《说文》中有“仪者，度也”，也就是要符合法度、规则。在仪式进行过程中要严肃认真、循规蹈矩。同时更要注意把握好分寸，既不要过分，亦不可不及，应恰到好处。

（2）典范、表率。《荀子》中可见“上者，下之仪也”，谓君主及当朝者是臣民的表率。

（3）形式、仪式。管仲有说：“礼仪者，尊卑之仪表也”，“万物之程式也”，“故动有仪则令行”。这里的“仪”就是仪式的意思。

（4）容貌、风度。如《诗·大雅》中有“令仪令色，小心翼翼”，《人物志》中可见“心质平理，其仪安闲”，这里的“仪”指的是容貌、举止。

由此可见，古代的“礼仪”与现代的“礼仪”含义完全不同。我国古代礼仪的主旨是：明确规定并严格维护封建等级制度，强调并坚持人的等级差异。随着社会文明的不断发展，“礼仪”一词逐渐被赋予了新的含义，成为人际交往中应遵守的行为规范和准则。

3. 西方“礼仪”的含义

在英语中，“礼仪”一词源于法语“Etiquette”。原意是一种长方形的纸板，上面有进入法庭时的注意事项，作为进入法庭后应遵守的规矩和行为准则。因而，这纸板就被视为法庭上的“通行证”。但这个词一进入英文后，就有了礼仪的含义，意即“人际交往的通行证”，成为人们交往中应遵循的规矩和准则。

随着社会的发展，礼仪的内涵也在不断发生着变化。本书所指的是现代意义上的礼仪。

（二）礼仪的含义

礼仪是指人们在社会交往中由于受历史传统、风俗习惯、宗教信仰、时代潮流等因素的影响而形成，既为人们所认同，又为人们所遵守，以建立和谐关系为目的的各种符合交往要求的行为准则和规范的总和。总而言之，礼仪就是人们在社会交往活动中应共同遵守的行为规范和准则。

礼仪的宗旨是使大家都感到舒适，不拘谨，不难堪。

尊重是礼仪的本质。

从不同的角度，还可以对礼仪做出不同的界定。

从个人修养的角度来看，礼仪是一个人内在修养和素质的外部体现。通过一举一动，一言一行，可以将一个人的涵养、素质、才华充分展现在人们面前，给人以全面的印象。

从道德的角度来看，礼仪是为人处世的行为规范和道德准则。古人有云“道德仁义，非礼不成”，正是这个道理的体现。

从交际的角度来看，礼仪是人际交往中的一种艺术，即一种处理人际关系的交际方式或交际方法。

从传播的角度来看，礼仪是在人际交往中进行有效沟通的技巧。

从审美的角度来看，礼仪是一种形式美，是人的心灵美的必然外化。因为“礼由心生”。

从民俗的角度来看，礼仪是人际交往中必须遵守的律己敬人的习俗，也是人际交往中约定俗成的对人表示尊重、友好的习惯做法。

将我国古代礼仪和现代礼仪进行对比就会发现，两者之间主要存在三点差异：

其一，基础不同。古代礼仪是以等级制度为基础的，现代礼仪则是以尊重他人为立足点和出发点的。

其二，目标不同。古代礼仪以维护统治秩序为目的，而现代礼仪则重在追求人际交往的和谐与顺利。

其三，范围不同。古代礼仪讲究“礼不下庶人”，因而与平民百姓无关，而现代礼仪则适用于任何参加交际活动的人。

（三）礼仪的内容

从内容上看，礼仪主要由四项基本要素构成：礼仪的主体、礼仪的客体、礼仪的媒体、礼仪的环境。如图 1.1 所示。

礼仪的主体，指的是礼仪活动的操作者和实施者。它既可以是个人，也可以是组织。没有礼仪的主体，就没有礼仪的活动，也就谈不上礼仪。

礼仪的客体，又称礼仪的对象。它指的是礼仪活动的指向者和承受者。礼仪的客体比较广泛，它既可以是人，也可以是物；它可以是物质的，也可以是精神的；

它可以是具体的，也可以是抽象的；它可以是有形的，也可以是无形的。没有礼仪的客体，礼仪活动就缺乏了对象，就不能称其为礼仪。

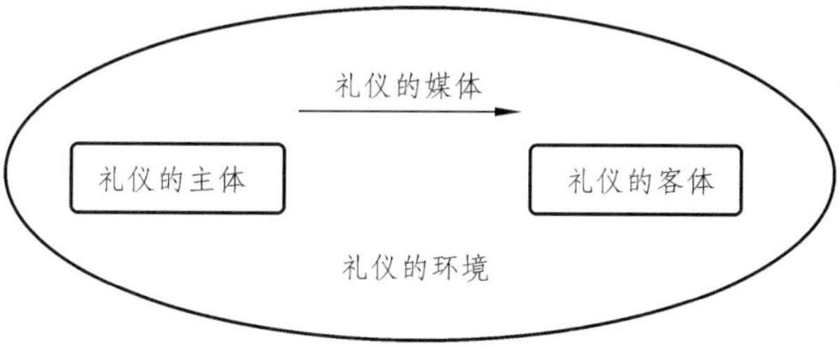

图 1.1　礼仪的构成要素

在社交礼仪的实施过程中，礼仪的主体与客体既是对立的，又相互依存，并且在一定条件下可以相互转化。舞台上的演员向台下的观众鞠躬致敬，演员是礼仪的主体，观众是礼仪的客体；观众以热烈的掌声进行回应，这时，观众就变成了礼仪的主体，演员则成了礼仪的客体。

礼仪的媒体，也被称作礼仪的符号，指的是礼仪活动所依托的媒介。它实际上是礼仪内容与礼仪形式的统一。任何礼仪都必须使用礼仪媒体，不使用礼仪媒体，礼仪就不可能存在。礼仪的媒体可以分为人体礼仪媒体、物体礼仪媒体、事体礼仪媒体等几类。人体礼仪媒体指的是通过人体自身来传达礼仪信息的媒体，如交际中所使用的语言、文字、手势、面部表情等；通过借助于一些物体来传达礼仪信息的媒体是物体礼仪媒体，如服饰、器物等；事体礼仪媒体则是指通过各种有关的事体来传达礼仪信息的媒体，如欢迎仪式。在现实交际中，这些不同的礼仪媒体往往是交叉结合、配套使用的。

礼仪的环境，指的是实施礼仪行为和礼仪活动的特定的时空条件，可以分为礼仪的自然环境与礼仪的社会环境。礼仪的环境，经常制约着礼仪的实施。它不仅决定着实施何种礼仪，也决定着礼仪的实施方法。所以，在实际操作和实施礼仪时，要根据具体的礼仪环境，恰如其分地运用礼仪规范。

（四）礼仪的分类

按照应用范围和适用对象的不同，礼仪一般可分为政务礼仪、商务礼仪、服务礼仪、社交礼仪、涉外礼仪等几大类。

政务礼仪：政务礼仪是国家公务员在行使国家权力和管理职能时所必须遵循的礼仪规范。

商务礼仪：商务礼仪是在商务活动中相互尊重的行为准则。它的核心是一种行为准则，用来约束商务活动的方方面面。它的主要作用是体现人与人之间的相互尊重。

服务礼仪：服务礼仪是指服务行业的从业人员在从事本职工作时应具备的基本素质和应遵守的行为规范。

社交礼仪：也称交际礼仪，是指社会各界人士在一般性的、日常性的人际交往中应具备的基本素质和应遵守的道德规范。

涉外礼仪：又称国际礼仪，是指在对外交往中，用以维护自身形象、对对外交往对象表示尊敬与友好的约定俗成的习惯做法。

在上述五种类型的礼仪当中，政务礼仪、商务礼仪、服务礼仪，主要是从行业的角度进行划分的，是人们在本职工作岗位上应遵守的礼仪，故可将其称为行业礼仪或职业礼仪。而社交礼仪和涉外礼仪则是从交往范围的角度进行划分的，所以可将两者皆称为交往礼仪。

（五）礼仪、礼节与礼貌

在一般性的表述当中，与“礼”相关的词最常见的有三个，即礼貌、礼节、礼仪。很多情况下，它们被视为一体，混合使用。其实，它们之间既有区别，又有联系，不可简单理解，混为一谈。

礼貌，一般是指在人际交往中，通过言语、动作向交往对象表示谦虚和恭敬。它是一个人在待人接物时的外在表现，它通过言谈、表情、姿态来表示对人的尊重。一个微笑、一个鞠躬、一声“您好”，都是礼貌的具体表现。礼貌侧重于表现人的品质与素养。

礼节，通常是指人们在交际场合相互表示尊重、友好的惯用形式。礼节往往从向他人表示敬意的仪式方面表现出来，像点头致意、鞠躬、握手等，均属于礼节的表现形式，所以说礼节是礼貌的具体表现方式。它与礼貌之间的相互关系是：没有礼节，就谈不上礼貌；有了礼貌，就必然伴有具体的礼节。

礼仪，则是对礼节、仪式的统称。它是指在人际交往中，自始至终地以一定的、约定俗成的程序、方式表现的律己、敬人的完整行为。显而易见，礼貌是礼仪的基础，礼节是礼仪的基本组成部分。换言之，礼仪在层次上要高于礼貌、礼节，其内涵更深、更广。礼仪，实际上是由一系列的、具体的、表现礼貌的礼节所构成的。它不像礼节一样只是一种做法，而是一个表示礼貌的系统而完整的过程。从本质上讲，三者所表现的都是对人的尊敬、友善。

总之，礼仪是文明的象征，是素质的体现。从某种意义上讲，礼仪是一个人乃至一个民族素质的重要组成部分。社会要发展、要进步，就必须要遵守礼仪、弘扬礼仪。

二、礼仪的起源和发展

我国素有“礼仪之邦”的美誉，礼仪文化源远流长。礼仪文化是中国传统文化的重要组成部分，对中国社会历史发展具有广泛而深远的影响。早在 3 000 多年前的西周时期，我国的古代礼仪就已基本成型。到了春秋时期，孔子集其大成，奠定了儒家学说在传统礼仪文化中的核心地位。此后，由孔子所构造的礼仪体系一直影响中国社会长达 2 000 多年。

（一）中国古代礼仪的起源

关于礼仪的起源，说法不一。归纳起来有五种起源说：一是天神生礼仪，二是礼为天地人的统一体，三是礼产生于人的自然本性，四是礼为人性和环境矛盾的产物，五是礼生于理，起源于俗。

1．从理论上说，礼的产生，是人类为了协调主客观矛盾的需要

首先，礼的产生是为了维护自然的“人伦秩序”的需要。人类为了生存和发展，必须与大自然抗争，不得不以群居的形式相互依存，人类的群居性使得人与人之间相互依赖又相互制约。在群体生活中，男女有别，老少有异，既是一种天然的人伦秩序，又是一种需要被所有成员共同认定、保证和维护的社会秩序。人类面临着的内部关系必须妥善处理，因此，人们逐步积累和自然约定出一系列“人伦秩序”，这就是最初的礼。

其次，起源于人类寻求满足自身欲望与实现欲望的条件之间动态平衡的需要。人对欲望的追求是人的本能，人们在追寻实现欲望的过程中，人与人之间难免会发生矛盾和冲突，为了避免这些矛盾和冲突，就需要为“止欲制乱而制礼”。

2．从具体仪式上看，礼产生于原始宗教的祭祀活动

在原始社会，祭祀活动最早都是以简单的祭天、敬神为主要内容的“礼”。这些祭祀活动在历史发展中逐步完善了相应的规范和制度，正式形成祭祀礼仪。《说文解字》中有：“礼，履也，所以事神致福也。”可见，礼是中国古代人们祭祀求福的一种仪式。礼，源于敬神，敬神以礼，求神赐福。

随着人类对自然与社会认识的逐步深入，仅以祭祀天地鬼神祖先为礼，已经不能满足人类日益发展的精神需要和调节日益复杂的现实关系。于是，人们将事神致福活动中的一系列行为，从内容和形式扩展到了各种人际交往活动，从最初的祭祀之礼扩展到社会各个领域的各种各样的礼仪。

（二）中国古代礼仪的发展

礼仪在其传承沿袭的过程中不断发生着变革。从历史发展的角度来看，其演变过程可以分为四个阶段。礼仪的形成和发展，经历了一个从无到有，从低级到高级，从零散到完整的渐进过程。

我国礼仪的发展大体可以划分为以下几个阶段。

1．礼仪起源时期（公元前 21 世纪以前）

礼仪究竟起源于何时？对此，人们一直在进行种种论述和探讨。现代人类学、考古学的研究成果表明，礼仪起源于原始的两大信仰：天地信仰和祖先信仰。在原始社会，生产力极其低下，人类尚处于愚昧无知的状态，对千变万化的自然现象，如日月、星辰、山川、河流、风雨、雷电等无法解释，于是把自然的力量神秘化、人格化，按照人的形象想象出各种神灵作为崇拜的偶像。对于原始人来说，生存繁衍是他们最强烈的企盼，而粮食丰收则是他们赖以生存的物质基础，所以礼仪是他们为祭祀天地、保佑风调雨顺、祈祷祖先显灵、拜求降福免灾而举行的一项敬拜祖先的仪式。他们希望行了礼，来年就可以逃避天灾人祸，就会五谷丰登，有一个好的年成。

2．礼仪形成阶段（约公元前 21 世纪至公元前 771 年）

这一阶段主要是指夏商周时期。在这个时期，礼仪被打上了阶级的烙印。同时，中国第一次形成了比较完整的国家礼仪与制度，中国古代的礼乐文明是在周代形成和完备起来的。根据史料记载，夏代已开始制礼，商代礼仪已渗透到社会生活中的各个方面。到了西周时期，周公（姬旦）以天命论为前提，为维护宗法等级秩序的需要，提出了系统的礼仪制度。在他的著作《周礼》中，周人把礼分为五类："吉礼""嘉礼""宾礼""军礼"和"凶礼"。吉礼即祭祀之礼，祈神赐福，求吉祥如意；嘉礼，即与百姓日常生活、人际交往息息相关的沟通、联络感情的礼仪；宾礼，即接待宾客之礼，是规范天子诸侯以及诸侯之间交往的礼节；军礼，即军队的操演、检阅、征伐之礼，以威慑各邦国，并使其服从规矩；凶礼，即对他人遭遇不幸的慰问、吊唁、抚恤之礼。《周礼》是对我国古代礼仪的总结汇编。它对后世人们的行为规范、人际交往以及社会公德的形成，都产生了极大的影响。

到了汉代，礼仪已发展得非常成熟，人们把阐述礼仪文化理论形态的三部巨著《周礼》《仪礼》《礼记》合称为"三礼"。《周礼》侧重政治制度，《仪礼》侧重行为规范和具体仪节，而《礼记》则侧重于阐明礼的作用和意义。"三礼"被列入儒家经典，受到历代统治者和学者的重视，不仅对中国文化产生了重大影响，而且对近邻的日本、韩国、朝鲜等东亚国家的文化也产生了深远的影响。

3．封建礼仪阶段（公元前 771 年至 1911 年）

这一阶段主要是指从儒学的产生，到以儒学为基础的封建礼仪形成、强化和衰落时期。这一时期，以孔子为祖师的儒家学派逐步形成，礼仪成为儒家学派的核心——"礼教"。孔子对礼仪非常重视，把"礼"看成是治国、安邦、平定天下的基础。他认为“不学礼，无以立”，“质胜文则野，文胜质则史。文质彬彬，然后君子”。他要求人们用礼的规范来约束自己的行为，要做到“非礼勿视，非礼勿听，非礼勿言，非礼勿动”。他倡导“仁者爱人”，强调人与人之间要有同情心，要相互关心，彼此尊重。在我国长达 2 000 多年的封建社会里，礼仪一直为统治阶级所利用，强调尊君抑臣、尊夫抑妇、尊父抑子、尊神抑人。

在这一时期，礼仪的明显特征，就是把人们的行为纳入封建道德的轨道，把人们教化成“非礼勿视，非礼勿听，非礼勿言，非礼勿动”的精神奴隶。礼教文化是这个时期“礼”的核心和基本内容。

4．现代礼仪发展阶段（1911 年至今）

辛亥革命以后，受西方资产阶级“自由、平等、民主、博爱”等思想的影响，符合时代要求的礼仪被继承、完善、流传，那些繁文缛节逐渐被抛弃，人们同时接受了一些国际上通用的礼仪形式。这一时期的礼仪，体现了近代自由、平等的原则。

中华人民共和国成立后，新型的社会关系和人际关系的确立，标志着我国礼仪进入了一个新的历史时期。许多礼仪从内容到形式都在不断变革，现代礼仪进入了全新的发展时期。这一时期，确立了同志式的合作互助关系和男女平等的新型社会关系，而尊老爱幼、讲究信义、以诚待人、先人后己、礼尚往来等中国传统礼仪中的精华则得到继承和发扬。随着社会的进步、科技的发展和国际交往的增多，礼仪必将得到新的完善和发展。

三、现代礼仪的特征及应遵守的原则

（一）现代礼仪的特征

礼仪是在社会交往过程中应遵守的行为准则，用以规范和约束人们的行为，协调和制约人们之间的相互关系。与其他行为准则相比，现代礼仪具有以下特点。

1．传统性

礼仪是一个国家、民族传统文化的组成部分。在我国，现代礼仪是以传统文化为基础，并不断吸收其他民族的优秀文化，在长期的社会生活实践中逐渐发展和完善起来的。它根植于传统文化这块沃土里，因而有着深刻的传统性。中华民族修礼、崇礼、习礼的传统美德，深深地融入现代礼仪之中，约束和规范着现代人的行为。礼仪是将人们在长期生活及交往中的习惯、准则固定并沿袭下来，有着广泛的社会文化基础，礼仪的这种传统性是根深蒂固的。在礼仪传播的过程中，传统礼仪中的那些烦琐的、保守的内容不断被摒弃，只有那些体现了人类精神文明和社会进步，代表着中华民族传统文化本质和主流的礼仪，才得以世代相传，并被不断完善和发扬。

2．共同性

礼仪是在人类共同生活的基础上形成的，是同一社会中，全体成员调节相互关系的行为规范。礼仪随着社会生产、生存环境和生活形态的变化而不断充实、完善，逐渐成为社会各阶层共同遵守的行为准则。礼仪的内容大都以约定俗成的民俗习惯、特定文化为依据，集中反映了一定范围内人们共同的文化心理和生活习惯，从而带有明显的共同性特点。礼仪又被应用于人们的社会交往之中，其范围和准则必须得到广泛的认可，才能在相当的范围内得到共同遵守，这也决定了礼仪的共同性特点。由于交往范围不断扩大，原先由于地域和文化交流限制所造成的礼仪规范的差异逐渐被打破，许多礼仪形式被越来越多的人所接受和认可，礼仪的共同性特点将会日趋明显。

3. 差异性

礼仪作为一种约定俗成的行为规范，其运用要受到时间、地点和环境的约束，同一礼仪会因时间、地点或对象的变化而有所不同。这就是礼仪的差异性的特点。礼仪的差异性主要表现为：① 民族差异性，不同民族的礼仪多姿多彩，各具特色。比如同是见面礼，不同的民族有着不同的表现形式。② 个性差异性，每个人因其地位、性格、资质等因素的不同，在使用同样的礼仪时会表现出不同的形式和特点。比如同是出席招待会，男士和女士要有不同的表现风格。③ 时代变异性，礼仪总是体现着时代要求和时代精神，因而会随着时代发展而产生差异。它随着社会的进步而不断发展、丰富和完善。

4. 自律性

礼仪是社会生活中约定俗成的习惯和规则，对人们的各种行为有着广泛的约束力，但这种约束力不是强制性的。礼仪不像法律那样威严，也不像道德那样肃然，礼仪的实施不需要别人的督促和监督。有人冒犯了礼仪规范，也不会受到法律的制裁。因此，礼仪的实施，主要依靠人们的自律行为，即自觉地运用礼仪规范来约束自己的行为，这就是礼仪的自律性。这就要求人们在实施礼仪的过程中，树立起一种内心的道德信念和行为修养准则，不断提高自我约束、自我克制的能力，在人际交往中自觉地遵守礼仪规范。

5. 等级性

礼仪的等级性表现在对不同身份、不同地位的人士礼宾待遇的不同。在社会生活中，人们往往用长幼之分、男女之别来规范每个人的受尊重程度。而在官方交往中，则要确定官方礼宾次序，确定官方礼宾次序的主要依据是其担任公职或社会地位的高低。但这并不意味着尊卑贵贱，而是现代社会正常交往秩序的表现，反映了各级公务人员的社会身份和角色规范。礼仪的等级性在社会交往中还表现为双向对等性，即在不同地区、不同组织的交往中，双方人员在公职身份和社会地位上要相近，业务性质要相似，以此来表示对对方的尊重。双方的交往还应当是一种尊重互换、情感互动的过程，在礼节上要有来有往、相互对等。这是工作需要与礼仪要求的结合和统一。

（二）现代礼仪应遵循的原则

在日常生活中，学习、应用礼仪，有必要在宏观上掌握一些具有普遍性、共同性、指导性的礼仪原则。在人际交往、乘客接待与服务工作中，人们应当自觉学习和遵守现代礼仪，按章办事，任何胡作非为、我行我素的行为，都是违背现代礼仪要求的。

现代礼仪应遵循尊重、平等、适度、自律、宽容的原则。

1．尊重原则

在现代礼仪规范中，尊重原则是最基本的原则。它是指在实施礼仪行为的过程中，要表现出对他人真诚的尊重，而不是藐视对方。礼仪规范从内容到形式都是尊重他人的具体体现。在人际交往中，不尊重他人，同样也不会赢得他人的尊重，这一点在一句俗语中就可以体会出来，“你敬我一尺，我敬你一丈”。只有尊重他人，才会获得他人的尊重。

2．平等原则

在现代礼仪中，平等原则是基础，是现代礼仪有别于以往礼仪的最主要原则。所谓平等原则就是指以礼待人，礼尚往来，既不盛气凌人，也不卑躬屈膝。

平等原则要求我们在处理人际关系中，尤其在服务工作中，不要厚此薄彼，更不能以貌取人。对任何服务对象都要一视同仁、满腔热情，决不能有任何看客施礼的意识。应本着“来者都是客”的真诚态度，以优质服务取得宾客的信任，使他们乘兴而来，满意而去。

3．适度原则

适度原则，是要求运用礼仪时，为了保证取得成效，必须注意技巧，合乎规范，特别要注意是否做到了把握分寸，认真得体。如在与人交往时，既要彬彬有礼又不能低三下四，既要热情大方又不能轻浮谄谀，要自尊却不能自负，要坦诚但不能粗鲁，要信人但不要轻信，要活泼但不能轻浮，要谦虚但不能拘谨。

运用礼仪时，做得过了头，或者做得不到位，都是失礼的表现。比如：见面时握手时间过长，或是见谁都主动伸手，不讲究主次、长幼、性别之分；告别时一次次地握手，或是不住地感谢，都会让人觉得厌烦。所以，运用礼仪要真正做到恰到好处，恰如其分，这样才能正确地表达自己的自律、敬人之意。

4．自律原则

礼仪作为行为的规范、处世的准则，反映了人们共同的利益。每个人都有责任、义务去维护它、遵守它。学习、应用礼仪，就必须自我要求、自我约束、自我控制、自我对照、自我反省、自我检点，这就是礼仪的自律原则。

在人际交往中，交往双方都希望得到对方的尊重。古人云："己所不欲，勿施于人。"我们应该首先检查自己的行为是否符合礼仪规范的要求，主动做到严于律己、宽以待人。如果不讲慎独与克己，遵守礼仪就无从谈起，更不可能在人际交往中塑造自身良好的形象，得到别人的尊重。

5．宽容原则

"得理也得让人"。在服务与交际活动中运用礼仪时，既要严于律己，更要宽以待人。要多宽容他人不同于己、不同于众的行为，要多体谅、多理解他人，切不可求全责备、过分苛求。例如，在服务工作中，旅客有时会提出一些无理甚至失礼的要求，我们服务人员应冷静而耐心地解释，决不能追究不放，反而把旅客逼至窘地。否则，会使旅客产生逆反心理形成对抗，引起纠纷。当旅客有过错时，我们也要"得理也得让人"，学会宽容对方，让旅客体面地下台阶，保全旅客的面子。

（三）东、西方礼仪的差异

礼仪是人与人之间交流的规则，也是一种工具。由于形成礼仪的重要根源——宗教信仰的不同，世界上信仰不同宗教的人们遵守着各不相同的礼仪。东方礼仪主要是指以中国、日本、韩国、泰国、新加坡等亚洲国家为代表的具有东方民族特点的礼仪文化。它以其富含人情味的传统礼仪向世人展示了悠久的历史文化和无穷的魅力。西方礼仪主要指流传于欧洲、北美各国的礼仪文化。东西方礼仪的差异，其根本是东西方文化的差异。

1．东方礼仪重视家庭家族传承，西方礼仪则强调平等

自古以来，东方人非常重视家族、血缘关系和文化传承，"血浓于水"的传统观念影响较大，人际关系中最稳定的就是血缘关系，人们敬老，礼仪方面重视文化传承。西方人独立意识强，相比较而言，不太强调或重视家庭血缘关系，家族意识较淡薄。他们将责任、义务分得很清楚，责任必须尽到，义务则完全取决于实际能力，绝不勉为其难。处处强调个人拥有的自由，追求个人利益，崇尚人人平等，很少有人以自己显赫的家庭背景为荣，也很少有人以自己的贫寒出身为耻。

2．东方礼仪强调谦虚谨慎、含蓄内向，西方礼仪则讲究简单务实、自由开放

西方礼仪是直接的，强调实用，表达率直、坦诚。东方人以"让"为礼，凡事都要礼让三分，与西方人相比，常显得谦逊和含蓄。

在面对他人夸奖所采取的态度方面，东、西方人差异很大。中国人常常会说"过奖了""惭愧""我还差得很远"等字眼，表示自己的谦虚；而西方人面对别人真诚的赞美或赞扬，往往会用"谢谢"来表示接受对方的美意。

3．东方礼仪强调礼尚往来，西方礼仪则强调尊重妇女、女士优先

东方人的人际交往特别讲究礼数，重视礼尚往来，往往将礼物作为人际交往的

媒介和桥梁。东方人送礼的名目繁多，除了重要节日互相拜访需要送礼外，平时的婚、丧、嫁、娶、生日、提职、加薪都可以成为送礼的理由。

西方礼仪强调交际务实，在讲究礼貌的基础上力求简洁便利，反对繁文缛节、过分客套造作。西方人一般不轻易送礼给别人，除非相互之间建立了较为稳固的人际关系。在送礼形式上也比东方人简单得多。一般情况下，他们既不送过于贵重的礼品，也不送廉价的物品，但却非常重视礼品的包装，特别讲究礼品的文化格调与艺术品位。

在送礼和接受礼品时，东西方也存在着较大差异。西方人送礼时，总是向受礼人直截了当地说明“这是我精心为你挑选的礼物，希望你喜欢”，或者说“这是最好的礼物”之类的话。西方人一般不推辞别人的礼物，接受礼物时先对送礼者表示感谢，接过礼物后总是当面拆看礼物，并对礼物赞扬一番。而东方人则不同，中国人及日本人在送礼时也费尽心机、精心挑选，但在受礼人面前却总是谦虚而恭敬地说“微薄之礼不成敬意，请笑纳”之类的话。东方人在接受礼物时，通常会客气地推辞一番。接过礼品后，一般不当面拆看礼物，唯恐因礼物过轻或不尽如人意而使对方难堪，或显得自己重利轻义，有失礼貌。

由于受到封建礼制男尊女卑观念的影响，东方男士往往备受尊重。尽管传统礼制中的等级制度已被消除，但等级观念至今仍对一些东方国家产生影响。而在欧美等西方发达国家，尊重妇女是他们的传统风俗，女士优先是西方国家人际交往的原则之一。

4. 东方礼仪讲究老者优先，西方人则不服老

东西方礼仪在对待人的身份地位和年龄上也有许多观念和表达上的差异。东方礼仪一般是老者、尊者优先，讲究辈分和资历。西方礼仪崇尚自由平等，在礼仪中，等级的强调没有东方礼仪那么突出，而且西方人独立意识强，不愿老，不服老，特别忌讳“老”。

5. 西方人时间观念严格，东方人则宽松些

西方人工作时，时间观念强，做事讲究效率。出门常带记事本，记录日程和安排，有约必须提前到达，至少要准时，且不应随意改动。西方人不仅惜时如金，而且常将交往对方是否遵守时间当作判断其工作是否负责、是否值得与其合作的重要依据，在他们看来这直接反映了一个人的形象和素质。遵守时间秩序，使西方人养成了严谨的工作作风，办起事来井井有条。西方人工作时间和生活时间区别分明，休假时间不打电话谈论工作，甚至在休假期间断绝非生活范畴的交往。

相对来讲，东方人使用时间随意性大一些，时间观念没有那样严格。如在一些工作场合中，包括改变原定的时间和先后顺序，开会晚到，开会、作报告延长时间。另外，工作时间与生活时间不分，占用生活时间加班。这在西方人看来是不可思议的，他们认为不尊重别人拥有的时间是最大的不敬。

6．东方礼仪强调共性、重情重义，西方人则崇尚个人独立、尊重个人隐私

传统上，东方人非常注重共性拥有，强调群体利益，注重人际关系的和谐。同时，也非常重视别人和社会的评价。邻里间的相互关心、问寒问暖，是一种富于人情味的表现。

而西方礼仪处处强调个人拥有的合法自由，将个人的尊严看得神圣不可侵犯。在西方，冒犯对方“私人的”所属权利，是非常失礼的行为。因为西方人尊重别人的隐私权，同样也要求别人尊重他们的隐私权。

当前，在经济、文化高速碰撞融合的时代背景下，西方文化大量涌进中国，如何保护中华民族传统礼仪，去其糟粕，与西方礼仪进行合理有效的融合呢？

越来越多的人认识到中西礼仪文化必将会互相渗透、不断发展，这是不可阻挡的趋势。在中西礼仪文化融合的过程中，我们不要盲目热衷于效仿西方，应防止陷入两个误区：

一是拿西方的礼仪取代我们中华民族的传统礼仪。礼仪是一个民族最具代表性的东西，也折谢出民族的自信心和价值观。比如在部分青年中，不论场合当众接吻，不了解含义、不加区分地过西方节日等，盲目攀比西方不敬长者，都是不容忽视的错误倾向。对西方礼仪作为民俗知识了解一下无可厚非，如果趋之若鹜，就失去了民族的自尊和自信心，本民族的传统礼仪也会遭到抑制或扬弃。

二是把礼仪教育的重点集中在操作层面。比如鞠躬要弯多少度，握手要停几秒钟等。这些问题不是不可以讲，但如果只做表面文章，礼仪就成了空洞的形式主义。

中西方礼仪文化的融合，在今日的中国，更多的还是借鉴西方礼仪中有益的成分，以发扬光大我国的传统文化礼仪。我们借鉴西方礼仪时要注意，不仅仅是要借鉴它的形式，更应当正确理解其含义。这样，我们才能更好建立起自己的文化自信和民族自豪感，才能确立我们的影响力，传播好中华文化。只有认清中西礼仪文化的差异，将二者合理有效地融合，才能建立适合中国当代社会的礼仪文化体系，达到实现和谐社会的理想。

四、礼仪的功能和作用

（一）礼仪的功能

在公共关系中，礼仪是社会公德、职业道德等的行为规范，协调着公共关系中的诸多关系。在人际关系中，礼仪是协调人际关系的调节器。礼仪的功能主要有以下三个方面。

1．约束功能

礼仪作为一种约定俗成的行为规范，一旦形成，就会对人们的社会行为产生很强的约束作用。礼仪一经制定和推行，久而久之，便形成社会的习俗和行为规范。任何一个生活在某种礼仪习俗和规范环境中的人，都自觉或不自觉地受到该礼仪的

约束，不接受礼仪约束的人，大家就会觉得他没有礼貌，社会就会以道德和舆论的手段对他加以约束。例如，严肃的工作会议上、高雅的音乐殿堂里骤然响起的手机声，就会受到大家的侧目，被视为极不礼貌的行为。凡是注意个人形象的人，无不在类似问题上自我约束。

2．协调功能

人是社会关系的总和，人际关系是人类社会关系中极为重要的关系。但是由于人们受教育程度不同、成长环境各异，再加上个性、职业、年龄、性别等方面的差异，这就导致了人们在人际交往中不同的价值取向。在人际交往中，为了维护自身利益，人们在行为方式上往往不同程度地带有“利己排他”的倾向。这就必然会使交往双方发生不同程度的矛盾和冲突。礼仪作为一种规范、程序，作为一种文化传统，对人们之间相互关系的模式起着规范、约束和及时调整的作用；同时，某些礼仪形式、礼仪活动，可以化解矛盾，建立新关系模式。可见礼仪在调节人际关系中，在发展健康良好的人际关系中，起着重要的作用。

3．教化功能

礼仪作为一种道德行为规范，对全社会的每一个成员都起着潜移默化的教育作用。礼仪的教化功能，主要表现在两个方面：一是礼仪的尊重和约束作用，礼仪作为一种道德习俗，对全社会的每一个人，都有教化作用，都在施行教化；二是礼仪的形成、完备和凝固，会成为一个社会传统文化的重要组成部分，这种“传统”的力量不断地由老一辈传递给新一代，世代相继、世代相传。

（二）礼仪的作用

礼仪，作为在人类历史发展中逐渐形成并积淀下来的一种文化，始终以某种精神约束力支配着每个人的行为，是适应时代发展、促进个人进步和成功的重要途径。礼仪的作用具体有以下几点。

1．礼仪有助于提高自身修养

在人际交往中，礼仪往往是衡量一个人文明程度的准绳。它不仅反映着一个人的交际技巧与应变能力，而且还反映着一个人的气质风度、阅历见识、道德情操、精神风貌等。因此，在这个意义上，礼仪即道德、即教养，而有道德才能高尚，有教养才能文明。这也就是说，通过一个人对礼仪运用的程度，可以察知其教养的高低、文明的程度和道德的水准。由此可见，学习礼仪、运用礼仪，有助于提高个人的修养，真正提高个人的文明程度。

2．礼仪有助于美化自身，美化生活

个人形象，是一个人仪容、表情、举止、服饰、谈吐、教养的集合，而礼仪在上述诸方面都有自己详尽的规范。《易经》有云："君子以非礼弗履。"因此，学习礼仪、运用礼仪，无疑将有益于人们更好地、更规范地设计个人形象、维护个人形象，更好地、更充分地展示个人的良好教养与优雅的风度。当个人重视美化自身，人人以礼相待时，人际关系将会更加和睦，生活将变得更加和谐。这时，美化自身便会发展为美化生活，这也是礼仪所发挥的作用。

3．礼仪有助于促进社会交往，改善人际关系

古语有云："世事洞明皆学问，人情练达即文章。"这句话讲的就是交际的重要性。古人云："礼者，履也。"一个人只要同其他人打交道，就不能不讲究礼仪。运用礼仪，除了可以使个人在交际活动中充满自信、胸有成竹、处变不惊之外，其最大的好处就在于，能够帮助人们规范彼此的交际活动，更好地向交往对象表达自己的尊重、敬佩、友好与善意，增进彼此之间的了解与信任。如果人人都是这样，时时、处处、事事如此，长此以往，必将促进社会的进一步发展，帮助人们更好地取得交际成功，进而造就和谐、完美的人际关系，取得事业的成功。

4．礼仪有助于净化社会风气，推进社会主义精神文明建设

一般而言，教养反映素质，素质又体现于细节，而细节往往决定着一个人的成败。反映个人教养与素质的礼仪，是人类文明的标志之一。一个人、一个单位、一个国家的礼仪水准如何，往往反映着这个人、这个单位、这个国家的文明水平、整体素质、整体教养。古人曾经指出"礼义廉耻，国之四维"，将礼仪列为立国的精神要素之本。英国大哲学家约翰·洛克言："没有良好的礼仪，其余的一切成就都会被人看成骄傲、自负、无用和愚蠢。"荀子曾说过："人无礼则不立，事无礼则不成，国无礼则不宁。"反过来说，遵守礼仪，应用礼仪，将有助于净化社会风气，提升个人乃至全社会的精神文明方面的品位。在我国推进的社会主义精神文明建设中，就有一项内容：讲文明、讲礼貌、讲卫生、讲秩序、讲道德，心灵美、语言美、行为美、环境美。这些内容，与礼仪完全吻合。因此，礼仪的学习与运用，与推进社会主义精神文明建设是殊途同归，相互配合、相互促进的。党的十九大以来，精神文明建设工作以习近平新时代中国特色社会主义思想为指引，把培养时代新人作为着眼点，培育和践行社会主义核心价值观，引导全社会树立文明观念、提高文明程度，形成文明风尚，这对礼仪的学习和运用，具有十分重要的意义。

【任务实施】

（1）将学生分成若干组，每组5位同学，并确定组长。

（2）由组长负责组织，每个小组分别去搜集关于中华传统礼仪和习俗的资料，并根据相关资料，总结出不同类型礼仪和习俗的历史渊源、应用场合、要点、注意事项等。

（3）将总结好的材料和成果做成PPT文件，小组选出代表进行讲解。老师和同学可以就PPT文件内容进行提问，也可以就某一问题开展课堂讨论。

活动评分表

评分标准	得分	说明
调查资料是否充分、全面。（30分）		
资料总结是否准确、全面。（20分）		
PPT文件制作是否生动、准确。（10分）		
PPT文件讲解是否通顺、流畅。（20分）		
小组成员活动是否积极。（10分）		
团队协作是否协调。（10分）		

【案例资料】

有这样一则历史故事。相传，元世祖忽必烈一次召见应聘官员，应聘者中有一位学士叫胡石塘。此人生性粗心，不拘小节，歪戴着帽子也没有被发现，就进去面见元世祖。元世祖忽必烈看见他，问道“你有什么本事啊？说来我听听”。胡学士回答说“我有治国平天下的学识”。忽必烈听了，哈哈大笑道“你连自己头上的帽子都戴不平，还能平天下吗？”胡学士因为歪戴帽子，不拘小节而葬送了前程，这难道不足以说明礼仪礼貌的重要吗？

讨论题：

你是怎样理解“小处不可随便”“细节决定成败”这个问题的？

【任务练习】

1. 单　选

（1）礼仪就是人们在社会交往活动中应共同遵守的（　　）和准则。

A. 行为规范　　B. 舆论

C. 习俗　　D. 准则

（2）礼仪主要由四项基本要素构成：（　　）、礼仪的客体、礼仪的媒体、礼仪的环境。

A. 礼仪的主体　　B. 礼仪的要素

C. 礼仪的实施　　D. 礼仪的仪式

（3）中国古代阐述礼仪文化理论形态的三部巨著（　　）《仪礼》《礼记》，被合称为“三礼”。

A. 《论语》　　B. 《周礼》

C. 《仪礼》　　D. 《礼记》

（4）中国素有“礼仪之邦”的美誉，自（　　）时期，礼仪之根就已经开始萌芽。

A. 原始社会　　B. 封建社会

C. 夏朝　　D. 周朝

（5）礼仪是在人类共同生活的基础上形成的，是同一社会中，全体成员（　　）的行为规范。

A. 正常交往　　B. 互相平等

C. 一视同仁　　D. 调节相互关系

（6）在现代礼仪中，（　　）原则是基础，是现代礼仪有别于以往礼仪的最主要原则。

A. 协调　　B. 自爱

C. 礼貌　　D. 平等

（7）（　　）原则，是要求运用礼仪时，为了保证取得成效，必须注意技巧，合乎规范，特别要注意做到把握分寸，认真得体。

A. 协调　　B. 自爱

C. 礼貌　　D. 平等

（8）学习、应用礼仪，就必须自我要求，自我约束，自我控制，自我对照，自我反省，自我检点，这就是礼仪的（　　）原则。

A. 协调　　B. 自爱

C. 礼貌　　D. 平等

2. 判　断

（1）在中国古代，“礼”是“仪”的具体表现形式，它是依据“礼”的规定和内容而形成的一套系统而完整的程序。（　　）

（2）“仪者，度也”，在这里，“仪”指的是仪式的意思。（　　）

（3）礼仪的宗旨是使大家都感到舒适，不是拘谨，更不是难堪。(　　)

（4）早在唐朝，我国的古代礼仪就已基本成型。(　　)

（5）俗话说，礼多人不怪，所以人际交往中，礼越多越好。

（6）礼仪的实施，主要依靠人们自觉地运用礼仪规范来约束自己的行为，这就是礼仪的传统性。(　　)

3. 思　考

（1）根据自己的理解，谈谈日常生活中常用的礼仪有哪些。

（2）结合实际，谈谈礼仪在人际交往中的作用。

（3）结合自己的学习、生活实际，谈谈提高礼仪修养的方法和途径。

（4）根据自己的所见所闻，谈谈东、西方礼仪的差异。

（5）礼仪的功能有哪些？请举例说明。

（6）礼仪的作用有哪些？请举例说明。

（7）思辨讨论：礼仪、礼节与礼貌的关系。

任务 2　日常服务礼仪

【教学目标】

1. 能力目标

能够根据日常服务礼仪的要求，恰当地完成高速铁路客运服务的相关工作。

2. 知识目标

了解语言礼仪、公共场所礼仪、迎送礼仪、拜访与接待礼仪、电话礼仪的基本要求和注意事项，理解这些礼仪的功能和作用。

3. 素质目标

树立在高铁客运服务工作中，时刻注意礼仪的职业意识和职业素养。

【任务导入】

王女士是某公司经理，她发现有两个安排在周五的约会有冲突，就让秘书打电话重新安排其中一个约会的时间。王女士被邀请到一家公司的老板家吃晚饭，由于事先知道老板夫人非常喜欢花，于是在赴宴途中买了一束红玫瑰，送给老板夫妇。路上塞车，迟到了 10 分钟。进餐时感到有点热，王女士脱下外衣搭在椅背上。餐后女主人为大家端上咖啡，王女士右手持咖啡杯，左手端碟子，一边喝咖啡一边对主人夫妇的菜肴做了由衷的赞美。

请问：你觉得王女士的哪些行为有不符合礼仪的地方？

一、语言礼仪

语言是人们交流思想、联络情感的重要工具和手段。古人说：慧于心而秀于言。言为心声，语为人镜，说明语言是人的思想情感的体现，是揭示人们心灵的窗户。语言所代表的是一种道德文明。它集中反映了人的思维能力、文化素养、道德品质等诸多内在的素质。一个善于使用语言与他人沟通的人，本身就具备了取得成功的可能性。

从服务的角度出发，语言包括服务口头语言、服务书面语言和服务体态语言。这里，我们主要讨论服务口头语言和服务体态语言。

（一）服务口头语言

1. 谈话的礼仪

（1）话题的选择

要想有一个愉快而富有收获的谈话，就必须选择合适的话题，即谈话的中心。一般而言，谈话的主题多少可以不定，但在某一特定时刻宜少不宜多，最好只有一个，这样才有助于谈话的顺利进行。在谈话之中，以下四类话题都是适宜的选择。

① 既定的话题。

这类话题是指交谈双方事先约定的主题。例如：征求意见，讨论问题，研究工作等。在正式交谈中，可以选择这类话题。

② 高雅的话题。

这类话题主要涉及文学、艺术、哲学、建筑、历史、地理等，但切忌班门弄斧，不懂装懂。这类话题，适用于各种场合的交谈。

③ 轻松的话题。

比如时尚休闲、体育赛事、电影电视、旅游度假、天气状况等。这类话题适用于非正式交谈。

④ 擅长的话题。

和律师交谈的时候，可以谈谈法律方面的话题；在和文艺工作者交谈的时候，可以谈谈文学创作等。这类话题适用于各种场合的交谈。

（2）谈话礼仪

谈话是人们交流感情、增进了解的主要手段。谈话是一门艺术，谈话者的态度和语气极为重要。有人谈起话来滔滔不绝，容不得他人插嘴。有人为了显示自己的伶牙俐齿，总是喜欢用夸张的语气，甚至危言耸听，完全不顾他人的喜怒哀乐，一天到晚谈的只有自己，这种人不懂得尊重他人。

在社交场合中，谈话的礼仪有“四不准”“个人隐私五不问”“六不谈”原则。

“四不准”原则：

① 不打断对方。你有说话的权利，对方也有说话的权利，打断别人是没有教养的表现。

② 不补充对方。真正容人的人会给别人说话的机会，给别人表达意愿的权利。待人接物交谈的基本技巧是少说多听，因为言多必失。

③ 不纠正别人。不是原则问题，不要随便对别人进行是非判断，大是大非另当别论，小是小非得过且过。

④ 不质疑对方。如果不是原则问题，不要随便对别人谈的内容表示怀疑。我们在日常生活中，有时候得罪人、伤害人的就是一些小是小非。

“个人隐私五不问”原则：

① 不问收入。

收入往往是一个人实力的标志，如果问一个人挣多少钱，实际上是问这个人的本事如何，这不合适。

② 不问年龄。

在现代市场经济条件下，竞争比较激烈，一个人的年龄问题，实际上也是个人的资本，所以不问年龄问题。

③ 不问婚姻家庭。

家家都有一本难念的经，别去跟人家过不去。

④ 不问健康问题。

和年龄一样，现代人的健康其实也是一种资本。

⑤ 不问个人经历。

英雄不问出处，避免说到别人所忌讳的话题。

上述问题涉及对方的实力和个人隐私，一般是他人不愿涉及的领域，应尽量避免，这也是个人素质的一种表现方式。

“六不谈”原则：

① 不非议党和政府。

这是对公民的起码要求。

② 不谈及国家秘密和商业秘密。

国家有保密法，泄露国家机密是违法的。

③ 不非议交往对象。

爱说是非者必是是非之人。

④ 不在背后议论别人。

这是一种极不礼貌、缺乏修养的行为。

⑤ 不谈论格调不高的话题。

比如家长里短、小道消息等。如果这些格调不高的话题从我们嘴里说出来，就会贻笑大方，会使对方觉得我方素质不高，有失教养。

⑥ 不涉及个人隐私问题。

现代社会强调尊重个人隐私，不要随便打听个人隐私。

2．如何与人寒暄

寒暄是表示客气的套话，人们经常会听到、用到，但有些寒暄话让人觉得别扭、虚假，以至于本来是为了缓和气氛、调整心态而寒暄，却恰恰起到了相反的作用。那么，如何做到有效地寒暄呢？

（1）态度积极

这样可以表现出谈话者的主动、热情，更有利于调节气氛。

（2）照顾周到

当遇到多人寒暄时，不能只顾及其中一两个人，而把其他人撇在一边。

（3）善于选择话题

寒暄的话题应是既能表现对他人及其亲人的关心，使对方感到温暖，又能让对方乐于谈且又较易回答的问题。

（4）注意灵活变通

要区分对象，根据对象的亲疏、生熟，变化寒暄用语；要根据时间的早晚，变换寒暄用语；要根据场合的不同，选用不同的寒暄用语。

（5）讲究方式

与陌生人初次见面的寒暄，一般须有两三个问答的进程。熟人间的寒暄，往往只需一句话、一个招呼。如果久不见面，则宜有两三个问答的过程。

3．倾听的技巧与礼仪

国外有句谚语：“用十秒钟的时间讲，用十分钟的时间听。”听，可以从谈话对方获得必要的信息，领会谈话者的真实意图。一个出色的聆听者，具有强大的感染力，他让对方感到自己很重要，这样可以极大地调动说话者的情绪。事实上，有时虽然感觉对方在听，但有可能并没达到实际效果。因为倾听的层次是不一样的，如图 1.2 所示。

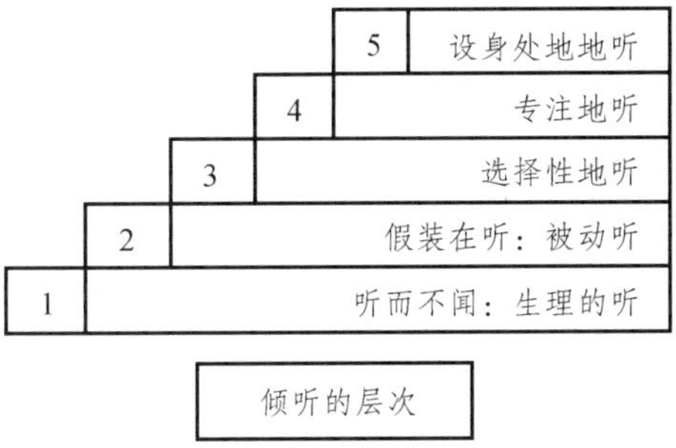

图 1.2　倾听的层次

在现实中，大概 60% 的人只能做到第一层次的倾听，30% 的人能够做到第二层次的倾听，15%的人能够做到第三层次的倾听，达到第四层次水平上的倾听仅仅只有 5%的人能做到。在工作和生活中，提高自身倾听技巧，对于创造积极、双赢的局面非常有意义。

那么，怎样才能掌握倾听的艺术呢？

（1）集中注意力，真心诚意地倾听

人的思绪很快，往往超过讲话的速度。讲话的速度是每分钟 120～160 个字，而思考的速度则是每分钟 400～600 个字。因此要强迫自己集中注意力倾听。如果你真的没有时间，或由于别的原因而不愿听人谈话，你最好客气地提出来：“对不起，我很想听你说，但我今天还有一件事要做。”礼貌地提出来，比勉强听或者坐着开小差更好一些。

（2）要有耐心，不能随便打断别人讲话

有些旅客话很多，或者语言表达有些零散甚至混乱，这时就要耐心地听完他的叙述。即使听到你不能接受的观点或者伤害某些感情的话，也要耐心听完。听完后可以反驳或者表示你的不同意见。

（3）偶尔的提问或提示可以澄清谈话内容，给讲话者以鼓励

如：“这几条建议，你认为哪一条最好呢？”同样，也可以适时用简短的语言，如“是”“对的”或点头微笑来表示你不仅在聆听对方说话，而且饶有兴趣，避免对方因说话得不到反应而感到兴味索然，中断讲话。

（4）适时给予反馈

反馈就是用自己的语言表述对讲话人所表达信息和情感的理解，这表明他已经听到并理解了信息。你可以逐字逐句地重复讲话人的讲话，也可以用自己的语言解释讲话人的意思。比如：“你的话是不是可以这样概括……”

4．劝告与说服语言礼仪

服务人员面临千变万化的公众，势必也会遇到少数逆意旅客，这就需要说服对方，讲究说服技巧。劝告说服他人的基本要诀主要包括以下几个方面。

（1）取得他人的信任

在说服他人的时候，最重要的是取得对方的信任。只有对方信任你，才会正确地、友好地理解你的观点和理由。社会心理学家认为，信任是人际沟通的“过滤”。只有对方信任你，才会理解你友好的动机，否则，如果对方不信任你，即使你说服他的动机是友好的，也会经过“不信任”的“过滤器”作用而变成其他的东西。

（2）站在他人的角度设身处地地谈问题

要说服对方，就要考虑到对方的观点或行为存在的客观理由，亦即要设身处地地为对方想一想，从而使对方对你产生一种“自己人”的感觉。这样，对方就会信任你，就会感到你是在为他着想。这样，说服的效果将会十分明显。

（3）创造出良好的“是”的氛围

从谈话一开始，就要创造一个说“是”的气氛，而不要形成一个“否”的气氛。不形成一个否定气氛，就是不要把对方置于不同意、不愿做的地位，然后再去批驳他、劝说他。比如说：“我知道你会反对……可是事情已经到这一步了，还能怎样呢？”这样说来，对方仍然难以接受你的看法。在说服他人时，要把对方看作能够做或同意做的。比如，“我知道你是能够把这件事情做得很好”“你一定会对这个问题感兴趣的”等。事实表明，从积极的、主动的角度去启发对方、鼓励对方，就会帮助对方提高自信心，并接受自己的意见。

（4）说服用语要推敲

说服他人时，用语的色彩不一样，说服的效果就会截然不同。通常情况下，在说服他人时要避免用“愤怒”“怨恨”“生气”或“恼怒”这类字眼，即使在表述自

己的情绪时，比如像担心、失意、害怕、忧虑等，也要在用词上注意推敲，这样才会收到良好的效果。

5. 拒绝别人的艺术

交谈中不可能没有拒绝。由拒绝所引起的对方的心理抗拒以及由此产生的消极情感后果往往是不可避免的，为了使这样的消极后果能降到最低限度，应当学习和掌握交谈中的一些拒绝艺术。

（1）不要立刻拒绝

立刻拒绝，会让人觉得你是一个冷漠无情的人，甚至觉得你对他有成见。

（2）要婉转地拒绝

真正有不得已的苦衷时，如能委婉地说明，就以婉转的态度拒绝，别人还是会感动于你的诚恳的。

（3）要有代替地拒绝

“我帮不上你的忙，我会提出一个更好的方法来帮助你”，这样一来，对方还是会很感谢你的。

（4）要有帮助地拒绝

你虽然拒绝了，但却在其他方面给他一些帮助，这样既不勉强自己，也不会让对方难堪。

6. 学会赞美别人

林肯说过“每个人都希望得到赞美”。恰当的赞美可以活跃气氛，令对方心情愉快，因为这是对对方个人价值和社会价值的肯定。

赞美别人，可以打破谈话的僵局，消除紧张心理；可以给人带来远见卓识，让人拥有宽广的胸怀；不仅使人更健康，而且能让人获得真挚的友谊和良好的人际关系。赞美是一门需要修炼的艺术，但只要你窥破了它的“秘诀”，并掌握了要领，你不但能自如地赞美别人，而且能如意地得到别人的赞美。

（1）出自真诚，源自真心

人们慨叹赞美别人难，是因为关注自己太多，即使赞美，也不是出自真心。古语说：“精诚所至，金石为开。”只有真诚的赞美，才能使人感到你是在发现他的优点，而不是以一种功利性手段去分享他的利益，从而达到赞美的最高目的。

真诚可把赞美和阿谀奉承区分开来。赞美具有诚意，阿谀没有诚意；赞美是从心底发出，阿谀只是口头说说而已；赞美是无私的，阿谀完全为自己打算。因而人们喜欢赞美而厌弃阿谀奉承之流。

（2）知己知彼，投其所好

赞美别人之前，必须对被赞美者的基本情况了如指掌，比如对方的优点和长处，他的缺点、弱点，还要熟悉对方的爱好、兴趣、人品等，这样才能避免泛泛而谈或者无话可说。知己知彼，方能百战不殆。

（3）从小事着眼，无“微”不至

常言说：勿以善小而不为，勿以恶小而为之。赞美别人时，要“勿以善小而不赞”。因为凡夫俗子不可能有许多大事值得赞美，但千万不要吝啬赞美，一定要慷慨地从小事上称赞别人。善于从小事上赞美别人，不仅可以给人惊喜，而且可以树立你明察秋毫、体贴入微的形象。

（4）赞美别人的忌讳

一忌太夸张。

赞美需要修饰，但是过分地、太夸张的赞美就会变成阿谀奉承，让人感觉不到真诚，只留下虚浮和矫揉造作。

二忌陈词滥调。

一些人的赞美言辞中，充满了陈词滥调。如久仰大名、百闻不如一见、生意兴隆、财源茂盛等。一些人在社交场合赞美别人时，只会鹦鹉学舌，说别人说过的话，然而须知，别人嚼过的肉不香。

三忌冲撞别人的忌讳。

几乎每个人都有自己的忌讳，每个国家和民族都有自己的忌讳。忌讳仿佛是永不结疤的伤痕，每个人都不允许别人侵犯它。赞美别人千万不可触及对方的忌讳，否则，极易造成交际的失败，引起他人的反感。

（二）体态语言礼仪

体态语言，亦称“人体示意语言”“身体言语表现”“态势语”“动作语言”等，是人际交往中传情达意的一种方式。日常人际交往中体态语言是有一定规律可循的。了解这一点，不仅有助于理解别人的意图，而且能够使自己的表达方式更加丰富，表达效果更加直接，进而使人与人之间更和谐。在交际中常见的体态语言主要有情态语言、身势语言、空间语言。

1. 情态语言

情态语言是指人脸上各部位动作构成的表情语言，如目光语言、微笑语言等。在人际交往中，目光语言、微笑语言都能传递大量信息。人的面部表情是人的内心世界的“荧光屏”，人的复杂心理活动无不从面部显现出来，面部的眉毛、眼睛、嘴巴、鼻子、舌头和面部肌肉的综合运用，可以向对方传递自己丰富的心理活动。

（1）眼睛

眼神一向被认为是人类最明确的情感表达和交际信号，在面部表情中占据主导地位。据专家们研究，眼神实际上是指瞳孔的变化行为。瞳孔是受中枢神经控制的，它如实地显示着大脑正在进行的一切活动。瞳孔放大，传达正面信息（如爱、喜欢、兴奋、愉快）；瞳孔缩小，则传达负面信息（如消沉、戒备、厌烦、愤怒）。人的喜怒哀乐、爱憎好恶等思想情绪的存在和变化，都能从眼睛这个神秘的器官中显示出来。因此，眼神与谈话之间有一种同步效应，它忠实地显示着说话的真正含义。与人交谈，要敢于和善于同别人进行目光接触，这既是一种礼貌，又能帮助维持一种联系，使谈话在频频的目光交接中持续不断，更重要的是眼睛能帮你说话。

人的眼神是面部表情中最丰富生动的，也是最善于传情达意的。印度诗人泰戈尔说："一旦学会了眼睛的语言，表情的变化将是无穷的。"在人与人的交往中，语言固然是重要的手段，但有的时候不用语言也能达到交际目的，那就是通过眼神来表达情感和思想。许多时候，甚至无声胜有声。所以，在人际交往中我们别忘了用眼神来传递信息，眼神的运用是颇有讲究的。

① 注视时间。

与人交谈，视线接触对方脸部的时间应该占全部谈话时间的 30%～60%，因此要把握好这一时间度。长时间凝视对方会被认为是对私人空间或势力范围的侵犯，是不礼貌或挑衅的行为；完全不看对方，则被认为是自高自大、傲慢无礼的表现，或者试图去掩饰什么，如空虚、慌张等。若对对方表示友好，则注视对方的时间应占全部相处时间的 1/3 左右；若对对方表示关注，比如听报告、请教问题时，则注视对方的时间应占全部相处时间的 2/3 左右；若注视对方的时间不到相处全部时间的 1/3，往往意味着对其瞧不起，或没有兴趣；若注视对方的时间超过了全部相处时间的 2/3 以上，往往表示可能对对方抱有敌意，或是为了寻衅滋事，但还有另一种情况，即对对方本人发生了兴趣。

注视时间的礼仪要求人们在一般的社交场合和工作场合，既不要长时间注视对方，使对方不自在，也不能眼神游移不定。

② 注视部位。

从视线停留的部位可反映出三种人际关系状态：一是视线停留在两眼与胸部的三角形区域，被称为亲密注视，这种注视带有亲昵、爱怜的感情色彩，多用于亲人、恋人、家人之间；二是视线停留在双眼和嘴部之间的三角形区域，被称为社交注视，这种注视给人轻松、平等的感觉，是社交场合常见的视线交流位置；三是视线停留在对方前额的一个假定的三角形区域，称为公务注视，表示严肃、认真、敬业、坦诚。如果你的视线停留在这一区域，就会使对方感觉到你有正事要谈，使你保持了主动。如图 1.3 所示。

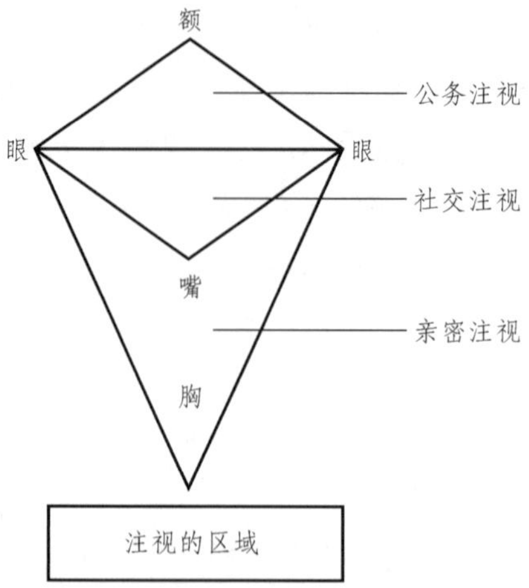

图 1.3　注视的区域

③ 注视方向。

不同的视觉方向表达不同的含义，如仰视表示思索，俯视表示忧伤，正视表示庄重，斜视表示轻蔑等。

一般地说：平视对方表示尊重，适用于在普通场合与身份、地位平等之人进行交谈；仰视表示尊重、敬畏之意，适用于面对尊长之时；俯视可对晚辈表示宽容、怜爱，也可对他人表示轻蔑、歧视；斜视对方，那是失礼的表现。

另外，直视表示认真、尊重；凝视表示专注、恭敬；盯视表示出神、疑虑、走神、疲乏，或失意、无聊、挑衅；扫视表示好奇、吃惊；环视表示认真、重视，在同时与多人交往时，表示一视同仁。

当然，眼神的变化要自如协调，要与有声语言有机地配合在一起，不能只顾眼神，不顾其他或者两者分离。

④ 眼睛的转动。

眼睛转动的幅度与快慢都必须遵循一个“度”，不要太快或太慢。眼睛转动稍快表示聪明、有活力，但如果太快则表示不诚实、不成熟，给人轻浮、不庄重的印象，“挤眉弄眼”“贼眉鼠眼”指的就是这种情况。但是，眼睛也不能转得太慢，否则就是“死鱼眼睛”。鲁迅描写祥林嫂遭受巨大打击迫害后，眼珠许久才转一下，表示她已被迫害得头脑迟钝了。眼睛转动的范围也要适度，范围过大给人以白眼多的感觉，过小则显得木讷。

（2）微笑

微笑是指不露牙齿，嘴角的两端略提起的笑。微笑是人体语言的一种，是人类最基本的动作，它是交际活动中最有吸引力、最有价值的面部表情。微笑是一门学问，也是人际交流的艺术，它可以和有声语言及行动一起互相配合，起到互补作用，在交际中表达深刻的内涵。

微笑能给对方留下良好的第一印象，会使人的赞美更具分量；微笑有利于迅速打破僵局，消除戒备心理；微笑更能充分表现出对他人赞许、谅解、理解的态度。

微笑是一种艺术。作为礼仪的笑容应该是美、好看，自然的，它是常态下的微笑，所以要做到“四要”“四不要”。“四要”是指：一要口眼鼻肌结合，做到真笑；二要神情结合，显出气质；三要声情并茂，相辅相成；四要与仪表举止的美和谐一致，从外表形成完美统一的效果。“四不要”是指：不要缺乏诚意，强装笑脸；不要露出笑容随即收起；不要仅为情绪左右而笑；不要把微笑只留给上级、朋友等少数人。

有效的社会交往需要真诚的笑容。然而在笑的背后隐藏着许多秘密，不同的笑还暗示了不同的信息。笑并不总意味着高兴，它更是一种社交语言。

（3）眼眉

眉间的肌肉皱纹能够表达人的情感变化。柳眉倒竖表示愤怒，横眉冷对表示敌意，挤眉弄眼表示戏谑，低眉顺眼表示顺从，扬眉吐气表示畅快，眉头舒展表示宽慰，喜上眉梢表示愉悦。

（4）嘴

嘴部表情主要体现在口形变化上。伤心时嘴角下撇，欢快时嘴角提升，委屈时撅起嘴巴，惊讶时张口结舌，愤恨时咬牙切齿，忍耐痛苦时咬住下唇。

（5）鼻子

鼻子也能传达很多情感。厌恶时耸起鼻子，轻蔑时嗤之以鼻，愤怒时鼻孔张大，鼻翕抖动；紧张时鼻腔收缩，屏息敛气。

（6）脸

面部肌肉松弛表明心情愉快、轻松、舒畅，肌肉紧张表明痛苦、严峻、严肃。

一般来说，面部各个器官是一个有机整体，协调一致地表达出同一种情感。当人感到尴尬、有难言之隐或想有所掩饰时，其五官将出现复杂而不和谐的表情。

2．*身势语言*

身势语言，亦称动作语言，指人们身体的部位做出表现某种具体含义的动作符号，包括手、肩、臂、腰、腹、背、腿、足等动作。在人际交往中，最常用且较为典型的身势语言为手势语和姿态语。

手势语是通过手和手指的活动来传递信息的一种体态语言。

手势能表达感情。通过手势可以表示强调，表示欢乐，表示愤怒，表示激情。人们高兴时常常手舞足蹈，愤怒时握紧双拳或拍案而起，表示敢作敢当用手拍胸脯。

手势表意功能更强。聋哑人丧失了语言的能力，借助手势，他们同样能够实现成功的交流。在许多公众场合，语言不便使用，人们往往借助于手势，如交通指挥、体育裁判等。手势的表意动作属于人的一种自觉动作，多数是约定俗成后形成的一些手势，含义明确。如：招手，表示让对方过来；摆手，表示不要或禁止；挥手，表示再见或致意；竖大拇指，表示第一或称赞；伸小指，表示最小或蔑视；戳脊梁骨，表示指责或讥笑；摊开双手，表示无能为力；鼓掌，表示赞扬或欢迎；握拳，表示紧张或愤恨；等等。

手势具有象形的作用，即用手势来摹形状物。如：说“买了一个大气球”时双手合成一个大圆，说某人个子很矮时手掌往下一压。

手势还具有象征的作用，即用手势可以表达某一抽象的事物或概念。如：大拇指竖起，其余四指并拢，即表示赞许、“顶呱呱”“好样的”之意。相反，将小指指向对方而并拢其余四指，则是表示轻蔑，对人表示否定、讽刺。食指刮脸，则意味着对方不害羞；食指竖立压在嘴唇上，即要人不要发声，保持安静。双手捂住耳朵，是不愿听对方的话；捂住双眼，则表示不愿看。

姿态语一般不是以声音而是以全身或身体一部分的动作来传达意思的手段，它可表达自信、乐观、豁达、庄重、矜持、积极向上、感兴趣、尊敬等或与其相反的语义。有的人心情快乐，便把两手在空中挥动；有的人心情悲苦，忍不住握着拳头，紧紧地靠在自己的胸前；而当愤怒的时候，更不免举拳猛击。人的动作与姿态是人的思想感情和文化教养的外在体现。

3．空间语言

空间语言，是人类利用空间来表达某种思想信息的一种社会语言，属于无声语言范畴。每一个人都生活在一个无形的空间范围圈内，这个空间范围圈就是他感到必须与他人保持的间隔距离。空间距离是无声的，但它对人际交往具有潜在的影响和作用，有时甚至决定着人际交往的成败。空间的变化可以传达出各种信息。美国哈佛大学的人类学家爱德华·霍尔将人们沟通时互动双方的空间由近及远分为四类，即亲密空间、个人空间、社交空间、公共空间。如图 1.4 所示。

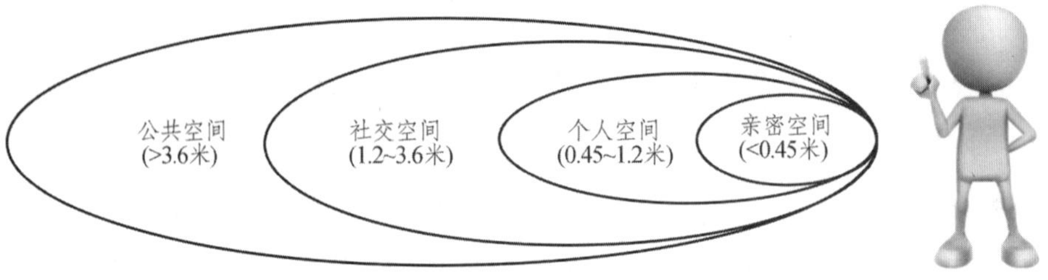

图 1.4　人们沟通时的互动空间

亲密空间（ < 0.45 米）：其语义为“亲切、热烈、亲密”。在这个距离内可以感受到对方的体热和气味，沟通更多依赖触摸。在通常情况下，只允许父母、夫妻、情侣或孩子进入这一范围。语言表现为无声或耳语低声。

个人空间（0.45 ~ 1.2 米）：其语义为“亲切、友好”。这种距离是朋友之间沟通的适当距离，如鸡尾酒会、友谊聚会或派对中的人际距离，发生在朋友、同学、同事之间。在这个距离内，人们可以握手，也可以促膝相谈。彼此关系越近，距离越近；关系越生疏，距离越远。语言表现为语气和语调亲切、温和。

社交空间（1.2 ~ 3.6 米）：其语义为“严肃、庄重”。这种沟通不带有任何个人情感色彩，用于正式的社交场合，以“事”为中心，如同陌生人交往、与官员会谈、进行贸易谈判等。在这个距离内沟通需要声音清晰，措辞温和客气，更需要充分的目光接触。

公共空间（＞3.6米）：其语义为“自由、开放”。这是人们在较大的公共场内所保持的距离，如中大型教室的教师授课、公共演讲、各类球赛等，是一切人都可以自由出入的空间距离。在这个距离内沟通，语言表现为声音响亮且措辞规范。

然而，现实生活中，人们对于“不同关系应该保持的礼仪距离”的认定并不一致，原因有多种，如文化背景的差异、成长环境的人口密度、受教育程度、经济发展水平等。

总之，体态语言丰富而微妙，是人们心际的显露、情感的外化，好似一个信息发射塔。体态语言在人们的日常交际过程中往往起着不可估量的作用。一位运动员场上的身影，可浓缩一个民族的风采；一位商人从事国际贸易，形体语言可透出其所在国的实力；一位国家领导人，从其体态语言里往往能读出那个国家的文明程度。

一方水土养育一方人，不同人群拥有不同的体态语言。体态语言从某种层面反映着人的思想境界，反映着人的精神面貌。

从事高铁客运服务工作，除了应掌握语言礼仪外，还应注重日常服务礼仪综合素质的培养，内外兼修，提高个人的职业素质，增强自信，从容应对各种场合。

二、迎送礼仪

迎送礼仪总的要求是热情、主动、礼貌、大方，体态合乎礼仪，并为客人提供交通、食宿等方面的方便。通常的迎送礼仪有以下要求：

迎接来宾前，首先了解来宾的背景资料，如他的身份、性别、习俗等，并确定相应的迎送规格。主要迎送人员通常要与来宾的身份相当或者相差不大，尽量做到对等。当事人不能出面时，应从礼貌角度出发向对方作出解释。

掌握抵达和离开的时间，如迎送时间有变化，应及时掌握。

迎接未见面的客人，在车站、码头、机场上有必要准备一块牌子：“欢迎×××”。

迎接那些必须向他们致欢迎词的贵宾，应事先准备好一篇热情洋溢、优美简短的欢迎词。

见到来宾后，应根据来宾的身份、性别、年龄、习俗以及来访性质等，热情地与他们拥抱、握手，或向他们鞠躬、抱拳作揖、双手合十、点头、鼓掌欢迎等。

如安排献花，须用鲜花，并注意保持花束整洁、鲜艳，忌用菊花、杜鹃花、石竹花、黄色花朵。有的国家习惯送花环，或者送一二枝名贵的兰花、玫瑰花等。通常由儿童或女青年在参加迎送的主要领导人与客人握手之后，将花献上。有的国家由女主人向女宾献花。

向来宾行礼后，应道辛苦并作自我介绍。为了不使对方在如何称呼你的问题上感到为难，应向对方表示“请叫我小 ×（老 ×）”。

应主动向客人表示帮助他拿行李的意思，如有车来接，应为他打开车门。上车时，最好为客人打开右侧车门，使客人从右侧上车，主人从左侧门上车，避免从客人座前穿过。三排座的轿车，翻译坐在主人前面的加座上；二排座轿车，翻译坐在司机旁边。

上车后，应该将活动日程表送到客人手上，并询问客人有何私人活动需要帮助安排，可向客人介绍沿途建筑、风光、民俗、气候、特产等情况。

到住宿处后不要久留，让客人得到休息。分手前一定要说好下一次见面的时间、地点，并告诉客人与你联系的方法。

对应邀前来参加单位活动的本地区客人，应在单位大门口迎接，活动结束，应送客人上车或送出门口。

客人离去时应是客人在前，否则有驱赶客人之嫌。离别前握手告别，并说“欢迎您再来”。

三、拜访和接待礼仪

（一）拜访礼仪

1. 一般拜访礼仪

（1）一般情况下，不要冒昧地拜访别人。

（2）安排拜访的时间。一般不要在别人用餐、午间休息、早晨未起床、晚上 10 点半以后，否则不礼貌。

（3）约好的拜访时间，不要早到或迟到。因临时事故不能如约而至的，要尽快通知对方。

（4）按时抵达后，如无人迎候，则应按门铃或轻轻叩门，待有回音或有人开门后，方可进入。

（5）一次正式社交拜访所花的时间，前后大约 15 分钟。但在非正式场合，假如在你拜访过程中又来了一位访客，你最好提前告辞。也许你跟主人谈得特别投机，在主人的挽留下，拜访时间可略为延长。

（6）经主人应允或应主人邀请，可进入室内。如果主人因故不能邀请你进入室内，则访客应自觉退至门外，在室外进行谈话。

2．突然造访礼仪

因急事来不及事先通知对方时，可以进行突然访问，但突然造访的礼节更应注意：

（1）避免在深夜或休息时间打扰对方。见到对方后，应首先致歉，向主人说明自己没能预约的原因，并请主人谅解。

（2）与主人交谈完后，如发现对方正欲外出、准备休息或家中正有其他客人在场时，应立即告辞，并向主人再次致歉。

（3）与主人谈话的时间尽可能减到最少，以避免过多地打扰对方。

其他应注意的事项见一般拜访礼仪。

（二）接待礼仪

迎来送往是日常生活和公关工作不可缺少的内容。恰当的接待礼仪，可以显示出一个民族的修养和好客程度。接待礼仪的基本要求如下所述。

1．接待室应整齐美观

可以放一些花卉，使接待室显得井井有条、生机盎然。

2．接待人员的风度、谈吐要高雅

来客后，应立即从座位上站起来，离开椅子以迎接客人，点头微笑，并说“您好”，听取客人来意后作自我介绍。

3．自我介绍的礼节

（1）在社交场合中，如果你想认识某一个人，最好预先获得一些有关他的资料，如个人兴趣、性格、特长等，有了这些资料，在自我介绍后便容易交谈，使关系进一步融洽。

（2）表示出自己渴望认识对方的心情，但不要卑躬屈膝，应热诚、自信。

（3）在作自我介绍时，应清楚地报出自己的姓名及身份，并善于用体态语言如眼神、手势、面部表情等表示自己的友善。

（4）在获得对方的姓名之后，不妨回头加以重复一次。重复他的姓名，一方面使对方有自豪感和满足感，另一方面可以帮助自己记住对方姓名。

比如：“我是公关部的×××，欢迎您！这是我的名片，请多多指教。”

4．介绍他人的礼节

（1）注意介绍的时机

① 首先了解对方是否有结识的愿望，不要贸然行事。但在宴会上可以逐一介绍客人的情况。

② 如果带你的朋友、同事参加宴会或拜访某人或去某公司，而在场的人都不认识他时，要很自然地尽量让他结识更多的人。介绍你的朋友或同事时，也不应该带着他满屋子转，到处主动介绍而打断别人的谈话。

③ 不要把刚进来的客人介绍给正准备离去的客人。

（2）介绍的原则

一般地说，先把男士介绍给女士，把年轻人介绍给年长者，把身份、地位低的人介绍给身份、地位高的人，把未婚者介绍给已婚者；如果不易比较，则随便先介绍哪个都可。

介绍的禁忌如下：

① 主人应把主宾介绍给其他客人，否则不礼貌。

② 介绍时绝不能用命令口气，如“小王，来见见张小姐”。

③ 切勿把介绍的双方弄得感情不平衡，如称一方为“我的朋友”，称另一方为“我的好朋友”；对一方称“这是××”，对另一方称“这是我的朋友××”。

④ 介绍具体人时，要有礼貌地用手示意，不能用手指指人。

⑤ 当你想结识某人，而又无介绍人时，应该首先做自我介绍，如果对方没有向你作自我介绍，也不必再问，可以向其他人打听。

⑥ 介绍时避免过分颂扬某一个人。

（3）被介绍以后

① 要互相问候。如：“你好！见到你很高兴”，“认识你很荣幸”之类。

② 被介绍给他人之后，男士之间通常要握手，女士之间不一定。男士被介绍给女士，女士可以微笑说一声“您好”或点一下头。男士看女士的反应，如对方伸手则可握手，如对方点头微笑你也同样如此还礼，注意恰到好处。对女士来说，如对方伸出了手，则不宜拒绝，否则失礼。

③ 在公共场合，男士被介绍给女士后，女士不一定起立；在女士进入房屋时，男士一般应起立；但年长者及正在和年长者谈话的年轻人、地位高的人例外。

四、电话礼仪（固定电话）

从日常生活到商业场合，电话（这里指的是固定电话）已是现代人不可缺少的通信工具。正确使用电话，注意打电话的礼仪便显得越来越重要了。

（一）电话的特性

1．只闻声不见人

打电话时，通过声音便可以觉察出一个人的情感及态度。所以，就应特别注意措辞及说话方式。要注意语调和缓、明朗，给人一种亲切感，同时说话要清晰、明确。声音的好坏不在于音质，而在于说话人的态度及语气。

（1）拿电话的方法

使用固定电话时，受话口紧贴耳朵，送话口正对着唇部。送话口与嘴之间的距离为一拳左右。

（2）声音的大小

不要用大得像在怒吼的声音或小得像在窃窃私语那样的声音说话。

（3）说话的速度

一分钟三百字的速度较容易被接受，如果说得太快就不容易被听懂。

2．看不见对方状况的单方面性

对方正想干点什么的时候，拨打方如要单方面地把他叫住，用电话把其束缚住，应采用“突然间给您打电话，还请您原谅”，“让您回电话真不好意思”等致歉方式来请对方原谅。

3．电话周围4平方米内的敏感性

使用固定电话时，电话敏感度良好，可以把周围4平方米的声音传送到对方那里，因此，要尽量使周围的人安静下来；打电话时，若要和旁边的人说话，要用手掌盖住话筒，注意不要让通话方听见。

（二）打电话礼仪

（1）注意打电话的时间。除了紧急要事之外，一般在以下时间是不宜打电话的：

三餐吃饭的时间，早晨7时以前，中午午休时间，晚上10点半以后。

（2）注意通话所需的时间。电话交谈所持续的时间，一般以3～5分钟为宜。

（3）接通后，首先说“您好，我是××公司的×××，请帮忙找×××先生（小姐）接电话，谢谢”。

（4）如果对方说找的人不在，应致谢，并附带一句“改日再打”之类的话。

（5）当拨错号码时，应致歉“对不起”，不能不说话就挂断。

（6）当你被缠在电话上时，应先暗示对方希望结束通话，如无效，应在对方讲话停顿时或必要时打断他的讲话，可以说“对不起，我这里又来了一位客人，过一会我给你回电话好吗？”

（7）电话中的语言礼仪应注意：

① 语调不要过高或过低。过高，会使人感到严厉、生硬、冷淡，刚而不柔；过低使人感到无精打采，有气无力。

② 语调不能过长或过短。语调过长则显得懒散拖沓，过短又显得不负责任。

③ 一般情况下，语气要适中，语调稍高些，尾音稍拖一点，才会使人感到亲切自然。

④ 使用礼貌用语。如“请”“谢谢”“您”之类。

（三）接电话礼仪

（1）尽快拿起话筒、自报家门。一听到电话铃响，应马上放下手中的工作去接电话，一般应在电话铃响三遍之前拿起话筒。拿起话筒后的第一件事是自报家门。

（2）仔细聆听对方的讲话，并不时用“嗯，对”等给予对方积极的反馈。

（3）一般应左手拿话筒，右手做记录，用事先准备好的纸笔，将电话内容记下来。

（4）停止一切不必要的动作。不要让对方感觉到你在处理一些与电话无关的事情，对方会感到你在分心，这也是不礼貌的表现。

（5）如果自己手头工作正忙，不可能和对方长谈，则可委婉地告诉对方改天再打，或之后打电话给对方。

（6）如果你不是受话人，请对方稍等后，应把话筒轻轻放下，通知受话人。不能话筒尚未放下，就大喊“××，你的电话！”这很不礼貌。

（7）若找的人不在，不能把电话一挂了事，而应耐心地询问对方的姓名、电话号码、是否需转告，征得对方同意后详细记录下来。

（8）将留言记录当面转交，如不能当面转交，则置于办公桌上，同时记下接电话的日期、地点、自己的姓名。

（9）一般由发话人先结束电话，如对方还没有讲完，自己便挂断电话是不礼貌的。

（10）如果是座机，通话结束后要轻放电话，否则那声响绝对会把你前面给人留下的好印象都抹掉。

五、手机礼仪（移动电话）

手机礼仪是指平常使用手机时应该注意的一些小细节。手机的用途越来越广，已经深入我们的生活，成为必备的工具。而过度、随意使用手机的现象已越来越普遍，手机礼仪需要重视。

1．尊重别人

（1）开会请关机（特殊情况调振动状态，但不要在开会时接电话）。

（2）和别人进行面对面会议或谈话时，一般不要接电话。如必须接时，应先向对方道歉。

（3）在职场，开机就随身带手机，不要让手机长时间在桌上响。

（4）会客、聚会等社交场合，不要沉溺于翻看手机。

2．不要扰人

（1）不要在图书馆、博物馆、影剧院、音乐厅、美术馆、电梯以及其他周围都封闭的公众场合使用手机。

（2）在公共场合接电话时，不要大声通话，不要进行情绪化交谈。

3．尊重安全

在飞机上、加油站、急救室要关机。

4．放置礼仪

在公共场合，手机没有使用时应放在随身携带的公文包里（最正规）或上衣内袋，也可以放在不起眼的地方，如手边、背后、手袋里。

5．收发短信

在需要将手机调至振动状态或是关机的场合，用手机接收短信，也要设定成震动状态，并不要在别人注视你的时候查看短信。

6．彩铃设置

彩铃确有独特之处，但工作场合最好不要用怪异或格调低下的彩铃，以免影响形象。

六、名片礼仪

名片是一个人身份的象征，当前已成为人们社交活动的重要工具。因此，名片的递送、接受、存放也要讲究礼仪。

（一）名片的递送

在社交场合，名片是自我介绍的简便方式。交换名片的顺序一般是：先客后主，先低后高。当与多人交换名片时，应依照职位高低的顺序，或是由近及远，依次进行，切勿跳跃式地进行，以免对方误认为厚此薄彼。递送时应将名片正面朝向对方，双手奉上。眼睛应注视对方，面带微笑，并大方地说“这是我的名片，请多多关照”。名片的递送应在介绍之后，在尚未弄清对方身份时不应急于递送名片，更不要把名片视同传单随便散发。

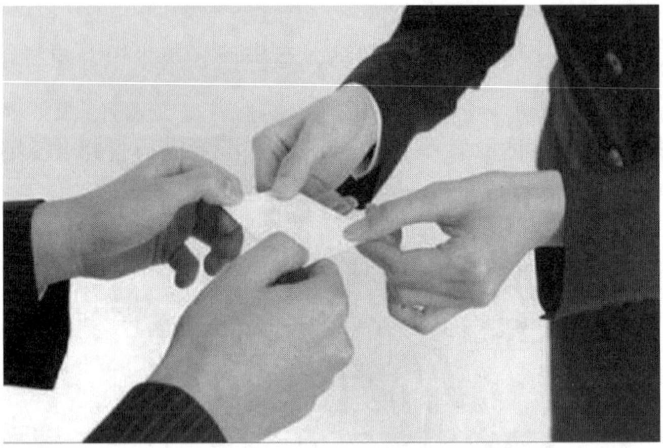

（二）名片的接受

接受名片时应起身，面带微笑注视对方。接过名片时应说“谢谢”，随后有一个微笑阅读名片的过程。阅读时可将对方的姓名、头衔念出声来，并抬头看看对方的脸，使对方产生一种受重视的满足感。然后，回敬一张本人的名片，如身上未带名片，应向对方表示歉意。在对方离去之前，或话题尚未结束，不必急于将对方的名片收藏起来。

（三）名片的存放

接过别人的名片切不可随意摆弄或扔在桌子上，也不要随便地塞在口袋里或丢在包里，应放在西服左胸的内衣袋或名片夹里，以示尊重。

（四）名片的回赠

接过别人名片后，要拿出自己的名片递给对方，如果没有名片或未带名片，应致歉，说明原因并作自我介绍。

七、公共场所礼仪

（一）行进礼仪

1．道路行进

（1）要自觉走人行道，无人行道时，应尽量走路边。

（2）要按惯例自觉走在右侧一方，不可逆行左侧一方。

（3）要保持一定的速度，不要行动太慢，以免阻挡身后的人。不要在马路上停留、休息或与人长谈。

（4）要与他人保持适当的距离。两人一起走路时，不要把手搭在对方肩上；走廊内不要多人并排同行；在马路上不要多人携手并肩行走。

（5）在行走时，应体现“女士优先”的原则，男士应礼让女士进出大门和走廊；上下车时，男士不应抢在女士前面。

2．上下楼梯

（1）上下楼梯均应靠右单行行走，不应多人或并排行走。

（2）上下楼梯时，不应进行交谈，更不应站在楼梯上或楼梯拐弯处进行深谈，以免有碍他人通过。

（3）男性与长者、异性一起上下楼梯时，如果楼梯过陡，应主动走在前面，以防对方有闪失。

（4）上下楼梯时，应注意姿势、速度。不管自己有多么急的事情，都不应推挤他人，也不要快速奔跑。

（二）乘电梯礼仪

1．注意安全

电梯关门时，不要扒门，不要强行挤入。在电梯人数超载时，不要强行进入。

2．注意秩序

（1）乘电梯时，先按一下电梯口的上下按钮，站到电梯的一侧。

（2）电梯到达后，应先出后进，遵循“尊者为先”的原则，晚辈礼让长辈，男士礼让女士，职位低者礼让职位高者。如果与尊长、女士、客人同乘电梯，要视电梯类别，有人管理的电梯应后进后出；无人管理的应先进后出，以便控制电梯。应尽量把无控制按钮的一侧让给尊长和女士。

3．主动服务

乘电梯时，即使电梯中的人都互不相识，站在开关处者，也应做好开关的服务工作。乘坐电梯时应注意以下细节：

等候电梯时，不应挡住电梯出口，以免妨碍电梯内的人出来。

在电梯里，尽量站成“凹”字形，挪出空间，以便让后进入者有地方站。

进入电梯后，正面应朝电梯口，以免造成面对面的尴尬。

在电梯中，不应高声谈笑，不能吸烟，不能乱丢垃圾。

在电梯中，如发生突然停梯或其他事故，不要惊慌失措，应通知检修人员检修。

（三）乘交通工具礼仪

1．乘坐轿车

（1）遵循客人为尊、长者为尊、女士为尊的礼仪规则。

（2）在正式场合，乘坐轿车应分清座位的主次，非正式场合，不必过分拘礼。车内的座次，后排的位置应当让尊长坐（后排二人坐，右边为尊；三人坐中间为尊，右边次之，左边再次），晚辈或地位较低者，坐在副驾驶位。如果是主人亲自开车，则应把副驾驶位让给尊长，其余的人坐在后排。需要注意的是，嘉宾坐哪儿，哪儿就是上座，即使坐错也不要纠正。

（3）上车时，应将车开到客人跟前，帮助客人打开车门，站在客人身后请其先上车。关门时切忌用力过猛。

（4）下车时，主人或工作人员应先下，帮助客人打开车门，迎接客人或长者下车。

（5）夫妇俩被主人驾车送回家时，最好有一人坐在副驾驶座上，与主人相伴。

2．乘坐飞机

（1）按时登机，对号入座。进入机舱后保持安静。

（2）不将超大行李和有异味的物品带上飞机。尽快放好随身行李，保持通道畅通。

（3）登机后主动关闭手机等无线电设备。

（4）不乱动飞机上的安全用品及设施。需要找乘务员时，可以先按呼唤铃，不宜大声喊叫。接受乘务员服务应致谢。

（5）在飞机上进餐时，主动将座椅椅背调至正常位置，以免影响后排乘客进餐。

（6）保持舱内整洁卫生，因晕机呕吐时，应使用机上专用呕吐袋。飞行过程中尽量不要脱下鞋子以免异味影响他人；如果是长途飞行，脱下鞋后应在外面再罩上护袜。

（7）机上读物阅后整齐放入面前插袋。

（8）飞机未停稳时不抢先打开行李舱取行李，以免行李摔落伤人。

（9）上下飞机时，对空中乘务员的迎送问候有所回应。

3．乘坐公共汽车、地铁

（1）排队候车，先下后上，礼让妇女、老人和孩子先上车。

（2）听从司乘人员的引导。

（3）主动给老人、病人、残疾人、孕妇和带小孩的乘客让座。

（4）保持车厢和站点的环境卫生；雨雪天，妥善放置所携雨具，以免影响他人。

（5）后下车的乘客应主动给先下车的乘客让道。

（四）图书馆礼仪

（1）到图书馆、阅览室学习，要衣着整洁，不能穿汗衫和拖鞋入内。

（2）进入图书馆应将通信工具关闭或调至振动，接听手机应悄然走出室外轻声通话。

（3）就座时，不要为别人预占位置。

（4）阅读时要默读，不能出声或窃窃私语。

（5）不能在阅览室内交谈、聊天，更不能大声喧哗。

（6）在图书馆、阅览室走路脚步要轻，物品要轻拿轻放，不能发出声响。

（7）要爱护图书，有事需要帮助，不能大声呼喊，要走到工作人员身边。

【任务实施】

（1）将学生分成若干组，每组 5 位同学，并确定组长。

（2）每组由组长负责，根据本任务所学内容，每组编写 20 道题目。题型包括：单选、多选、判断、填空、礼仪动作展示等。

（3）由老师和 2 名同学共同整理编写的题目，对有问题的题目进行补充、修改或删除，最终整理出题库。

（4）老师组织学生开展礼仪知识竞赛活动，并选出同学作为主持人和活动助理。

（5）比赛结束后，排出名次。

（6）最后，老师对本次活动进行总结。

【案例资料】

某届奥运会上，某国运动健儿的出色表现征服了全国观众，但某些人的不文明习惯却给他国运动员、记者留下了不好的印象。有媒体报道，某国记者团几乎每个人都配备了移动电话，铃声是非常特别的音乐，在很嘈杂的场所也可以清楚分辨是不是自己的电话。但在射击馆里，当运动员紧张比赛的时候，这种声音就显得特别刺耳。组委会为了保证运动员发挥出最佳水平，在射击馆门前专门竖有明显标志：请勿吸烟，请关闭手机。也不知是某国的一些记者没看见还是根本不在乎，竟没关机。其实，把手机铃声调到“振动”并不费事。王义夫比赛时，一名记者的手机响了，招来周围人的嘘声和众多不满的目光。有外国人轻轻说：“这是某国人的手机！”在陶璐娜决赛射第七发子弹的关键时刻，某国记者的手机又一次响了……。

思考题：

1. 某国记者是不是有重要电话要接，怕“振动”状态不够明显，影响接听？
2. 不和谐的手机声为什么会引起人们的反感？

【任务练习】

1. 单　选

（1）从服务的角度出发，语言包括服务口头语言、（　　）和服务体态语言。

A. 服务礼貌语言　　B. 服务口头语言

C. 服务书面语言　　D. 服务体态语言

（2）美国哈佛大学的人类学家（　　）将人们沟通时互动双方的空间由近及远分为四类，即亲密空间、个人空间、社交空间、公共空间。

A. 爱德华·霍尔　　B. 伯纳德·塞兹塔

C. 乔治·瓦林　　D. 欧仁·曼加拉扎

（3）电话交谈所持续的时间，一般以（　　）为宜。

A. 1 分钟以内　　B. 10 分钟以内

C. 3～5 分钟　　D. 15 分钟以内

（4）面对上级和下级、长辈和晚辈、嘉宾和主人，先介绍谁？（　　）

A. 下级 晚辈 主人　　B. 上级 长辈 嘉宾

C. 上级 晚辈 嘉宾　　D. 下级 晚辈 嘉宾

（5）国际社会公认“第一礼俗”是（　　）。

A. 入乡随俗　　B. 以右为尊

C. 平等　　D. 女士优先

（6）谈话礼仪的“四不准”原则指的是（　　）、不补充对方、不纠正别人、不质疑对方。

A. 不打断对方　　B. 不针对别人

C. 不排斥别人　　D. 不侮辱对方

（7）在马路上行走时，一般（　　）。

A. 最好一前一后排成队

B. 怎么都可以

C. 女士或长者走在靠近车辆的一侧，男士或年轻者行于右侧

D. 女士或长者走在右侧，男士或年轻者行于靠近车辆的一侧

（8）如果主人亲自驾驶小轿车，哪个座位应为首位？（　　）

A. 副驾驶座　　B. 后排右侧

C. 后排左侧　　D. 哪儿都可以

2. 判　断

（1）林肯说过“每个人都希望得到赞美”。恰当的赞美可以活跃气氛，令对方心情愉快，因为这是对对方个人价值和社会价值的肯定。（　　）

（2）从视线停留的部位上分，注视可分为公务注视、社交注视、亲密注视。（　　）

（3）脸一向被认为是人类最明确的情感表现和交际信号，在面部表情中占据主导地位。（　　）

（4）握手时，与多人同时握手，可以交叉握手。(　　)

（5）欢迎宾客时，一般在客人下车后，将花献上。(　　)

（6）一般情况下，不要冒昧地拜访别人。(　　)

3. 思　考

（1）接打电话的礼仪有哪些?

（2）结合实际，谈谈注意谈话礼仪的重要性。

（3）在问讯处的高铁客运服务人员应注意哪些礼仪?

（4）谈谈你对“世界上最廉价的、而且能够得到最大收益的一项品质就是礼节”的理解。

（5）某动车乘务组要求乘务员为旅客服务时，微笑要露出 8 颗牙，你对此举有何看法?

任务 3　铁路客运服务礼仪

【教学目标】

1. 能力目标

能自觉地进行高铁客运服务礼仪的知识学习和礼仪训练。

2. 知识目标

了解铁路客运服务的礼仪的含义、内容，理解铁路客运服务礼仪的重要性以及应遵守的原则，掌握高铁客运服务礼仪的基本理论。

3. 素质目标

树立铁路客运服务礼仪观念，形成从事高铁客运服务工作的礼仪意识。

【任务导入】

一位北京下岗女工被乘务员们的热情服务感动后，问乘务员："你们天天干扫地伺候人的活，不觉得委屈吗?"乘务员告诉她："社会分工不同，你乘我们的车，我们就要为你服务，等我们再去你那时，可能就是你为我服务了。"结果，这个女工的思想发生了深刻变化，主动地减少了自身的角色冲突，下车前她在留言簿上写道："你们对旅客热情服务的态度教育了我，让我找回了自身价值，找回了自信。我一定振作精神，重新开始，干出个样子来。"

思考题：

（1）结合此案例，谈谈客运人员如何树立正确的服务观念?

（2）这个案例对你有何启示?

一、铁路服务礼仪

（一）铁路客运服务礼仪及其发展

1. 铁路客运服务礼仪的定义

铁路客运服务礼仪，是指铁路车站、列车服务工作中向旅客表示敬意的仪式，是在服务工作中形成的得到共同认可的礼貌、礼节和仪式，是客运工作人员必须遵循的服务规范。铁路客运服务礼仪是一种与旅客交往过程中所应具有的相互尊重、亲善和友好的行为艺术，是"以客为尊、以人为本"服务理念的具体体现，也是铁路优质服务的重要组成部分。良好的铁路旅客服务礼仪不仅能体现铁路企业的管理水平和服务水平，同时还可以展现广大铁路职工爱岗敬业的良好精神风貌。

2．铁路客运服务礼仪的发展阶段

第一阶段：20 世纪 90 年代中期以前。中国铁路技术装备水平较低，旅客运输能力严重不足，主要干线运输能力长期紧张。铁路客运经营的主要目标是尽可能将旅客送达目的地，而常常难以做到“舒适、快捷、满意”，从而对铁路客运服务质量和服务礼仪方面的要求力度不够，该现象在铁路春运期间尤为明显。

第二阶段：20 世纪 90 年代中期以后。随着经济的快速发展和交通运输系统建设投资的扩大，我国的客货运输业务量全面增长。与此同时，铁路运输特别是旅客运输，与公路和航空运输竞争的压力越来越大，对客流目标市场的争夺也越发激烈和细化。铁路对服务质量、服务礼仪高度重视，将其提升到塑造铁路企业外部形象，提高内部管理控制水平的高度。旅客满意度的高低，直接关系到铁路客运的发展水平。

第三阶段：大提速阶段。从 1997 年 4 月 1 日开始，我国铁路共经历了 6 次大提速。2007 年 4 月 18 日，铁路进行第六次大提速，主要干线客车运行速度提高到 200～250 km/h，这标志着我国铁路快速客运网建设取得了重大成果。这次提速，铁路运力资源配置全面优化，客货运输能力大幅度扩充，促进了区域间人流、物流、资金流及信息流的快速流动。铁路运输更加适应市场需求，而且还进一步降低了运输成本，促进铁路集约化经营，提高铁路经济增长质量。

这次提速，是中国铁路走进现代化的里程碑，标志着我国铁路现代化的动车组开始运行。这不仅是速度的飞跃，也是服务质量和技术的飞跃。动车组与既有线客车相比，不仅在安全、快速、方便等方面有巨大的飞跃，同时先进的硬件设施，给旅客创造了更加舒适、人性化的旅行环境。因此，动车组客运人员不但要提供列车上安全的保证，尽力减少旅客不必要的伤亡，还要为旅客提供更为热情、周到的服务，努力提高自己的服务水平。

对于广大动车组客运人员来讲，规范、优雅的服务礼仪能够展示客运员工的外在形象和内在修养，能够拉近与旅客的距离，提高旅客的满意度和忠诚度，提升铁路的企业形象。那么，如何提升自己的服务礼仪水平和服务质量呢？首先，要加强爱岗敬业教育和职业道德教育；其次，要注重提高自己的服务意识，掌握整个服务过程中旅客的需求，关注细节服务；最后，要从服务形象、服务礼仪、服务用语等基础的技能培训着手，认识到服务意识是前提、服务技能是基础，不断改进服务工作，提升服务礼仪水平，树立铁路服务的良好窗口形象。

（二）铁路客运服务礼仪的重要性

1．服务礼仪是提高铁路服务水平和服务质量的重要手段

服务质量是企业管理水平的综合反映，服务质量的优劣是判断企业管理水平的重要标志。旅客是铁路客运生存和发展的基础和条件，只有提供优质的服务，才能获得旅客的好评，才能吸引更多的客源。近年来，铁路部门以员工服务礼仪培训为抓手，提高员工素质和岗位技能，运输服务质量和水平有了很大的进步和提升，对全面提高铁路服务水平和服务质量起到了促进作用。

2．服务礼仪是铁路赢得市场竞争的重要筹码，是铁路增强企业竞争力的重要环节

铁路作为国家重要的基础设施，是国民经济的大动脉和大众化交通工具，在综合交通运输体系中处于骨干地位。随着航空、公路运输的迅速发展，铁路运输面临严峻的市场竞争。如何增强企业的核心竞争力，如何赢得客源市场是现代铁路发展必须解决的问题。只有不断提高服务质量，才能站稳脚跟。服务礼仪，作为现代企业管理的一个重要组成部分，变得尤为重要。服务礼仪是铁路增强企业竞争力的有效手段，也是铁路赢得市场的重要举措之一。

3．服务礼仪是铁路塑造企业形象的有力工具

在综合交通运输体系中，航空在服务礼仪方面一直起着表率作用。中国国际航空公司依据“用心服务”的理念开展了“四心服务”工程。这“四心”就是要让旅客放心、顺心、舒心和动心。即以安全的飞行保障让旅客放心，保证购票、登机等方面的无障碍让旅客顺心，空乘服务员的美丽、温婉让旅客舒心，用心用情的真诚服务让旅客动心。

作为铁路运输行业，特别是动车组的服务，当以航空服务为榜样，以“用心服务”为理念，以细节服务为内涵，全面提升服务质量和服务水平，使之成为铁路企业的一道靓丽的风景，提升铁路的企业形象。

（三）铁路客运服务礼仪应遵循的原则

1．旅客至上的原则

随着市场经济的不断发展，各种运输方式之间的竞争日趋激烈，铁路客运以前的绝对优势已不复存在。要想在激烈的竞争中立于不败之地，铁路必须在服务理念上进行更新，树立“以人为本、旅客至上”的服务理念。旅客至上就是以旅客为中心，为旅客提供真正需要且能够提供的服务，以旅客的需要作为企业经营的出发点和归宿，为旅客的利益负责，尽可能多地为旅客提供平等、主动、热情、体贴、周

到的尽善尽美的服务，最大限度地提高旅客的满意度。只有这样，才能提高铁路的企业形象和竞争水平，才能获得长远的发展。

2．用心服务的原则

用心服务才能做到称职，用心服务才能做到优秀。铁路客运站每天都要接待数以万计的旅客，特别是在春运、节假日等特殊时期，客流量更大，客运人员的工作量也会增加。要想在繁杂劳累的工作中保持良好的服务礼仪，就必须从内心真正认识到礼仪服务的重要性，养成礼仪服务的职业习惯，做到服务发自内心。用心服务还包括通过各种方式获知旅客的需求信息，主动发现服务机会，并提供及时、恰当、满意的服务，以满足旅客的高期望值。

3．持之以恒的原则

服务礼仪既然是规范化服务的重要内容之一，就表明它不会自发形成，而是需要进行系统的岗位培训，规范岗位纪律和要求。为此，铁路客运人员要善于保持心理平衡，维持一种良好的服务心态，才能将职业要求逐步变成职业习惯，持之以恒。只有保持持之以恒的服务礼仪，才能从根本上形成良好的服务规范。

二、高速铁路客运服务礼仪

动车组与既有线客车相比，不仅在安全、快速、方便等方面有巨大的飞跃，而且，先进的硬件设施也给旅客创造了更加舒适、人性化的旅行环境。客运人员只有不断提高自身文化修养，掌握丰富的专业知识和高超的服务技能，弄懂不同旅客的不同服务需求及心理特点，才能为旅客做好优质的服务工作。

（一）高速铁路客运人员的基本素质

一般来说，高速铁路客运人员应具有以下品质与素质。

1．职业道德

职业道德，是指同人们的职业活动紧密联系的符合职业特点所要求的道德准则、道德情操与道德品质的总和，它既是对本职人员在职业活动中行为的要求，同时又是职业对社会所负的道德责任与义务。

铁路站车服务工作是与人打交道的工作，客运人员的一言一行所表现的不仅是个人素质和形象，还直接影响铁路企业乃至国家的形象，所以站车客运人员必须有爱国、爱企业的道德素质，有强烈的事业心和责任感，有良好的职业道德等。这是做好服务工作的前提，也是选拔不同等级站车客运人员最基本的标准。

2．职业修养

站车客运人员的业务素质直接影响服务的质量。站车客运人员应具备的业务素质包括丰富的文化知识（基础文化知识和业务文化知识）、良好的礼仪修养和全面的服务技能。站车客运人员所具备的业务素质，来自先天的潜质和就业前的学习，但更为重要的是良好企业文化的熏陶和培训、考核以及激励机制的培养等。因此高铁客运人员应努力钻研业务，丰富社会知识，研究旅客心理，探索旅客需求，不断提高服务技能，提高处理突发事件的能力，以适应铁路事业的发展和搞好客运服务工作的需要。所以，根据不同类型旅客的需求，铁路企业应有针对性地对客运人员的素质要求制定相应的选聘、培训、考核制度等。

3．心理素质

心理素质所包含的内容十分广泛，比如感觉、知觉、记忆、注意、思维、想象、情绪、意志、能力、气质、个性等。对站车客运人员来讲，我们认为主要应当具备以下心理素质。

（1）情绪的自我调控能力

客运人员在工作中会遇到各种类型的旅客和种种突发情况，这就要求客运人员要有较强的情绪控制能力和调节能力，即不能受外界因素干扰的心理素质。面对旅客，要一直保持良好的心情，绝不能把丝毫的不悦情绪带到工作中去。

（2）“处变不惊”的应变能力

在客运服务过程中，要始终保持头脑清醒，处事沉着冷静，有条不紊。当遇到突发事件时，要严格按照工作规范进行处理。

（3）面对挫折打击的承受能力

铁路客运人员每天要接触很多不同的旅客，当遇到一些刁蛮或素质较差的旅客时，客运人员要有承受挫折及打击的能力，这样才能做好服务工作。

站车客运人员的心理素质会影响其业务水平和服务技巧的发挥。客运人员的心理素质首先与其性格有关，但后天的培养和磨炼也十分重要，因此，心理素质需要经过一定的培训和磨炼才能提高。

4．服务规范

站车客运人员的服务规范，主要是指对客运人员在工作中表现出来的站立、行走、坐姿、蹲姿、指引、微笑、语言等方面的要求。客运人员的规范服务可以体现出一名客运人员的性格和心灵，能够反映出客运人员的文明程度和心理状态。它是旅客评价客运人员态度以及中国铁路面貌的重要标志之一。客运人员行为大方文雅、端庄热情，会获得旅客的正面评价，提高旅客的满意度，使旅客愿意乘坐动车组列车，铁路运输就有了大量的回头客。

站车客运人员的站姿要给旅客留下挺拔、舒缓、健美的印象；行姿要“轻、稳、灵”，不要给旅客留下忙乱无章、慌慌张张的感觉；坐姿要稳，并注意手脚的空间位置，要表示对客人的尊重。

同时，站车客运人员对待重点旅客服务，应做到细心周全；对待非常规服务，要真诚贴心；对待旅客服务建议，要快速响应。

（二）高铁客运人员的综合素质

1．道德修养

（1）热爱祖国，热爱铁路事业，热爱本职工作。

（2）遵守国家法律、法规和铁路行业管理规章制度，自觉维护旅客合法权益。

（3）尊重旅客的民族习俗和宗教信仰，对不同种族、国籍、民族的旅客一视同仁。

（4）有高度的责任心，诚实守信，敬业爱岗，忠于职守。

（5）爱护站车设备设施，不占有、不浪费服务备品和餐饮供应品，廉洁自律，公私分明。

（6）尊老爱幼，谦虚谨慎，真诚热情，努力树立动车组站车人员良好形象。

2．职业风范

（1）听从指挥，团结协作，工作认真，有严谨的工作作风。

（2）精神饱满，仪容整洁，行为端庄，举止文明，有健康向上的风貌。

（3）服务主动，细致周到，表情亲切，言语和蔼，有亲和力。

（4）遵章守纪，落实标准，有严于律己的自觉性。

3．职业素质

（1）勤奋学习，钻研业务，有较高的文化素养和较全面的业务能力。

（2）能运用普通话，熟练掌握常用英语会话，具备良好的文字表达和文字写作能力。

（3）了解旅客不同需求及心理特点，掌握相应的服务技巧。

（4）熟知作业程序和标准，熟练使用服务设备设施，能为旅客提供及时、准确的服务。

（5）熟知安全措施和应急预案，熟练使用安全设备设施，具备妥善处理突发事件的应急、应变能力。

（三）高速铁路客运服务礼仪基本认知

服务礼仪是服务人员在工作中，通过言谈、举止、行为等，对客户表示尊重和友好的行为规范。服务礼仪是体现服务的具体过程和手段，使无形的服务有形化、规范化、系统化。

1. 高速铁路客运服务礼仪包含的内容

（1）服务仪容。这是指客运人员的相貌和面容，特别要注意头部、肢体等暴露在外的地方，如发型、面部和肢体修饰、美容化妆等规范要求。

（2）服务仪表。这是指客运人员的外表，包括人的穿着、举止、风度等，主要有制服、套裙、工装、帽子、领花、工牌、鞋袜等规范要求。

（3）服务仪态。这是指客运人员的身体姿态，包括人的站姿、坐姿、行姿、表情以及身体展示的各种动作等规范要求。

（4）服务语言。这是指客运人员与旅客沟通过程中所使用的规范语言、语调等，如问候、请托、感谢、祝福等规范要求。

2. 高速铁路客运服务礼仪的基本理论

服务礼仪的基本理论，是运用服务礼仪的一般规律，它是对服务礼仪及其运用过程的高度概括。深入理解并掌握高铁客运服务礼仪的基本理论，有助于客运人员更好地领会、运用服务礼仪，并且在实践中融会贯通。

（1）角色定位

角色定位理论，主要是要求客运人员在为旅客提供服务之前，必须准确确定好在当时特定的情况之下，彼此双方各自扮演的特定角色。这样，客运人员为旅客所提供的服务，才能是旅客真正所需的。

在服务过程中，将自己正确地定位于“服务于人”的角色之后，就必须恪守本分，以朴素、大方、端庄、美观为第一要旨。在工作岗位之上，客运人员的一切作为，包括仪容、仪态、服饰、语言乃至待人接物等，均不得与之背道而驰。

（2）“敬人三 A”

根据服务礼仪规范，客运人员欲向服务对象表达自己的尊敬之意时，必须善于抓住如下三个重点环节，即接受对方、重视对方、赞美对方。由于在英语里，“接受”“重视”“赞美”这三个词汇都以字母“A”开头，所以它们又被称作“敬人三 A”理论。

第一，接受服务对象。

接受服务对象，主要体现为客运人员对一切旅客须热情相迎，来者不拒。不能怠慢、冷落、排斥、挑剔、为难旅客，应该积极、热情、主动地接近旅客，淡化彼此之间的戒备、抵触心理和对立情绪，恰到好处地向对方表示亲近友好之意，给对方足够的尊重。

第二，重视服务对象。

重视服务对象，是客运人员对服务对象表示尊重之意的具体化。

① 牢记服务对象的姓名。对于每一个人来说，姓名都是自己百听不厌、百看不烦的最美妙的词汇。牢记交往对象的姓名，这件事本身就意味着对对方的重视有加。

② 善用服务对象的尊称。对交往对象表示尊重的一种常规做法，就是要对其采取尊称。客运人员在为旅客提供各类具体服务时，对其采取尊称，早已约定俗成。

特别要指出的是，客运人员在以尊称称呼自己的服务对象时，首先必须准确地对对方进行角色定位，力求使自己对对方所使用的尊称可以为其所接受；不然的话，即使采用了某种尊称去称呼对方，也不会令对方高兴起来。

③ 倾听服务对象的要求。当旅客提出某些具体要求时，客运人员的最得体的做法是，认真倾听，并尽量予以满足。从某种意义上讲，耐心倾听服务对象的要求，本身就会使对方在一定程度上感到满足。所谓倾听，主要是指在他人阐述见解时，专心致志地认真听取。倾听本身就是对说话者的一种重视。

第三，赞美服务对象。

赞美服务对象，是对对方的肯定，也是对对方的尊重。从心理上来讲，所有的正常人都希望自己能够得到别人的欣赏与肯定，而且越多越好。

赞美服务对象，主要是要求客运人员在向旅客提供服务的过程中，要善于发现对方所长，并且及时、恰到好处地对其表示欣赏、肯定、称赞与钦佩。这种做法，可以争取到旅客的自觉合作，实现双方在整个服务过程中和睦、友好地相处。

（3）首轮效应

首轮效应，亦称首因效应。主要是指一个人留给他人的客观印象是如何形成的问题。换言之，它是一种有关个人形象成因及其塑造的理论。有鉴于此，服务行业及其全体从业人员理当对其给予高度重视。

首轮效应理论告诉我们，在服务过程中，人们的第一印象至关重要，第一印象甚至往往会决定一切。所以，有人据此将首轮效应称为第一印象效应，进而将首轮效应理论直接叫作“第一印象决定论”。

直接影响外界对客运人员的第一印象形成的因素，主要有以下 5 个方面：

① 仪容。一个人如果仪容整洁，神采奕奕，相貌端庄，往往会给人带来好感。反之，便难以为他人所欣赏与接受。

② 仪态。仪态包括人们的举止与表情，它犹如人们的一种“身体语言”。在许多情况下，人们的“身体语言”所传递的信息，较之于口头语言与书面语言，会更为真实、更为准确。

③ 服饰。在现实生活里，一个人的服饰，不仅仅是其遮羞、御寒、防暑之物，更重要的是，它还是一个人的个人修养、生活阅历和审美品位的体现。

④ 语言。在人际交往中，语言是最重要的交际工具。语言，除了可以传递信息之外，亦可向交往对象传达自己的态度。对客运人员来讲，重要的不是会不会说话，而是如何才能把话说好。

⑤ 态度。在服务过程中，与服务对象交往的态度、表现，往往会给交往对象留下极其深刻的印象。

（4）亲和效应

在人际交往中往往存在一种倾向，即人们把自己较为亲近的对象，称为“自己人”。在现实生活里，人们往往更喜欢把那些与自己志向相同、利益一致或者同属于某一团体、组织的人，视为“自己人”。

所谓亲和效应，是指人们在交际应酬里往往会因为彼此之间存在着某些共同之处或近似之处，从而感到相互之间更加容易接近；而这种相互接近，通常又会使交往对象之间萌生亲切感，并且更加亲密，相互体谅。交往对象由接近而亲密、由亲密而进一步接近的这种相互作用，就是所谓的“亲和效应”。一个人如果想要让身边的人把自己当成“自己人”，就要懂得与他人的相处之道。只有这样，才会让别人认同自己。在交往对象属于“自己人”的这一认识前提下，人们通常会形成肯定的心理定式，从而对对方表现得更为亲近和友好，并且在特定的情境中，更加容易发现和确认对方值得自己肯定和引起自己好感的事实。所有这一切，反过来又会进一步巩固并深化自己对对方已有的积极性评价。

（5）末轮效应

末轮效应是相对于首轮效应而言的，强调服务结尾的完美和完善。末轮效应是指在人际交往中，人们留给交往对象最后的印象，通常也是非常重要的。在许多情况下，它往往是一个单位或一个人留给交往对象的整体印象的重要组成部分。有时，它甚至可能直接决定该单位或个人的整体形象是否完美，以及完美的整体形象能否继续得以维持。

末轮效应理论的核心思想是要求人们在塑造单位或个人的整体形象时，必须有始有终，始终如一。相对而言，它尤为强调“有始有终、始终如一”中的“终”字。一个单位或一个人在有意识地塑造自己良好的整体形象时，假定有始无终，便往往有可能前功尽弃，徒劳无益。所以，在人际交往的最后环节，要努力争取给自己的交往对象最后留下一个尽可能完美的印象。

将末轮效应理论运用于客运服务过程之中，至少有三大好处：

① 有助于铁路与客运人员始终如一地在旅客面前维护自己的完美形象。

② 有助于铁路与客运人员获得来自旅客的对于热情服务的认可。

③ 有助于铁路与客运人员在服务过程中克服短视行为，从而赢得服务对象的人心，逐渐提高铁路的社会效益与经济效益。

（6）零度干扰

零度干扰理论的基本主张是：客运人员在为旅客提供服务时，必须主动采取一切行之有效的措施，将对方所受到的一切有形或无形的干扰，积极减少到最低，也就是要力争达到干扰为零的程度。

零度干扰理论的主旨是：客运人员在服务过程中，为服务对象创造一个宽松、舒畅、安全、自由、随意的环境。实践证明：一个社会的文明程度越高，其社会成员对于服务领域内的干扰现象便越是难以容忍。一位服务对象的文化程度越高，在其享受服务的整个过程之中便越是不希望受到任何形式的干扰。

总之，零度干扰理论的核心，就是要使服务对象在服务过程中所受到的干扰越少越好。

所以，客运人员应当特别注意两个方面：

① 创造无干扰环境。即注意卫生和噪声。

② 保持适当的距离。心理学实验证明：人际距离过大，容易使人产生疏远之感；人际距离过小，则又会使人感到压抑、不适或是被冒犯。总之，人际距离过大过小均为不当，它们都是有碍于正常的人际交往的。

【任务实施】

（1）将学生分成若干组，每组 5 位同学，并确定组长。

（2）由组长负责组织，每个小组分别去搜集中国铁路客运服务礼仪发展的资料，并进行整理。

（3）将总结好的材料和成果做成 PPT 文件，小组选出代表进行讲解。老师和同学可以就 PPT 文件内容进行提问，也可以就某一问题开展课堂讨论。

活动评分表

评分标准	得分	说明
调查资料是否充分、全面。（30 分）		
资料总结是否准确、全面。（20 分）		
PPT 文件制作是否生动、准确。（10 分）		
PPT 文件讲解是否通顺、流畅。（20 分）		
小组成员活动是否积极。（10 分）		
团队协作是否协调。（10 分）		

【案例资料】

有这样一则旅行幽默，将军乘火车长途旅行。他睡得正香时被同包厢的两位太太吵醒了："车窗开着我会冻死的。"一位太太要关车窗。"车窗关上我会闷死的。"另一位太太要打开车窗。乘务员无法调解矛盾，只好求助于将军。"您看怎么办?将军，如果这是一个军事问题的话。""在作战时，我们处理这些问题是采取各个击破的办法。所以，你最好是先把窗户打开，冻死一个，然后再把窗户关上，闷死一个。这样就太平无事了。"

讨论题：

（1）旅客需求各异，客运人员应如何处理好这种矛盾?

（2）要想成为一名优秀的客运人员，应具备哪些最基本的品质?

【任务练习】

1. 选择（1-4 题为单选，5-8 题为多选）

（1）在（　　），铁路进行第六次大提速，这次提速，是中国铁路走进现代化的里程碑，这不仅仅是速度的飞跃，也是服务质量和技术的飞跃。

A. 20 世纪 90 年代中期以后　　B. 1997 年 4 月 1 日

C. 2007 年 4 月 18 日　　D. 20 世纪 90 年代中期以前

（2）“第一印象”的形成一般只需（　　）。

A. 6 秒　　B. 45 秒　　C. 60 秒　　D. 30 分钟

（3）交往对象由接近而亲密、由亲密而进一步接近的这种相互作用，就是所谓的（　　）。

A. 零度干扰　　B. 角色定位

C. 首轮效应　　D. 亲和效应

（4）（　　）是相对于首轮效应而言的，强调服务结尾的完美和完善，即要“功德圆满”。

A. 零度干扰　　B. 末轮效应

C. 角色定位　　D. 亲和效应

（5）铁路客运服务礼仪的发展可以分为三个阶段，分别为（　　）。

A. 20 世纪 90 年代中期以前　　B. 2008 年以后

C. 20 世纪 90 年代中期以后　　D. 大提速阶段

（6）铁路客运服务礼仪应遵循的原则有（　　）。

A. 旅客至上的原则　　B. 用心服务的原则

C. 热情服务的原则　　D. 持之以恒的原则

（7）一般说来，高速铁路客运人员应具有以下品质与素质（　　）。

A. 职业道德　　B. 职业修养

C. 心理素质　　D. 服务规范

（8）“敬人三 A”理论指的是（　　）。

A. 接受对方　　B. 重视对方

C. 赞美对方　　D. 喜爱对方

2. 判　断

（1）在客运服务工作当中，应当注意对待不同国家的旅客应尊重其不同的礼仪、风俗及习惯，以免造成不必要的麻烦。（　　）

（2）末轮效应理论的核心思想是要求人们在塑造单位或个人的整体形象时，必须有始有终，始终如一。（　　）

（3）“敬人三 A”理论的主旨是：客运人员在服务过程中，为服务对象创造一个宽松、舒畅、安全、自由、随意的环境。（　　）

（4）角色定位理论的核心，就是要使服务对象在服务过程中所受到的干扰越少越好。（　　）

（5）文明礼貌、仪表端庄是职工文明素质、形象和内在修养的外在表现。（　　）

（6）高速铁路客运服务礼仪包含的内容有服务仪容、服务仪表、服务仪态和服务语言。（　　）

3. 思　考

（1）结合实际，你认为应从礼仪的哪些方面入手，提高铁路服务质量?

（2）谈谈你对“以人为本、旅客至上”的铁路服务理念的理解。

（3）结合所见所闻，谈谈你对铁路服务礼仪应遵守的原则的理解。

（4）谈谈你对“敬人三 A”理论的理解。

（5）什么是首轮效应? 影响它的因素主要有哪些?

（6）谈谈你对零度干扰理论的理解。

项目二　高速铁路客运服务

项目描述

随着社会的不断发展进步，人们的出行运输方式也有了更多选择，各种旅客运输方式之间的竞争越来越大，铁路旅客运输面临的形势日益严峻。作为服务行业的铁路旅客运输，服务质量是其生存和发展的根本，而高速铁路客运服务代表着铁路旅客运输的未来。高速铁路客运服务不仅关乎铁路的企业形象，更直接影响着铁路工作的成效乃至跨越式发展战略的实施，具有极其重要的社会意义和经济意义。

任务 1　高速铁路客运服务认知

【教学目标】

1. 能力目标

对高速铁路客运服务工作有较深的认识，能系统地把握高速铁路客运服务工作。

2. 知识目标

了解高速铁路旅客运输服务的特点，理解高速铁路客运服务的理念、特点，掌握高速铁路客运服务的内容。

3. 素质目标

树立高速铁路客运服务理念，具备从事高铁客运服务工作的相关基本素质。

【任务导入】

有位客运员是省摔跤比赛冠军、全国亚军，有一天他在出站口验票，3 名无票男旅客拒绝补票，扬言哥儿们几个坐车从来就没补过票，别跟我们过不去。他压下火气，耐心地向他们讲解了规章，依然坚持请他们补票，不料这 3 人冲上前来就给他一顿乱拳，然后就跑。许多人冲着他喊："揍他们!"他分开人群，走到 3 名男子身边说："还得请你们按规章补票!"望着周围聚拢过来的旅客，3 个人终于不情愿地掏出了钱。他将票塞到他们手里："欢迎下次乘坐铁路列车。"站上的领导听说了这件事，给这位摔跤冠军颁发了委屈奖。他说："这奖包含着荣誉，也包含着苦涩。"

讨论题：

（1）结合案例，谈谈客运人员如何处理好与旅客的关系？

（2）结合案例，谈谈如何做好客运服务工作？

一、高速铁路旅客运输服务特点

高速铁路客运服务是客运服务在高速铁路旅客运输中的具体化。高速铁路旅客运输服务既有其他服务业的共性也有其本身的个性。主要特征如下所述。

（一）独特的产品形态

高速铁路旅客运输服务提供的产品不是实物形态的，而是无形的旅客运输劳务，它只有在特定的时间内和方向上才被需要。比如：不同时间内和不同方向上的供应与需求不能相互满足；被运输的旅客位移不能存储、不能调拨，只能满足当时当地发生的旅行需求；铁路企业向社会提供的是客运能力和旅行服务，运能只有被旅客接受才能转化为客运产品；铁路企业提供的运能多了、早了、迟了都是无效的。因此，为了能确保提供及时的运输服务，铁路企业要有一定数量的后备运力（运能），以适应不均衡的市场需求。

（二）独特的生产过程

高速铁路旅客运输生产方式是以列车运行的方式来进行的。在运输过程中必须确保旅客的人身安全，一旦造成旅客伤亡，就会造成难以挽回的损失。

（三）独特的消费过程

高速铁路旅客运输的消费过程是与生产过程结合在一起的。旅客列车的席位只有被旅客使用才是有效的生产；否则，只能被浪费。这个特点决定了铁路企业的销售方式一般是先销售（售客票）再生产，少数是销售与生产同时进行；但不管销售状况如何，在正常情况下，预定的列车都必须准点运行。

（四）服务质量控制主要在于过程控制

各运输行业竞争日益激烈，高速铁路旅客运输要想在激烈的市场竞争中取得主动，必须强调客运服务质量。高质量的服务是提升高速铁路市场竞争力的重要因素。事实上，旅客运输在提供其产品——旅客空间位移的过程中，服务质量占据主要地位，服务质量好，服务水平高，社会需求就大。

二、高速铁路客运服务理念

高速铁路旅客运输应贯彻“以人为本、旅客至上、执行标准、灌输热忱”的服务方针，实现高速铁路列车的优质服务。

（一）服务意识

1．重视服务意识

服务意识是指企业全体员工在与一切企业利益相关的人或企业的交往中所体现的为其提供热情、周到、主动服务的欲望和意识。

服务意识是发自服务人员内心的，是服务人员的一种本能和习惯，是可以通过培养、教育训练形成的。

服务经济时代已经到来，服务是企业生存的命脉。提高对旅客的服务意识，应牢牢扎根于铁路客运系统的每一位员工，特别是客运员、乘务员等一线的服务人员。首先要让员工克服“服务业就是伺候人的行业”这种旧观念，树立“以全新的服务文化提升企业竞争力”的新理念；其次要使员工认识到服务业是一个用心来做的行业，员工的投入程度直接影响到服务的质量。“服务就是发展”，“服务就是效益”，“服务就是市场竞争力”。客运人员的敬业精神和有礼有节的态度可以获得旅客的高度评价，从而提高铁路企业的形象。

在高速铁路客运这个以服务为导向的工作中，对服务意识的强调，早已经超出了“微笑服务”“关怀服务”的范畴。客运人员不仅要能够设身处地为旅客着想，还要把旅客当作事业伙伴，当作一起来实现共同目标的同道。服务意识不强，服务工作跟不上去，铁路企业就难以生存和发展。因此，领导和员工必须重视服务意识。

2．培养服务意识

培养服务意识，就要树立预测并提前或及时到位地解决旅客提出问题的意识，就要树立按规范化服务程序解决旅客提出问题的意识，就要树立遇到特殊情况，提供专门、超常服务以满足旅客特殊需求的意识，就要树立防止发生不该发生的事情的意识。

为旅客着想，才是真正优秀的员工。有了这种意识，才能具备相应的能力。从事高速铁路客运服务工作，必须把服务意识作为对客运人员的基本素质要求加以重视。每一名员工必须树立起自己的服务意识，一个重视服务、不断改善服务品质、提高服务质量的员工总会得到旅客的赞赏，也更容易受到提拔和重用。

3. 服务无小事

在现实生活中，人们对于小问题往往采取迁就、宽容的态度。有些小事可能旅客并不在乎，有些需求可能连旅客本人都没有意识到。但如果客运人员能够洞悉这些需求并满足他们，不仅能给旅客带来更多的满意、更大的惊喜，而且企业赢利的期望、员工自身发展的期望也都可以在这些小事中得到实现，因而在客运服务中就应以另外一种态度和做法对待小事，即“小题大做”。

客运人员不能留长指甲、涂指甲油，不能戴首饰，头发不能过肩；见到旅客要使用敬语问好打招呼；旅客交办的事情要想办法解决，不能说“不”；按规范作业，操作轻、走路轻、说话轻；台布不能有洞；等等。在外人看来，这些好像都是鸡毛蒜皮的小事，但对这些小事专注投入的程度足以反映出高速铁路客运服务的质量好坏以及管理水平的高低。

对“小题大做”的意识不足，实质上就是服务意识不强，每位员工都认真对待“小题大做”，服务工作的质量就有保障了。

（二）服务理念

高速铁路客运人员销售的是服务，并且是高标准的优质服务，因此，必须在强调服务意识的基础上，强化服务理念。

中国高速铁路的快速发展，不仅仅需要机车、车辆等设备的更新，同时也需要高速铁路所有员工更新服务理念，在服务标准上向民航等行业看齐，为此，必须强化以下服务理念。

1. “旅客永远是对的”

优质的服务就是要让旅客满意。这就要求铁路员工站在旅客的立场上去考虑问题，了解旅客的需求与期望，给予旅客充分的尊重，并最大限度地满足旅客的需求。树立“旅客永远是对的”这一服务理念，一切服务工作必须围绕旅客来进行，必须以使旅客满意的方式来解决问题。

2. 专业能力

客运人员必须具备所需的专业知识、专业能力及服务技能，熟练掌握业务知识，随时为旅客提供优质服务。

3. 注重礼仪

为旅客提供服务时要态度良好，要不卑不亢、礼貌、热情，微笑发自内心；要牢记自己代表的是高速铁路客运的形象，绝不能抱有无所谓的态度。

4. 给予信心

当我们提供的服务让旅客满意之后，旅客才会认可我们，对我们产生信心。旅客对我们有信心，才会愿意接受我们提供的服务。只有这样，旅客才能优先选择高铁列车，甚至全心全意地介绍给亲友。要做到这一点，必须懂得“信心来自实力”。

5. 善于沟通

为了了解旅客的需求与期望，必须要与旅客进行沟通，倾听旅客的声音，为旅客解决问题。旅客有抱怨，要以婉转的语气、心平气和的态度加以解释，如果没必要解释的，不说为宜。处理旅客抱怨时不要拖延，要让旅客看到你在努力解决问题，以平息旅客的不满情绪。

6. 加深理解

想旅客之所想，急旅客之所急。尤其是在面对老人、聋哑和智障等特殊旅客时，他们咨询问题，往往词不达意，这就要耐心地倾听，弄清他们想要了解的问题。另外，向旅客道歉时要有诚意，绝不能口是心非，应发自内心、设身处地为旅客着想。

7. 互相配合

在客运人员进行服务时，旅客往往会参与其中，而且还会提出他们的意见与建议，因此客运人员要与旅客密切配合。同时，相关部门或同事之间也需要团结合作、相互配合与支援。

8. 一诺千金

一旦对旅客的服务要求做出承诺，就必须履行。对旅客所做的承诺必须实现，而且要有效率，让旅客满意，否则，会影响和谐列车的良好口碑与信誉。

9. 换位思考

换位思考，就是要设身处地为他人着想，即想人所想、理解至上。只有这样，客运人员才能站在旅客的立场理解旅客的需求与感受，为旅客提供贴心的服务，快速、妥善地为旅客解决问题。

10. 平等待客

为旅客提供服务的质量要一致，不能因时间、旅客或客运人员的不同而有所差异。由于客运人员心理情绪因素或因与旅客有某种关系而擅自降低或提高服务标准的现象，更不允许发生。

11. 遇事冷静

旅客不同，问题各异。当碰到棘手的难题或旅客情绪波动较大时，客运人员必须要克制自己，避免头脑发热、失去理智而影响工作。在措辞上必须要谨慎，要用平缓的语气说话，争取思考时间，才能想出好的对策去解决问题。

12．果断决策

当遇到重大问题或突发事件时，客运人员要沉得住气。在充分估计客观情况的基础上，勇敢、有智慧地做出决定，果断、干脆地解决问题。

三、高速铁路客运服务的特点

高速铁路与既有线相比具有速度快、开行间隔时间短、开行密度大等特点，运输组织模式将实现“等候式”向“通过式”转变，旅客换乘接续和候车时间短。这些特点反映到客运服务上，也呈现出独有的特点，主要有以下几方面。

（一）服务质量高

高铁客运服务对象主要是既有铁路中的相当一部分客流、航空转移客流和部分诱增客流。这类旅客需求多、档次高，需要提供高质量的站车服务。如良好的候车环境，干净的卫生条件，便捷的购、检票方式，舒适、整洁的列车环境，运行状态良好的设备等。

（二）服务效率高

高铁客运站改变了过去以“等候式”为主的流线组织模式，“通过式”的旅客流线最大限度地增加了客运站的通过能力和接待能力。因此，客运站的各项服务必须与各类旅客流线密切配合，促使旅客方便、快速地获得服务。

（三）换乘服务周到

很多高铁客运站集高速铁路、既有线、城市地铁、公交等交通方式于一体，这就要求铁路提供良好的衔接换乘服务，清晰明确的信息引导标志和快捷的换乘通道，尽量缩短旅客的换乘时间和走行距离，体现客运服务“人性化”的理念。

（四）信息化程度高

从旅客信息查询到售、检票服务，从揭示引导到安检服务等都实现信息化管理和服务。这既给旅客带来方便，又便于客运人员管理，这是客运服务发展的一个新趋势。

（五）服务种类多样化、“人性化”

高铁列车技术先进，按照旅客的需求设计和提供服务产品。铁路通过多样化的服务满足各类特殊旅客的需求，提高旅客的满意度，增加市场份额。如客运站配备专用的站台升降梯，为残疾人提供全面的助残服务；在列车上、客运站内开辟专供商务人士使用的办公区域等。

四、高速铁路客运服务内容

高速铁路客运服务，应最大限度地满足旅客在旅行中的物质、文化生活等方面的需求，要树立全心全意为人民服务的思想，坚持“全面服务、重点照顾”的原则，文明、礼貌地为旅客提供优质服务。按照出行过程，高速铁路客运服务可以分为：出行前的服务、车站服务、列车服务和延伸服务。

（一）出行前服务

旅客出行前的服务，主要以提供信息查询为主。提供多种形式的查询方式，使铁路与旅客之间的联系逐步由单一的人工方式扩展到电话、短信、自助、互联网等多种方式，能够为旅客提供24小时不间断的服务。查询内容丰富，主要包括：

（1）查询旅程区间乘坐车次信息。

（2）查询开车时间、停靠站名、到站时间。

（3）查询客票信息，包括席位、票价、里程等。

（4）查询市内售票点及其他售票渠道信息。

（5）查询站内环境与服务设施。

（6）查询市内交通、天气情况、旅游等信息。

（二）车站服务

车站服务包括：票务服务、问询服务、候车服务、旅客乘降服务、信息服务以及“人性化”服务等。

1．票务服务

票务服务是车站为旅客提供的重要服务内容。车站采用多种售票方式，合理安排售票窗口、自动售票机的数量和位置，以方便旅客购票，并且及时公布售票服务的相关信息（余额、变更）。售票人员应具备熟练的业务技能和良好的工作态度，按标准与规范做好相关票务工作，根据旅客要求按规定售票（CRH列车开车前15分钟车站停止售票）、换票、退票，并及时向列车和配餐公司递交售票统计信息；同时售票员应向旅客提供导购服务（推荐异地票、联程票）、车票挂失、重点旅客全程服务等特色服务，满足旅客的需求。

2. 问询服务

问询处应设在旅客比较集中的地方，车站应通过问询处正确、迅速、主动、热情、耐心地解答旅客旅行中提出的各种问题，使旅客在购票、上车及中转换乘等方面获得便利。问询处应根据客流动态及车站具体情况进行宣传和组织工作，尽可能使旅客在旅行中避免错误。解答旅客问询的方法可分为口头解答（包括电话问询、广播通知、电视问询）和文字解答（包括文字张贴、揭示牌提示）。口头解答问询时要做到“有问必答，答必正确，百问不烦”，让旅客满意。文字张贴内容应通俗易懂，版面要鲜明、美观，夜间应有充足照明。电子揭示牌提示的内容应连续、滚动地显示，为旅客提供方便。

3. 候车服务

由于高速铁路客运站“通过式”的运输组织模式，旅客候车服务内容将逐步弱化，同时某些服务的方法和接触模式将会改变，即会有越来越多的自助式服务设施设备代替高接触度的人工服务模式，这既可以提高服务的规范性和标准化程度，又会提高服务效率。

（1）旅行生活服务

旅客旅行生活服务包括旅客在旅行过程中的生活、工作、学习等方面需求的服务。高铁客运站专门设有休息室、贵宾休息室、快餐店、咖啡厅、洗手间、吸烟区等处所，以满足旅客在休息、餐饮、卫生、吸烟等方面的需求；许多高铁客运站还设有网吧、手机充电器、IP 电话、阅览室等，以满足旅客在工作、学习方面的需求。

（2）购物、娱乐服务

许多高铁客运站设有特产店以及一些娱乐场所，这既可以满足旅客的需求，又可以增加车站的收入。

（3）寄存服务

随身携带品暂存处是为旅客临时寄存物品的地方，做好寄存工作能给上车前、下车后的旅客创造便利条件，所以应安全、正确、迅速地为旅客办理寄存。先进的寄存方法是采用双控编码锁寄存柜，旅客可自己选定号码开柜、寄存，既安全又方便，同时又为车站客运人员的管理工作创造了良好条件。

4. 旅客乘降服务

乘降服务工作组织的目的是迅速集散与疏导旅客，维持车站秩序，对进站人员持用的车票检验和加剪。检票前清理站台，安排上要先重点（老、幼、病、残、孕与带婴儿的旅客），后团体，再一般。进站检票时执行“一看（看日期、车次）、二唱（唱到站）、三剪”制。

站台客运人员应坚守检票口、天桥口、地道口及进站通路交叉地点，按距离最短、交叉最少的进出站流线组织旅客进出站、上下车。随时做到扶老携幼，督促购物旅客及时上车，保证旅客安全。

对出站人员的车票、团体旅客证应收回，但中途下车和换乘旅客的车票不收回。收票时应执行“一看（看日期、到站）、二问（问是否报销）、三收（报销撕角，不报销收回）”制，注意不要误撕车票。对收回的车票要妥善保管，定期销毁。

维持站台正常秩序。在进出站流线上多设置路标、指示牌等以指明道路。在进出站检票口应做好检票工作、客流统计工作、查堵无票旅客与危险品、爆炸品、易爆品的工作。加强站台巡视，确保旅客安全。

组织中转换乘的旅客在适当地点候车、换乘，保证乘降工作安全、迅速、不乱、不错。

5. 信息服务

旅客在客运站所需的信息包括：客运业务类服务信息，如列车基本情况信息、列车运行动态信息、交通换乘信息、客票余额及票价信息等。这些服务可以通过车站广播和电子屏来实现，还可以通过电视、宣传栏等向旅客提供旅行常识类信息和社会服务类信息，以满足各种需求。

6.“人性化”服务

高速铁路客运站不仅要为普通旅客提供舒适、便捷的服务，而且还应该满足特殊旅客的需求，充分体现“人性化”服务理念。特殊旅客主要包括重点旅客、贵宾、团体旅客、母婴及其他特殊旅客（如醉酒旅客、犯人及押送人员等）。

（1）重点旅客

由于健康、年龄、生理等方面的原因，某些特殊旅客很难灵活自如地完成自己的旅行。高速铁路提倡“人性化”服务，应该为他们创建一个方便、安全的活动空间，提高其日常生活、旅行的自理程度。如免费提供轮椅护送旅客上车、设有母婴候车室等。

（2）贵宾

由于身份、职务或知名度等方面的特殊性、重要性，无论是到站、购票，还是候车、乘降时，车站都要为贵宾提供及时、周到、舒适的特殊服务。

（3）团体旅客

团体旅客以团队的形式集体出行，非常强调团结性、组织性、整体性等方面的特殊需求。车站应重视团体旅客的特殊需求，为其提供专门的购票、候车、检票等服务。

（三）动车服务

动车服务包括车厢服务、列车广播和餐车供应工作。

1. 车厢服务

始发站剪票前，乘务员应做好各种准备工作，严守车门，扶老携幼，迎接旅客，看票上车。车上乘务员要为上车旅客安排座席及随身携带品的放置地方。开车后，乘务员按作业过程进行工作，态度应主动、热情，语言文明，表达得体、准确，举动稳重、大方，处理问题机动灵活、实事求是。到站前及时准确通报站名，组织旅客安全上下车。

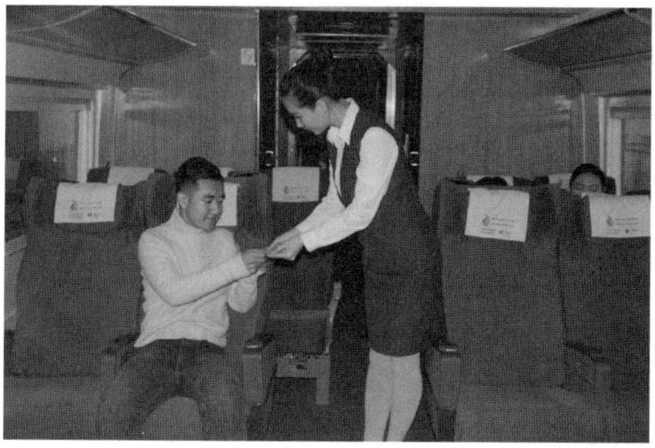

与普速列车相比，动车的车厢服务更舒适、更科学，这主要体现在硬件设施设备、服务备品供应、客运人员三个方面。首先，在硬件设施设备方面，高铁列车的座椅较之以前有很大创新：前座上可放下小桌板，座椅可以根据乘客的需要前后调试；整排座椅最大旋转角度为180°，不仅前后排乘客可以面对面交谈，座位方向也可以始终与列车运行方向一致；头顶的货架有紧密的缝隙，抬头便可以看到自己的包裹；动车上不办理有座席补票。其次，在服务备品供应方面，以CRH3型车为例，客运服务备品有保险柜、便民服务箱、收垃圾清洁车（含防漏盘）、衣架、VIP置物架、备品柜、披肩、药箱等，这比以前更全面、更人性化。再次，乘务员更加注重服务礼仪和服务技巧，列车餐饮服务由专业的餐饮和保洁公司承担，客运人员提供的餐饮和应急服务、保洁人员提供的卫生服务等都有严格的规定和明确的标准。列车上不再配有餐车，取而代之的是吧台式服务。

2．信息服务

动车主要通过乘务人员广播、现场解答、《CRH动车旅客服务指南》《休闲杂志》《安全须知》、CRH宣传图片、简明时刻表、旅行常识等向旅客提供以下几类信息：① 列车基本情况信息、列车运行动态信息、交通换乘信息、车票余额及票价信息等客运业务类信息；② 公告通知、引导揭示信息、法律法规、旅行常识、旅行安全、旅行服务等列车自供服务信息；③ 旅游、住宿、市政交通、气象、新闻、娱乐、医疗、金融等社会服务信息。

关于广播服务，运行时间在3小时以内的列车，一般只播迎送词、服务设备介绍、安全提示、站名和背景音乐；运行时间超过3小时的列车，可在不干扰旅客休息的前提下，适当增加播放内容。列车旅客信息服务及影音播放系统播放的内容应由客运部门提供，由车辆部门录入。

3．“人性化”服务

为了给重点旅客提供“人性化”服务，高铁列车的一等座位车厢的厕所里，设有供残疾人使用的坐便器，坐便器上的垫圈还能根据天气和温度变化感应温控。在坐便器旁边，还有为残疾人准备的SOS紧急呼叫设施。墙壁上有可拉下的婴儿护理台，可以将婴儿放在上面更换尿片。

（四）旅程结束服务

旅程结束服务主要以投诉受理、意见建议收集为主，包括：

（1）旅客投诉受理、处理及反馈。投诉处理服务在旅客服务中心和车站都设置投诉处理平台（中心）。旅客可以通过网络、电话、电子邮件、信函等形式进行投诉和建议。

（2）意见、建议的收集及反馈。投诉中心对投诉信息进行收集、分类、归档、存储，不能自动收集的信函、电话录音等，进行人工编辑整理。对投诉和建议分别归类，按不同的方式进行应答和处理。

（3）统计分析与报表。对投诉和建议信息进行统计分析，形成报表，为以后工作的改进提供参考。

五、高速铁路重点旅客服务

（一）老年旅客

（1）设立重点旅客候车室，并为老年旅客候车提供帮助。

（2）客运人员应主动帮助老年旅客搬运携带品并引导进站优先上车。

（3）老年旅客上车时，需主动上前搀扶并送到座位上。

（4）老年旅客腿部容易怕冷，乘务人员根据车上备品配备情况主动提供毛毯等保暖物品。服务时应注意把脚、腿盖上（老人腿、脚比较怕冷），适当垫高下肢。

（5）由于老年人听力较弱，乘务人员应主动告知广播内容和介绍车厢服务设备、洗手间位置等情况。

（6）为老年人提供饮品时，应适当提高音量，主动介绍品种，告知饮品成分（如是否含糖等）。

（7）老年旅客在用餐时，应主动为其打开餐盒及餐具。

（8）旅途中经常看望老年旅客，主动嘘寒问暖，工作空余时多与老人交流，尽量消除老人的寂寞感。

（9）当老年旅客需要用洗手间时，应及时满足并帮助放好马桶垫。

（10）主动帮助老年旅客填写意见卡。

（11）到达目的地，提醒、帮助老年旅客整理携带物品，搀扶其下车，与接站人员做好交接等。

（二）儿童旅客

（1）主动帮助携带婴儿的旅客提拿随身携带物品，并妥善安放（事先提示旅客把婴儿要用的物品取出，放在便于拿取的位置）。

（2）主动为婴儿提供枕头垫其头部，关闭通风孔防止受风。

（3）用餐时，提醒旅客注意小桌板上的饮料（尤其是热饮），避免泼洒到婴儿身上，同时主动询问大人是否需要为婴儿准备食物，需不需要冲奶粉，需要什么时候冲，有无特殊要求等。将冲好的奶瓶用小毛巾或餐巾纸包好，送给婴儿的母亲。

（4）带婴儿的旅客需要客运人员的时刻关注，但除非旅客请客运人员帮忙，否则客运人员不要主动去抱婴儿。

（5）在洗手间给婴儿换尿布，如没有该设备可以在座椅上换。为了不影响其他旅客，可在乘务员座椅上铺上毛毯，准备好清洁袋。换完后请母亲洗手或用热毛巾擦手。

（6）到站后，帮助婴儿的陪同人整理好随身携带物品并帮助提拿送下列车。

（7）饮品需交给监护人，冷饮服务需同时提供吸管，由监护人转给儿童或婴儿。

（8）儿童上车时，乘务人员应弯腰，表示欢迎及爱护。对于首次乘车的儿童，要告知其陪同人在列车运行期间不要让孩子随便跑动，以免发生危险。

（9）儿童旅客好动，发现其有危险举动时，要及时制止，提醒其监护人看好孩子，同时注意观察儿童旅客是否还有类似的危险举动。

（10）根据车上现有条件提供一些儿童喜欢和感兴趣的读物、玩具、糖果等。

（三）孕　妇

（1）设立重点旅客候车室，并为孕妇候车提供帮助。

（2）客运人员应主动帮助孕妇，引导其进站并优先上车。

（3）孕妇上车时，应主动帮助提拿、安放随身携带物品，并注意调节通风口。

（4）乘务人员在条件允许的情况下应提供毛毯等物品，主动询问孕妇乘车感受，随时给予照顾。

（5）孕妇旅客行动不方便且容易疲劳，可帮助其安排一个方便走动的下铺或座位，提醒周围旅客轻走动、轻交谈，给孕妇创造良好的乘车环境。

（6）下车时乘务人员应协助旅客提取行李，并送至车门口。

（四）残疾旅客

1．视力残疾旅客（盲和低视力旅客）

（1）遇到视力残疾旅客时，应先打招呼，在打招呼之前不能触碰旅客的身体。另外，视力残疾旅客能够根据声音来推测客运人员的人品，所以打招呼时要面带笑容。

（2）帮助视力残疾旅客时，应先说明身份，打消旅客疑虑，征得旅客同意后，再进行服务。

（3）帮助视力残疾旅客提拿随身携带物品时，应先征得旅客同意，再触碰旅客物品，并让旅客能够感知你陪伴其左右。

（4）引导视力残疾旅客行走时，要先征得旅客同意。

（5）引导使用盲杖的旅客上车时，在车门口处，应告知视力残疾旅客提起盲杖，听从指挥“迈一大步，”带领视障人旅客上车。登车后，可让视力残疾旅客触摸车厢。进入车厢前，应先语言提示“向左（或向右）转，进入车厢”。

（6）引领方向、方位时，应以视力残疾旅客所在位置与方向，作为说明的基准。遇到阶梯、台阶时，一定要说清是“上”，还是“下”。路况有变时，应提早告知，避免突然停止。突发不寻常声响，应主动说明声源，以免视力残疾旅客紧张恐惧。

（7）引导就座时，应引导视力残疾旅客的手触碰椅背、扶手及桌沿，以使其了解座位周边环境。

（8）放置旅客随身物品时，要尽可能放置于视力残疾旅客可感知的位置，如身边及视力残疾旅客的座位下方。如必须放置于行李架上，则在放置完毕后，要让视力残疾旅客亲手触摸，以确认物品的存在及具体位置，方便其照管和取放物品。

（9）在无危险情况下，多引导视力残疾旅客以手触碰物体，以使其了解周围情况。

（10）视力残疾旅客使用厕所等特殊用途之物品时，为方便其使用，应引导旅客事先自行操作一遍。

2．听障人旅客

听障人旅客乘车时，乘务人员的眼睛要正视对方，应通过握手、拍肩膀等动作表示问候。与听障人旅客进行交流的方式有一般的对话、手语、笔谈等。如果不会手语，采用在纸上写字的笔谈方式最为保险。帮助听障人旅客时，如果不懂手语，不要乱打手势，以免造成误解和误会。

（1）了解旅客的乘车信息，及时提醒旅客检票上车。

（2）了解旅客到达站，及时提醒旅客是否已到目的地，并将目的地车站名称、到达时间、换乘车次及时间等信息以相应的方法告诉旅客。

（3）将车上设备使用方法、洗手间位置等内容以相应的方法告诉旅客。

（4）随时观察旅客需求，适时为旅客提供服务。

3. 肢残旅客

客运人员对于肢残旅客使用的辅助器具不要好奇，看到假肢不要惊讶，更不要随意触动和移动这些器具，以免给旅客使用带来不便。与旅客交谈时，不要询问其伤残情况，淡化残疾色彩。

（1）遇使用拐杖和轮椅的旅客，应先与旅客打招呼，询问是否需要帮助。如果需要帮助，再询问需要什么样的帮助。

（2）帮助旅客时，应将手套摘下（手表等如果有可能伤着旅客，需预先摘下，放入兜中）。如果出现人手不够等迫不得已的情况，可请周围的旅客进行协助。

（3）使用轮椅的旅客需要护理时，要握紧轮椅的把手，招呼一声后再开始移动。

（4）向上抬时要注意不要使用“嗨”“哟”“嗬”等吆喝声，可使用“一、二、三，起”等简洁的词句。导向时要有“身体会往后倒”等语言提示后，再进行下一个动作。

（5）上车后，经旅客同意，可将轮椅折叠好放在不影响通行的位置。旅客如果希望一直坐在轮椅上，则可将轮椅推到轮椅停放处或者座椅的边上，在与列车的前进方向呈直角的位置停好并且一定要将轮椅制动。

（6）使用轮椅的旅客需要上厕所时，应询问其如厕习惯，并予以帮助。

（7）对于使用电动轮椅的旅客，除了上述要求外，还有一些其他注意事项。

如果旅客不采用电动方式而是采用手动方式，并且希望接受护理时，需握紧用于护理的把手，按照手动轮椅的护理方法进行。

电动轮椅种类很多，重量、大小也会因轮椅种类的不同而变化。需要抬起轮椅时，一般情况下需要 5～6 人。基本的应对方法与手动轮椅一样，但由于其不能折叠，需要根据车内的情况考虑停放的场所。如果旅客希望自动行驶，其操作可任由旅客进行，但需要随时提醒旅客确认制动的情况。

（8）需要暂时让旅客等待时，请旅客将轮椅的车轮方向与线路平行并解除自行功能。

（五）患病旅客

（1）发现有突发性精神病的旅客，及时给旅客创造一个相对隔离、安静的环境。迅速通过广播寻找医生，指定专人看护，看护人员可多对病人说些宽慰的话，播放一些节奏舒缓、旋律优美的音乐，尽量减轻病人的压力，转移病人的注意力，以助病人恢复平静的心情。

（2）对气短脸红、患有心脏病的旅客，应引起警惕，及时关注，了解其急救药品的存放位置，并委托其同行旅客或周围旅客及时给予关照，以免发生不测。

（3）对刚做过手术或患有糖尿病的旅客，应及时主动与其联系，关心他们的起居饮食，必要时可请餐车做特殊的“病号饭”。

【任务实施】

（1）将学生分成若干组，每组6位同学，并确定组长。

（2）由组长负责组织，每个小组派代表分别结合自身乘火车的经历，向大家分享自己印象最深刻的乘车服务体验，并说出印象深刻的原因。

（3）通过听取大家的乘车故事，请同学们谈谈如何做好客运服务工作，让旅客满意。

【案例资料】

几年前的一个深夜，石家庄开往广州的T89次列车正奔驰在湖广大地上。忽然，一位少女的哭声惊醒了车厢内熟睡的旅客，原来是她两岁的小妹妹突发急病，现在居然陷入了昏迷状态，惊慌失措的姐姐含泪的目光求助地望着大家。紧急之中，列车员叫来了值班车长。“大家不要急！”列车长先稳定住车厢内旅客的情绪，同时，迅速布置乘警、列车员在车厢内寻找医生，并抓紧向少女了解情况，为下一步工作做好准备。前后赶到的四位医生经过紧急会诊，一致确诊为急腹症，需马上入院手术。可列车运行到下一个停车站长沙还需要近两个小时，到时恐怕就来不及了，小患者的姐姐一听又哭了起来。情况紧急，需特殊处理。列车长用借来的手机向原长沙铁路分局汇报，请求分局客调批准T89次列车在前方某个市级站临时停车。在得到客调批准并得知调度已通知当地医院的准确消息后，车厢内一片沸腾，小患者姐姐的脸上也露出了笑容。列车长还没来得及松口气，发现女孩低着头又哭了起来，经询问，得知女孩只带了三百元，怕到医院不够。旅客的困难就是我们的困难，列车长掏出了一百元，紧接着乘警、列车员也掏出了一百元，四个医生每人也捐出了一百元，其他旅客也纷纷解囊，拿着厚厚的一沓人民币，女孩还带着泪花的脸上露出了笑容，她感谢列车长、乘警、列车员，感谢在场的医生和旅客，也感谢铁路上那些未曾见面而帮助她的好人们。当列车停稳在站台旁时，人们见到了迎候的救护车。深夜中，救护车顶上那闪烁的蓝色灯光是那样的灿烂、温馨。

讨论题：

（1）结合此案例，谈谈高铁客运人员如何做好旅客患病的处理工作？

（2）这个案例对你有哪些启示？

【任务练习】

1. 选择（1–6 题为单选，7–8 题为多选）

（1）高速铁路旅客运输服务提供的产品不是实物形态的，而是（　　），它只有在特定的时间内和方向上才被需要。

A. 无形的运输资源　　B. 有形的运输资源

C. 无形的旅客运输劳务　　D. 特定的时间和空间

（2）高速铁路旅客运输生产方式是以（　　）的方式来进行的。

A. 旅客服务　　B. 出售车票

C. 列车服务　　D. 列车运行

（3）树立（　　）这一服务理念，一切服务工作必须围绕旅客来进行，必须以使旅客满意的方式来解决问题。

A. 旅客永远是对的　　B. 一诺千金

C. 换位思考　　D. 平等待客

（4）只有（　　），客运人员才能站在旅客的立场理解旅客的需求与感受，为旅客提供贴心的服务，快速、妥善地为旅客解决问题。

A. 旅客永远是对的　　B. 一诺千金

C. 换位思考　　D. 平等待客

（5）高速铁路与既有线相比具有速度快、开行间隔时间短、开行密度大等特点，运输组织模式实现了（　　）转变。

A. 零散式　　B. “通过式”向“等候式”

C. 集中式　　D. “等候式”向“通过式”

（6）旅客运输在提供其产品——（　　）的过程中，服务质量占据主要地位，服务质量好，服务水平高，社会需求就大。

A. 高质量的服务　　B. 客运组织

C. 车票　　D. 旅客空间位移

（7）铁路企业提供的运能（　　）都是无效的。

A. 多了　　B. 早了

C. 正好　　D. 迟了

（8）按照出行过程，高速铁路客运服务可以分为：（　　）。

A. 出行前的服务　　B. 车站服务

C. 列车服务　　D. 延伸服务

2. 判　断

（1）高速铁路旅客运输的消费过程不是与生产过程同时进行的。（　　）

（2）铁路企业向社会提供的是客运能力和旅行服务，只要有列车开出，运能就能转化为客运产品。（　　）

（3）在高速铁路旅客运输中，被运输的旅客位移不能存储、不能调拨，只能满足当时当地发生的旅行需求。(　　)

（4）铁路行车有关人员，接班前须充分休息，严禁饮酒，如有违反，立即停止其所承担的任务。(　　)

（5）旅客坚持携带或者夹带违禁物品的，承运人可以允许运输。(　　)

3. 思　考

（1）高速铁路旅客运输服务有哪些特点?

（2）从事高速铁路客运工作，应注重强化哪些服务理念?

（3）结合实际，谈谈你对高速铁路客运服务特点的理解。

（4）高速铁路客运车站服务工作有哪些?

（5）高速铁路客运列车服务工作有哪些?

（6）结合所学知识和实际体会，谈谈如何做好高速铁路客运服务工作?

任务 2　高速铁路客运服务技能

【教学目标】

1. 能力目标

掌握主动服务、发现服务、关爱服务、微笑服务、延伸服务的基本方法，并能够将其应用于高速铁路客运服务实践。

2. 知识目标

了解高速铁路旅客的感觉知觉、态度，理解高速铁路旅客的服务期望、投诉心理，掌握高速铁路客运服务技巧的相关知识。

3. 素质目标

树立高速铁路客运服务方法意识，具备从事高速铁路客运服务工作的相关职业素养。

【任务导入】

某客运段某次列车发现自列车改为夕发朝至以来，旅客表扬信、锦旗、新闻媒体表扬等在原来的基础上大幅度增加，尤其是表扬拾金不昧的占比例最大。细心调查分析后，他们发现问题所在：由于列车改点后，两头终到的时间都比较早，特别是冬天，旅客刚从睡梦中醒来，就匆匆忙忙下车，容易将手机、钱包、随身听、眼镜等物品忘在车上。特别是在春运高峰期，有时一趟车下来光手机就能拾到两三个，别的小物品就更多了。车队决定从拾金不昧的表扬背后查找自身存在的不足，并向大家提出：一要保证旅客休息，不能提前收卧具；二要提醒旅客安全下车，不能在车上遗失东西。他们要求终到前每个乘务员都必须提前 10 分钟逐格、逐铺提醒旅客带好行李物品。特别有针对性地对老人的眼镜、学生的随身听、女士的首饰化妆包、婴儿的奶瓶玩具等进行提示，从而有效地减少了旅客物品遗失率。

讨论题：

（1）结合此案例，谈谈如何将客运服务做到实处？

（2）这个案例对你有哪些启示？

一、高速铁路旅客心理认知

（一）旅客知觉

1．感觉与知觉

知觉是直接作用于感觉器官的事物的整体在人脑中的反映，是人对感觉信息的组织和解释的过程。例如，看到一个苹果，听到一首歌曲，闻到花香等，这些都是知觉现象。知觉和感觉一样，都是刺激物直接作用于感觉器官而产生的，都是我们对现实的感性反映形式。通过感觉，我们只知道事物的个别属性；通过知觉，我们才对事物有一个完整的印象，从而知道它的意义。

知觉是各种感觉的结合，它来自感觉，但不同于感觉。感觉只反映事物的个别属性，知觉却认识了事物的整体；感觉是单一感觉器官的活动的结果，知觉却是各种感觉协同活动的结果；感觉不依赖于个人的知识和经验，知觉却受个人知识经验的影响。同一物体，不同的人对它的感觉是类似的，但对它的知觉就会有差别，知识经验越丰富对物体的知觉越完善、越全面。显微镜下边的血样，只要不是色盲，无论谁看都是红色的，但医生还能看出里边的红血球、白血球和血小板，没有医学知识的人就看不出来。

知觉来源于感觉，而且二者反映的都是事物的外部现象，都属于对事物的感性认识，所以感觉和知觉又有不可分割的联系。在现实生活中当人们形成对某一事物的知觉的时候，各种感觉就已经结合到了一起，甚至只要有一种感觉信息出现，都能引起对物体整体形象的反映。例如，看到一个物体的视觉包含了对这一物体的距离、方位乃至对这一物体其他外部特征的认识，所以，现实生活中很难有单独存在的感觉，单一或狭隘感觉的研究往往只能产生于实验室中。

2．知觉的特性

（1）知觉的整体性

人在知觉客观对象时，总是把它作为一个整体来反映，这就是知觉的整体性。例如，走进教室，人们不是先感知桌椅，后感知黑板、窗户等，而是完整地同时反映它们。

（2）知觉的选择性

知觉的选择性是指在许多知觉中，人们将某一对象区分出来，优先予以反应。如人们想到铁路，首先出现在头脑中的就是车站和列车。

（3）知觉的理解性

人在感知事物时，总是根据过去的知识经验来解释它、判断它，把它归入一定的事物系统之中，从而能够更深刻地感知它，这就是知觉的理解性。如某旅客曾经在铁路有过一次不愉快的经历，他就会不自觉地把这次不愉快扩展到以后的乘车过程中。

（4）知觉的恒常性

知觉的恒常性是指知觉的条件在一定范围内改变时，知觉的映象仍然保持相对不变。如旅客一旦形成了对铁路良好的或者不好的印象，那么在相当长的时间里将一直保持，直到有更大的变化产生时才会改变。

知觉之所以能对客观事物作出整体反映，是因为客观事物本身就是由许多个别属性组成的有机整体，我们的大脑皮层联合区具有对来自不同感觉通道的信息进行综合加工分析的机能。

3．铁路旅客知觉

铁路旅客知觉是当前铁路服务环境在旅客头脑中形成的对铁路客运的直观形象的反映。它反映的不是旅客服务的个别属性，而是铁路旅客服务的整体，是对大量自己所能感觉到的有关铁路客运的信息进行综合加工后形成的有机整体。旅客对铁路客运服务的知觉，主要体现在两个方面：

（1）旅客对铁路的知觉

旅客对铁路的知觉包括对出行环境的知觉和对车次、列车的知觉等。对出行环境的知觉包括卫生、乘车秩序、色彩、空调温度、服务设施等方面的感觉，对车站、列车的知觉包括乘车是否方便、乘坐是否舒适等。

（2）旅客对客运人员的知觉

旅客对客运人员的知觉包括客运人员的仪容仪表是否整洁大方、服务礼仪是否规范、服务表情是否亲切和服务语言是否文明等，其中客运职工和旅客的首次接触在旅客知觉中起到重要的作用。

作为一名铁路客运人员，在对待旅客的知觉时应该努力克服心理上的某些定式效应，不能以旅客的衣着或者言行来看人服务，更不能因为对某一旅客给自己的第一印象不好而采取消极态度，或故意不为他服务等，从而影响自己的服务质量甚至是铁路的声誉。

（二）旅客态度

1．旅客态度的构成

态度是个人对某一特定对象所持有的较稳定的评价与行为倾向。铁路旅客态度是指旅客对其选择出行方式所受影响的反馈，这主要体现在旅客对铁路服务的好恶评价和价值判断方面。

铁路旅客态度主要有以下三个维度：

（1）认知成分

认知成分是指个人对态度对象的认识和理解，是态度的基础成分。这里既包括旅客对铁路的认识和理解，也包括对铁路服务的评价。

（2）情感成分

情感成分是指个人对态度对象的情感体验，如爱憎、好恶等，是态度的核心成分。这里是指旅客对铁路出行产生的情绪情感体验，如感动、愉快、满意、讨厌等。

（3）意向成分

意向成分是指个体对态度对象的反映倾向或采取行为的准备状态，会影响人们将来对态度对象的反映，但它不等于外显行为。这里是指旅客对铁路出行的反映倾向。

2．旅客态度的转变

在旅客出行期间，其态度对象主要是铁路站车客运人员、客运设施设备以及其他铁路要素等。旅客对铁路服务的态度一旦形成，就具有持久稳定性，很难发生改变。它决定了旅客的态度，比如对不断变化的铁路环境的忍耐度的高低，也预示了旅客对铁路反应模式的某种规律性。

影响旅客态度转变的因素很多，包括宣传手段是否合适、旅客是否积极参与、周围群体是否对旅客服务态度产生影响等。

对于旅客态度，铁路客运人员应想方设法把其转变到铁路希望的水平上。在掌握旅客态度（即消极态度、中立态度、积极态度和积极态度的强化）的基础上，根据具体的服务环境选择合适的转变态度的方式。如通过增加旅客对铁路产品的信息认知、对服务的信赖程度等，展示铁路人性化服务的特点，降低旅客态度转变的难度。

同时，客运人员还要注意通过热情、积极的态度去感化旅客，消除双方的偏见和隔阂，这将有助于融洽旅客和客运人员之间的关系，使服务过程顺利进行，进而提高服务质量。

（三）旅客的服务期望

1. 旅客的服务期望

服务期望，是指在旅客心目中客运服务应达到和可以达到的水平。如果提供的实际服务高于旅客期望值，则旅客满意，反之则不满意。

不同的旅客对铁路客运服务持有不同类型的服务期望状态：一是理想服务，二是适当服务，三是预测服务。理想服务，反映旅客希望得到的服务；适当服务，是指旅客愿意接受的服务，是最低的可接受的期望；预测服务，反映旅客认为其可能得到的服务。

例如一位旅客，根据以往春运期间乘车的经验，认为回家的车票很难买，车上的服务也很差，因此只期望能买到票回得了家即可。但由于今年春运铁路在这条线路上增加了两趟临客，他很方便地买到了座位票，而且车上的服务与平时相比也没有下降，使他很顺利地回到了家，那么他对铁路的满意度就相当高。在这个例子里，旅客的理想服务期望就是能像平时一样买到座位票，顺利回家；适当服务期望就是能买到一张回家的无座票并能上车就可以，哪怕整个旅途服务质量有所下降也能接受；预测服务就是旅客对春运期间自己乘车状况的一种可能性的考虑。

服务水平的高低直接影响旅客的心理感受。高于理想服务水平，旅客非常高兴并感到吃惊，积极的服务方式引起了旅客的注意；低于适当服务水平，旅客感受到挫折并对铁路的满意度降低，消极的服务方式也会在旅客的心中留下了深刻的印象。

2．影响服务期望的因素

影响服务期望的因素很多，一般可分为影响理想服务期望的因素、影响适当服务期望的因素和影响预测服务期望的因素。

（1）影响理想服务期望的因素

影响理想服务期望的因素包括忍耐服务的强化和个人因素两种。忍耐服务的强化，一方面受到派生服务期望的影响，另一方面受个人服务理念的影响。派生服务期望指的是某旅客的期望受到另一群人期望的驱动。例如一趟列车严重晚点，而铁路又没有解释原因，到了终点站如果多数旅客倾向于拒绝下车而期望铁路做出经济补偿的话，那么原先没有这种想法的旅客一般也会选择这种做法。个人服务理念指的是旅客对于服务的意义和旅客服务正确行为的根本态度。个人因素指的是每个旅客由于自身心理条件的不同，因此各自的理想服务期望也是不一样的。

（2）影响适当服务期望的因素

① 暂时服务强化因素。

通常是短期的、个人的因素，这些因素使旅客更加认识到服务的需要。在个人迫切需要服务的紧急情况时，旅客会提高适当服务期望水平，尤其在认为所需要的是铁路可以达到的服务水平时。当初始服务失败时，对补救服务的适当服务期望将会提高。

② 可感知的服务替代物。

可感知的服务替代物指旅客可以获得服务的其他提供商。除铁路外，旅客可选择公路、航空以及水运出行，并要求获得相应服务。例如，如果民航出台航班晚点的补偿规定，铁路旅客就会对铁路的晚点提出相应要求。旅客可感知的服务替代物的存在，提高了适当服务的水平，缩小了容忍区域。

③ 自我感知的服务角色。

自我感知的服务角色指旅客对所接受的服务水平施加影响的感知程度。明确说明所期望的服务水平的旅客，可能对铁路没能提供达到该水平的服务更为不满。旅客在服务中积极参与也影响该因素。旅客感觉到他们没有履行自己的角色时，其容忍区域会扩大。如果旅客在服务传递中对服务施加了影响，对适当服务的期望就会提高。

④ 环境因素。

环境因素指旅客认为在交付服务时不由服务提供商所控制的条件。一般而言，环境因素降低了适当服务的水平，扩大了容忍区域，如春运期间的旅客对于服务质量的下降会表现出相当的宽容。

⑤ 预测服务。

预测服务指旅客相信他们有可能得到的服务水平。这种服务期望可以看作旅客对即将进行的交易或交换中可能发生事件的预测。

（3）影响预测服务的因素

① 明确的服务承诺。

明确的服务承诺是铁路传递给旅客的正式的和非正式的说明。明确的服务承诺既影响理想服务水平又影响预测服务水平。

② 含蓄的服务承诺。

含蓄的服务承诺是与服务有关的暗示。含蓄的服务承诺往往被与服务有关的价格和有形性控制。一般而言，价格越高，有形性印象越深，旅客的服务期望也越高。如旅客购买了特快空调车、动车组列车的车票，那么他一定会有能享受较好服务的暗示。

③ 口头交流。

口头交流是指由当事人而不是铁路发表的个人及非个人的言论，专家、朋友和家庭也是可以影响理想和预测服务水平的口头交流的来源。由于口头交流被认为没有偏见，所以是很重要的信息来源，特别对于旅客运输这种在购买和直接体验之前难以评价的服务中，口头交流非常重要。

④ 过去的经历。

过去的经历是指旅客以往的服务体验。如果原来的服务体验好，那么旅客对服务的预期就高。

影响旅客服务期望的因素包括可控因素和不可控因素。明确的服务承诺和含蓄的服务承诺是影响旅客服务期望的可控因素。个人需要、暂时服务强化因素、可感知的服务替代物、自我感知的服务角色、口头交流、过去的经历、环境因素、预测服务是影响旅客期望的不可控因素。

（四）旅客投诉心理

旅客投诉是指旅客因需要未获满足，对铁路客运人员和监督部门进行批评，要求对自己所感知的精神和物质损失进行赔偿的一种情绪状态和行为。

1. 旅客投诉原因

旅客投诉原因可以分为客观原因和主观原因。

（1）客观原因

客观原因一般是指非铁路责任。例如，旅客虽明知列车晚点是因自然灾害造成的，同样会产生急、烦、发火等心理变化，并会在语言上、行为上有所表现。另外，由于焦急等待，旅客会在心理上产生时间上的错觉等。

（2）主观原因

在全部投诉中，更多的是主观原因引起的投诉，主要集中在以下两个方面。

① 不尊重旅客。

这是铁路服务中引起旅客不满的一个重要原因。其具体表现如下：

招待旅客不主动、不热情、不周到。有的客运人员不主动称呼旅客，或者常以“喂”代替；有的则对待旅客态度冷淡，爱理不理，或者旅客多次招呼也毫无反应；有的接待外国人热情，接待同胞态度冷淡。

不注意礼貌服务，用不礼貌的言语冲撞旅客。

不尊重旅客的风俗习惯。

没有根据地胡乱怀疑旅客拿走列车上的物品。

讽刺、挖苦甚至辱骂旅客。有的客运人员对旅客评头品足，讽刺挖苦；有的客运人员甚至用粗俗的言语辱骂旅客：“瞧你这熊样，还要多高的服务标准！”

② 工作不负责任。

工作不主动、不及时。

清洁卫生工作马虎，食品、用具不洁。如：有的服务人员卫生习惯不好，仪表不整；有的边工作边吃东西等。

忘记或搞错了旅客的要求。

弄脏或损坏旅客的物品。

2．旅客投诉心理

旅客的投诉心理可分为以下四种：

（1）求尊重心理

在乘车过程中，旅客感到自己未被尊重，这是投诉最主要的原因。

（2）求宣泄心理

当旅客购买了铁路客运服务产品后，如果他认为有挫折感，就会产生“购买后的抱怨”心理，这种抱怨发展到一定程度就会产生投诉活动。旅客利用投诉的机会把自己的烦恼、怒气、怒火发泄出来，以维持其心理上的平衡。

（3）求补偿心理

旅客希望自己在精神上和物质上的损失能够得到补偿。

（4）求公平心理

根据“公平理论”，旅客花了钱而没有获得相应的利益，如价格不合理、服务设施不完善、服务不到位等，旅客就会寻找一种公平的机会来满足自己的心理。

3. 投诉旅客的人群分类

不同层次的旅客，其心理状态及服务需求是不一样的。由于各自的经历有所差异，不同的旅客遇到相同的服务情境时，会产生不同的心理与行为。我们对这些旅客进行分类，可以更好地了解旅客的心理及需求，在处理旅客投诉时也更有针对性。

（1）公务出行者

① 人大代表、政协委员。他们在参加全国人民代表大会、政协全国委员会乘坐火车时，往往都得到了高规格的服务，同时也对窗口单位比较关注。在两会休会期间，他们中的少数人会有这样的心理预期，同样能在列车上得到高规格服务和接待。虽然这样的心理预期不合适，但一旦其得到的服务体验不好，不仅可能否定铁路客运服务工作，而且会给他们带来认识上的偏差，降低心中的铁路客运整体形象。

② 政府公务员。这部分旅客的社会责任感较强，往往从国家和社会的角度审视窗口单位的服务工作。他们把车上的所见所闻，特别是亲身感受，作为评价客运服务质量好坏的标准。

如果这部分旅客碰到服务态度“生、冷、硬”的情况，就可能会越级投诉。

（2）商务出行者

① 国有企业公出旅客。这部分旅客大多是领导干部。他们生活、工作节奏快，希望在火车上有宽松舒适的环境，对服务对象、服务水平有较高的标准。如果列车服务不到位，服务水平不高，就会受到指责，情况严重可能会损害铁路的声誉。

② 私营企业家。这部分旅客社交范围比较广，讲究享受。他们愿意乘坐高档列车，追求舒适，有下铺不睡上铺，有软卧不睡硬卧，吃饭不怕价格高。他们对服务质量要求很高，对列车上提供的衣刷、鞋刷、衣挂、旅行常识、列车时刻表等都很看重，认为享受这些服务是身份的象征。他们在车上也非常关注方方面面的商务信息，对各类广告很感兴趣。

③ 个体经营者。此类旅客非常“精明”，即精打细算，考虑因素较多，有的经常乘车，熟悉《铁路旅客运输规程》。他们多数靠旅客列车贩运、办货，总是大包小兜，乘普通客车，坐硬席，吃的是方便面，喝的是车上水，比较险省，不愿花费过多钱财。少数有一定资本的商贩也乘坐卧铺，长途往返，他们携带一定数目的钱物，最担心的是私人财产安全，经常是睡觉睡不实，上厕所也要找时机，长时间看不见乘警和车长就担心，就怕列车员坐在乘务室不出来。他们说“良好的秩序和安全比什么都重要”。

（3）因私出行者

① 旅行结婚旅客。春秋两季，春暖花开，秋高气爽，旅游结婚者居多。夫妻二人度蜜月喜欢在一个包房里，睡卧铺喜欢对铺或上下铺。这类旅客不怕花费，如赶上生日，吃上一顿生日餐，更是无比高兴；若能在车上得到乘务员的祝福，将使他们终生难忘。

② 旅游观光旅客。他们盼望的是车上、车下平安，玩得高兴，旅途愉快。他们愿意多听、多看，比如旅游地的人文地理、特色风光、风味小吃、返程车次时间、中转换乘车站等。他们对乘务员的要求比较高，既要了解服务知识，还要了解列车途经的旅游城市的概况、旅游景点、风土人情知识等。

③ 求医治病的旅客。这是需要重点服务的特殊旅客，尤其是一些临时发病的急症患者，需要动员全列车的旅客予以支援和帮助。久病身体虚弱、怕风怕冷的旅客，最好不要安排在车厢两头，越安静越好。用担架往车厢里抬的重患，要保证通道畅通。遇有需抢救的重患，要利用铁路通信便捷的特点，提前与有条件的大站取得联系，让救护车开近站台，靠近列车，缩短抢救时间。一些轻微患者或中途患感冒的旅客，需要关爱体贴，有条件的要递上一杯水，送上病号饭，说上几句安慰话，患者会由衷地感激。

④ 奔丧的旅客。这部分人虽然很少，但由于特殊原因，他们的心情是“急、悲、盼”。“急”就是急于上车，越快越好；“悲”就是心情悲伤，情绪低落，甚至不吃不喝；“盼”就是盼火车立即到达目的地，赶快回家。

⑤ 有特殊诉求的旅客。这部分旅客为数不多，他们都有一些特殊的诉求有待解决，比如上访，寻医，寻人等。但处理不好影响也很坏。这类旅客通常都很焦虑，心情不好，甚至个别有逆反心理，如果对他们态度生硬，就会造成不良影响和后果。

（4）其他出行者

① 法律工作者。这部分旅客由于职业特殊和对法律道德的敏感性，乘车时常常对照承诺，要求高质量的服务，并好打抱不平。如果对这部分旅客服务不周到，不照章办事，话语不严谨，就会被投诉，从而使铁路的声誉受到影响。

② 新闻记者。这部分旅客对窗口单位的服务质量比较敏感，善于捕捉新闻点。但无论是对列车服务的曝光还是表扬，都应该正确对待，以实事求是的态度不断改进服务工作。

③ 军人旅客。他们是我们执行客运服务工作的得力支持者，尤其是遇到歹徒作案时，他们大多见义勇为，主动协助维护治安秩序，保障人民群众的生命财产安全。

④ 专家工程技术人员。对他们来说，时间是宝贵的，他们希望车上环境舒适、安静，因此给他们提供良好的学习环境非常重要。他们吃饭要求简单、方便，不愿排队。列车到达目的地之前最好提前预告，让他们有时间收拾行包、书籍和资料，做好下车准备。你尊重他们，他们会更加尊重你，更加珍惜你的劳动成果。

⑤ 老年旅客。他们年岁较高，身体虚弱，上车需要扶、下车需要搀，冬天怕冷、夏天怕热，还怕安排到车厢两头，受不了过门风。如果无奈买到了上铺，到车上急切盼望给调换个下铺。多数老年旅客，饮食以自带为主。这部分旅客通情达理，理解客运人员的辛苦，只要真诚服务、体贴入微，就能使他们满意。

⑥ 妇女儿童。特别是那些带小孩的妇女，旅途中会遇到许多不便，孩子大小便不方便，乱跑玩耍不方便，给孩子热奶喂奶不方便。如果照顾不好，这部分旅客就会心情烦躁。如客运人员能主动提供便利的乘车条件，给安排方便一点的座位，调个好一点的铺位，找来几件玩具，下车时帮个忙，就会消除她们乘车的焦虑感，让她们感受到家的温馨。

⑦ 大学生。寒、暑假和五一、十一是乘车高峰期，特别是新学年开学之际，不少新生是由家长护送的。他们是家中的宠儿，喜欢赞扬和夸奖，也有稚气太浓，受不了委屈的一面。因此，对他们不能小视和怠慢。他们中的大多数人品德高，只要重视他们，充分调动他们的积极性，他们就会成为维护列车秩序的骨干，还可为我们多做舆论宣传工作。

⑧ 少数民族旅客。他们有各自的民俗民风、生活方式，希望在车上也能像在家乡一样得到尊重和照顾。比如回族信奉伊斯兰教，饮水不用公共杯子。他们要求饮食干净、语言文明。对待他们不仅要服好务，还要注意民族政策问题。

⑨ 外国友人。他们多数乘坐软席包房，也有乘硬卧、硬座的。他们来中国最大的障碍是语言不通。不同国家的人，有着不同的饮食、风俗习惯。比如俄罗斯人，性格豪放、开朗，饮食上喜欢吃奶油面包、大块蒸肉、西红柿、黄瓜等。面对不同国家、不同民族、不同风俗习惯的旅客，要根据他们的特点提供不同的服务。

4．旅客投诉对策

（1）客观原因造成的投诉

对于客观原因造成的投诉，铁路客运人员可以针对这些旅客的心理，明确自己工作的性质，急旅客之所急，想旅客之所想。同时，利用自己的服务技巧做好铁路运输非正常情况下的服务，做到“旅客可以对客观原因造成的不正常不满意，但决不能使旅客对自己的服务不满意”。

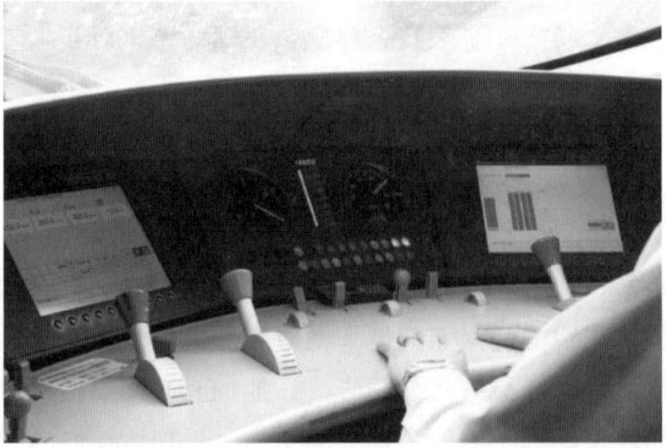

（2）主观原因造成的投诉

对于主观原因造成的投诉，铁路客运人员首先应该在感情上、心理上与投诉者保持一致，然后必须尽快正确地判断失误的性质和责任划分，再采取合适的方式进行补救。一般来讲，可以采用以下几种方式：口头或书面向服务失误的旅客表示道歉；承认失误，承担相应的责任，并加以改正；以合理的形式对旅客进行经济补偿；寻找合适理由对失误行为进行解释；收集和提出证据，证明自己和铁路并无失误的情形发生。

在实际工作中，应根据具体情况综合使用以上几种方式，特别是后两种补救方式，对于维护和提升铁路形象，处理“吹毛求疵”旅客的不合理要求是行之有效的。

通常来讲，旅客在心理上对铁路所提供的服务往往具有较高的期望值，服务失误会使旅客产生不满和抱怨，虽然错误并不一定是由铁路造成的，但铁路必须树立“假设当前旅客是正确的”观念，尽量在投诉现场采取措施解决旅客不满。延误时间越长，解决效果越差，处理成本会大幅度增加，造成的不良影响也会扩散或升级。

二、高速铁路旅客需求分析

需要是有机体内部的某种缺乏或不平衡状态，它表现为有机体的生存和发展对某些客观条件的依赖性，它是有机体活动的积极性源泉。

（一）旅客心理需求的总体表现

（1）安全心理

旅客乘车旅行最根本的需要就是安全的需要，它包括人身安全和财产安全两个方面。

在旅客运输服务过程中，努力实现旅客旅行安全心理需求，这是所有客运服务人员的首要工作。这要求铁路运输部门加强社会、铁路沿线、车站和列车的治安管理，从技术装备上提高运输载体的安全性，从安全管理上提高客运服务人员对不安全因素的预测和及时处理的能力。

（2）顺畅心理

这是出门旅行者的一个共性心理要求。

能够顺利地买到自己需要的车票，能够顺利地找到座位，能够买到经济、卫生、可口的食品，能够随时提供开水，能够保证列车正点到达终点，有充裕的时间赶上接续换乘的列车等。这些都是旅客出门旅行的顺畅心理要求。

（3）快捷心理

随着社会的发展，“快捷”成为旅客一个主要诉求。缩短旅行时间，迅速到达目的地，可以节约时间，同时减少旅行疲劳。

（4）方便心理

方便的需要表现在购票、进出站、上下车以及中转乘车等方面的便捷性。“方便”

要求减少旅行中的各种中间环节，达到“快捷”的目的。旅客出门旅行，希望处处能够方便，这是一种很普遍的共性心理。

（5）经济心理

这表现在旅客对旅行需要的满足程度与所付出的费用和时间相比较，希望在一定的需要满足程度之下，所付出的费用和时间最少。但旅客在乘车旅行中对经济性的考虑，一般是将两个因素结合在一起：一是花钱的多少；二是由谁出钱，是自己还是报销。

（6）舒适心理

随着人们生活水平的提高，旅客对旅行的舒适性方面，如乘车环境、文化娱乐、饮食、休息睡眠等的要求也相应提高。这种需要的强度和水平受多种因素影响，特别是旅行时间的长短往往起着决定作用。

（7）安静心理

在嘈杂的环境中，尽量保持安宁，减少喧哗，动中求静，这是人之常情，是大多数旅客的共同心理需求，尤其是在旅客较多的候车室和车厢内，要求更为迫切。

（8）受尊重的心理

每一位旅客都希望自己的人格、习俗、信仰、愿望受到客运服务人员的尊重，能看到热情的笑脸，听到友善的话语，体验到铁路这个临时大家庭的温暖。一旦感到屈辱，自尊心受到伤害，便会产生反感，甚至可能导致双方的冲突。

（二）旅行中心理需求表现

（1）购票

首先是购票前的心理，反映在对乘车线路、车次及始发终到时间、购票时间、购票地点、购票手续、车票紧张情况等旅行信息的了解方面。

其次是购票时心理。希望售票窗口按时售票，有良好的秩序，排队不需要太长时间，售票员服务热情，售票准确无误，能够买到符合个人要求的乘车日期、车次、到站、座别的车票。希望有预售、送票等多种服务项目，希望网络购票、自助购票快捷、顺利。

（2）去车站

考虑从住地到达车站所需要的时间，以及市内交通工具的选择。旅客常常担心赶不上车，所以总要提前一段时间到达车站。

（3）进入车站及上车

在车站等候上车时的心理活动表现为多种形式，主要有：

① 能否顺利进入车站。

② 希望检票地点明显，寻找到候车地点，希望候车场所清洁、温度适宜、空气清新、照明充足、各种揭示牌简明，广播明了、清楚等。

③ 信息不清楚时希望一次能够得到清楚、正确的回答，怕服务人员态度生硬，回答时不耐烦、不清楚等。

④ 候车旅客多时，担心进站拥挤，希望能按时、有秩序地排队检票进站上车。

⑤ 漏乘时能得到车站及时处理。

（4）车上旅行

在车上，旅客的需要表现在物品及人身安全、环境舒适、饮食方便、旅行中的消遣、对目的地基本情况的预先了解等。主要表现为：

① 在硬座车厢内乘车，希望能够迅速找到座位，放置好物品。希望车内卫生、整洁、不拥挤，饮水、饮食方便，服务人员热情，能够提前通报到站站名，有一定的娱乐设施。

② 在卧铺车内乘车，希望乘车环境清洁、安静，得到舒适的休息，旅行途中不被干扰。

③ 在餐车用餐，希望用餐方便，餐食卫生可口，质量好，价格适宜。也希望能够送饮食到车厢或买到其他经济食品食用。

④ 在沿途大站站台上购物，希望能够买到当地土特产品和风味食品。列车到站前，能够得到这方面的信息。

（5）到站下车及出站

旅客到达目的地车站后，考虑到托运物品的提取、城市交通工具的选择、饮食、旅馆等方面，希望能够有秩序、迅速出站；有亲友接站的旅客，希望能够很快见到迎接的亲友。

（6）继续乘车旅行

如果旅客在到站作短暂的停留之后继续乘车旅行，需要解决中转签字或重新购票以及在停留地的住宿、饮食等方面的问题。

三、高速铁路客运服务技巧

高速铁路客运服务技巧是一种与旅客交往过程中应具有的相互尊重，亲善和友好的行为规范与艺术，是“以客为尊，以人为本”的服务理念的具体体现，也是铁路优质服务的重要组成部分。对广大铁路客运人员来讲，规范、优质的服务能够展示客运员工的外在美和内在修养，能够拉近与旅客的距离，提高旅客的满意度和忠诚度，提升铁路的企业形象，实现优质服务品牌的增值。提升自身的服务水平和质量，除了要加强爱岗敬业和职业道德教育，提高自己的服务意识，掌握整个服务过程中旅客的需求外，还要从服务礼仪、服务技巧的培训学习着手，认识服务意识是前提，服务礼仪、服务技巧是基础，不断完善服务工作，提升服务水平，树立铁路服务的良好窗口形象。

我们以旅客为中心，从换位思考、关注细节的角度出发，推出微笑服务、主动服务、关爱服务、发现服务、延伸服务五项服务法。这些服务方法，可以提升旅客对高铁客运服务的满意度和认可度。

（一）微笑服务

1. 微笑的含义

微笑能使陌生人感到亲切，使朋友感到安慰，使亲人感到愉悦。微笑，是仁爱的象征、友善的标志，是客运人员贴近旅客的媒介。一个微笑，会让旅客感到如沐春风。客运人员面带微笑，旅客就有了宾至如归之感。在服务工作中，微笑能传递友好的信息，让客运人员显得可爱又有魅力。"笑迎天下客"是服务工作的宗旨，是与旅客打交道的基本态度。

2. 微笑服务的作用

所谓微笑服务，是指以诚信为基础，将发自内心的微笑运用于服务工作之中，对旅客笑脸迎送，并将微笑贯穿于服务工作的每一个环节。微笑服务可以实现高层次的精神愉悦和心理享受，可以使旅客的需求得到最大程度的满足，也往往能给企业和员工带来意想不到的成功。

（1）微笑服务能带来良好的首因效应

首因效应又称第一印象，是指第一次交往过程中所形成的最初印象。心理学研究发现，人们在与一个人初次打交道的45秒内，即可以以片面的资料为依据形成对对方的第一印象，这个印象直接影响对他人的认知，在头脑中会形成难以改变的心理定式。在客运服务过程中，第一印象表现为旅客通过对客运人员的仪表、言谈、举止等方面的观察而形成的感觉。第一印象虽是短时甚至瞬时形成的，但它不仅能影响旅客的心理活动，而且也能影响服务交往工作的顺利进行。一旦旅客对客运人员产生了不良的第一印象，要改变它是十分艰难的，而且第一印象总会在以后的决策中起着主导作用。

所以在与旅客初次交往时，微笑迎客是非常必要的，它能快速地融洽客运人员与旅客的关系，会达到事半功倍的效果。

（2）微笑服务能给客运服务工作带来便利，提高工作效率

客运人员的微笑对旅客的情绪可以起到主动诱导的作用，旅客的心情也往往会受到客运人员态度的影响。在客运服务工作中，伴随着微笑的表情，客运人员会很

自然地采用温和的语调和礼貌的语气，这不仅能使旅客产生发自内心的好感，有时还可稳定旅客焦虑、急躁的情绪。声音并非语言，可语气、语调、语速的变化却可以暗示出客运人员态度的好坏。微笑可以在不经意间修饰这些声音暗示，使旅客在整个交往中感到轻松和愉快，这也有利于服务工作的顺利进行。

同时，在服务工作中，微笑能给客运人员自身带来热情、自信，处在这种氛围中的客运人员，他的工作效率也会随之提高。

微笑在给服务工作带来便利的同时，也给客运人员自身带来成就感，这种成就感有利于服务人员自身的身心健康。

（3）微笑服务能使客运人员及早捕捉到服务工作的切入口

服务工作的难点不在于怎样去满足旅客的需求，而在于不知道旅客到底需要什么。旅客究竟需要什么，只有在他遇到问题、碰见困难时方可显露出来。优秀客运人员的服务技能也只有在此时能得以充分展示。换句话说，这个时候更能体现服务质量的高低。

客运人员的微笑，可以从情感上拉近与旅客的距离，当旅客遇到问题、碰见困难时，就会很自然、很及时地提出，这有助于客运人员有的放矢地开展服务工作。要将工作做得细致、周到，赢得旅客的认同，就应及早发现问题，而微笑服务可以说是一个捷径。

（4）微笑服务能为铁路企业带来良好的经济效益

客运人员是高铁新形象的代表，如果每个员工都能做到微笑服务，旅客不仅会对客运人员有较高的评价，而且也会提高对铁路形象的认可度。

同时，随着社会的发展，旅客享受服务的意识越来越强，铁路要想在与公路运输、航空运输的激烈竞争中求生存、求发展，就必须争取以微笑服务赢得更多旅客的青睐，所以微笑服务对铁路的形象和经济效益是非常重要的。

3．微笑服务五要素

（1）笑得自然

微笑是美好心灵的外在体现，只有发自内心，才能笑得自然、笑得亲切、笑得得体。切记不要为笑而笑，没笑装笑。

（2）笑得真诚

人对笑容的辨别力非常强，一个笑容代表什么意思、是否真诚，人的直觉都能敏锐地判断出来。所以，当你微笑时，一定要真诚。真诚的微笑能让对方内心产生温暖，引起对方的共鸣，同时也会得到对方的认可和接受。

（3）微笑要看场合

微笑使人觉得自己受到欢迎、心情舒畅，但对人微笑也要看场合，否则就会适得其反。例如，当你同对方谈论一个严肃的话题时，或者是你的谈话让对方感到不快时，你不应该微笑。因此，在微笑时，一定要分清场合。

（4）微笑的程度要合适

微笑是向对方表示尊重的一种礼节，我们倡导多微笑，但不建议时时刻刻、时时处处微笑，微笑要恰到好处。当对方看向你的时候，你可以直视他微笑点头。对方发表意见时，可以一边听、一边不时微笑。如果不注意微笑程度，微笑得放肆、过分，没有节制，就会有失身份，引起对方反感。

（5）微笑的对象要合适

对不同类型的旅客，应使用不同含义的微笑，传达不同的感情。例如，尊重、真诚的微笑应该是给长者的，而关切的微笑则应是给孩子的。

4．微笑训练

（1）训练方法

① 他人诱导法：同事之间互相用一些有趣的笑料、动作引发对方发笑。

② 情绪回忆法：通过回忆自己的往事，幻想自己将要经历的好事引发微笑。

③ 口型对照法：通过一些相似的发音口型，找到适合自己的最美的微笑状态。如，“一”“E”等。

④ 惯性佯笑：强迫自己忘却烦恼、忧虑，假装微笑。时间久了，次数多了，就会改变心灵的状态，发出自然的微笑。

⑤ 牙齿暴露法：笑不露齿是微笑，露上排牙齿是轻笑，露上下八颗牙齿是中笑，张开牙齿看到舌头是大笑。

（2）微笑的“三结合”

当客运人员在微笑的时候，要注意与眼睛、语言、身体有机结合，这样才能笑得亲切、笑得自然。

① 与眼睛的结合。

当你在微笑的时候，你的眼睛也要“微笑”，否则，给人的感觉就是“皮笑肉不笑”。眼睛的笑容有两种：“眼形笑”和“眼神笑”。

在练习时，取一张厚纸遮住眼睛下边部位，对着镜子，心里想着最使你高兴的情景。这样，你的整个面部就会露出自然的微笑，这时，你的眼睛周围的肌肉也处于微笑状态，这是“眼形笑”。然后放松面部肌肉，嘴唇也恢复原样，可目光中仍然含笑脉脉，这就是“眼神笑”的境界。学会用眼神与乘客交流，这样你的微笑才会更传神、更亲切。

② 与语言的结合。

微笑着说“早上好”“您好”“请您稍等”“祝您一路平安”等礼貌用语，不要光笑不说，或光说不笑。

③ 与身体的结合。

微笑要与正确的身体语言结合，才会相得益彰，给旅客以最佳的印象。

（3）训练步骤

① 基本训练。每个人准备一面小镜子，做脸部运动；配合眼部运动，做各种表情训练，活跃脸部肌肉，使肌肉充满弹性；丰富自己的表情仓库；充分表达思想感情；观察、比较哪一种微笑最美、最真、最善，最让人喜欢、接近、回味；每天早上起床，经常反复训练；出门前，心理暗示“今天真美、真高兴”。

② 创设环境训练。假设一些场合、情境，让同学们调整自己的角色，绽放笑脸。

③ 课前微笑训练。每一次礼仪课前早到一会儿，与老师、同学微笑示意，寒暄。

④ 微笑服务训练。参加礼仪迎宾活动和招待工作。

⑤ 具体社交环境训练。遇见每一个熟人或打交道的人都展示自己最满意的微笑。

微笑，行动比语言更具说服力。亲切的微笑犹如告诉别人：“我喜欢你，你使我愉快，很高兴见到你。”我们都不喜欢机械式的笑容，我们喜欢的是真正的、由衷发出的微笑。微笑服务运用得好，往往能以真情打动旅客的心，也会收到意想不到的良好效果。

在工作中，微笑是礼貌待人的基本要求。在社交场合，微笑可以使人自然放松，如沐春风。在工作和生活中，微笑有利于克制不良情绪外露，增强自制力，从而振奋精神，带着笑容投入到工作中去。你知道了微笑的重要作用，就从今天开始，对着镜子、玻璃练习，不停地练习放松肌肉，练习微笑。只要你愿意，你一定可以练出价值万金的笑容。试着用微笑化解矛盾，用微笑打动别人，用微笑塑造自我形象。

（二）主动服务

主动服务就是要求客运人员在服务过程中注意观察，确定服务点，并付诸行动为旅客提供适当、及时的服务。这就要求客运人员必须树立主动服务意识，主动面对每一位旅客。

在服务业中有一个非常著名的公式 100-1＝0，它揭示了服务中的一条真理：由于服务的不可储存性，决定了服务中的每一个细节都不能出错，每一个环节和细节上的失误都会导致整个服务被否定。真要做好，并非易事。很多时候需要把握时机，灵活应变。因此要求广大员工首先必须具备主动服务意识，具备敏锐的观察力和判断力，其次还要具有良好的服务技能。

1．主动服务遵循的原则

（1）树立旅客第一的观念，把旅客需求作为一切行动的出发点

这就要求客运人员不仅要树立旅客第一的观念，而且还要在作业中能及时、快捷地发现旅客所遇到的细节问题，并且在旅客没有提出要求时就能主动帮助解决，把满足旅客要求为己任，完善主动服务的价值。

（2）培养自身严谨的工作态度和扎实的工作作风

主动服务是潜意识的表现。主动服务多数是瞬间完成的，往往没有充分的时间去考虑、应对，主动服务实际上是潜意识的一种自然流露。如果没有从根本上提高自身素质，就不可能恰到好处地为旅客提供主动服务。主动服务是一种个性化服务。如果没有严谨的工作态度和扎实的工作作风，就不可能主动、灵活地处理好服务中的各种细节问题。

（3）实行主动服务“零缺陷”

服务工作的所有细节都影响着旅客的满意度，这就要求客运人员要从各个服务环节出发，善于观察、总结，并对其进行“零缺陷”控制，于细节之处见主动服务精神。要让旅客感受到贴心的、真诚的、无处不在的服务。

（4）培养细致入微、精益求精的服务观念

要想做到主动服务，就必须仔细观察每位旅客的细微需求，树立精益求精的服务观念。同时主动服务不是一时“心血来潮”，而应持之以恒，应让主动服务成为每一位客运人员的基本素质。如果只满足于做好一些粗线条的基础服务，是不可能完善细节服务、达到主动服务的境界的。只有注重细节，把服务真正做到实处，才能最大限度地满足旅客需求。

2．主动服务的方法

（1）主动问候

这是最直接的、最简单的热情服务方式。客运人员要将问候贯穿到旅客购票、候车、上车、验票、交流、供餐、下车的每一个环节中去。

（2）主动征询

这是有心服务。当旅客在咨询、找座位、放行李、打热水等方面需要帮助时，客运人员可以进行主动帮助征询。

（3）主动提示

这是周到服务。从禁烟、防倚门、防烫伤、防行李脱落、防儿童跑跳、防遗失物品等提示环节中，使旅客在旅行中的安全更有保障。

（4）主动帮扶

这是真诚服务。为身体不适、行动不便、行李过多、带着孩子的旅客提供主动帮助，让他们感受到客运人员的真诚。

（5）关注细节、主动服务

为了塑造高铁新形象，铁路重点强化客运人员的服务意识、细化服务标准，主动关注每一个细节，全面提高服务质量。例如：

① 到站后，开车前，遇有旅客在站台拍照时，列车长及时提示旅客与车体保持距离。

② 开车后，巡视车厢或售卖时，列车长、餐服人员对泡面和打开水的旅客做好安全提示，防止烫伤。

③ 重点旅客在泡面或打开水时，列车长或餐服人员主动上前接过，并送至旅客座位。

④ 在客流不大的车次，列车长或餐服人员提示旅客将水杯放置在旁边空座的活动小桌上。

3．主动服务的语言

客运人员在主动服务时，要注意使用礼貌用语。例如：

“您好，您照相时不要靠近车体，请注意安全。谢谢您的配合。”

“站台值班员您好，6 号车厢外有旅客照相，请协助我做好安全提示，谢谢。”

“您好，请不要打水过满，以免烫伤。”

“您好，我帮您打水。”

“您好，您坐在哪个座位，打水后我帮您送到座位上。”

“您好，您可以将水杯放置在旁边空座的活动小桌上。”

（三）关爱服务

1．关爱服务的体现

（1）关爱服务体现在对旅客的主动帮扶上

对于遇到问题的旅客，客运人员可主动进行问询，并及时做好相关服务。这就需要客运人员在工作中认真负责、悉心观察。

（2）关爱服务体现在对重点旅客的个性服务上

例如：乘坐轮椅和携带器械的残疾人旅客乘车时，要主动询问需求，执行全程护送式服务；到站后主动与车站联系无障碍电梯，帮助送出车站。对于小朋友，要采取“蹲式服务”，这不但可以拉近与旅客的距离，也能体现出客运人员“尊老爱幼”的美德。对于重点旅客，可在其座位号旁挂上中国结爱心标识，以引起每一位列车工作人员的重点关注。

（3）关爱服务体现在对旅客的安全提示上

开车前、到站后，如遇有旅客在站台拍照，要及时提示旅客远离车体，防止发生危险。巡视时，如遇旅客泡面或打开水，要及时提示防止烫伤，重点旅客可帮其送至座位并打开小桌放好。在客流不大的车次，可提示旅客将水杯放置在旁边空座的活动小桌上，减少安全隐患。

（4）关爱服务体现在恰到好处的细节服务上

例如，发现旅客休息，主动帮助旅客拉下遮光帘，防止阳光照射、影响休息。对携带婴儿车的旅客，可帮其将座位调至车厢两端座席，方便放置。巡视中，主动向使用电子产品和需充电的旅客介绍电源插座的位置。旅客需要用药或吃早餐时，倒杯热水，让旅客感到服务无处不在。在餐吧准备便签纸、笔，以备旅客的特殊之需。提供安全指南、旅游资讯、设备介绍等，为旅客旅行提供便利。

（5）关爱服务体现在环境卫生的保持上

要将卫生间的保洁随时纳入管理重点。首先，列车长检查卫生时，重点做到“四查”：查状态（检查是否有旅客一眼就能看到并引起反感的污纸、污物、尿渍、镜面等），查缺失（检查卷纸、抽纸、恭桶垫、洗手液等是否充足），查功能（使用好的、报告坏的、停用使用不了的设备），查气味（卫生间有异味，可喷洒空气清新剂）。其次，列车长指导乘务员现场清理污物。再次，制作不同图案的引导标识，贴在垃圾箱口处，引导旅客将废弃物投放至隐蔽垃圾箱，以优化卫生环境。

2．关爱服务的内容

（1）关爱饮食

为有需求的旅客介绍适宜的饮品、更换冷却的热饮，为用餐的旅客送上纸巾，为午休后的旅客及时送上温水。每一份关爱体现的是用心。

（2）关爱休息

旅客休息，可帮其调整好座椅、关闭阅读灯、放下遮光帘、收起水杯、送上毛毯、摆好拖鞋；同样，当旅客醒来时，可帮其打开遮光帘、送上温水、收好毛毯。每一份关爱体现的是贴心。

（3）关爱文娱

旅客看报，可帮其打开阅读灯、整理看过的报纸；旅客打牌，可帮其调整好座位；旅客收看影音系统，可帮其送上耳机、调整好频道。每一份关爱体现的是真心。

（4）关爱如厕

准备充足的卷纸、抽纸、恭桶垫、洗手液、护手霜，保洁员10分钟巡视清理一次，以保持镜面洁净、便池和手盆干净，为旅客提供良好的如厕环境。每一份关爱体现的是细心。

（四）发现服务

1. 发现服务的体现

（1）发现服务体现在舒适的环境中

例如：在平时的工作中，乘务员也要按照质量检查的要求，积极做到从“人体感官三要素”即视觉、听觉、嗅觉的角度，精心打造舒适环境。

第一，视觉上做到：① 车厢亮——窗明几净地洁，污迹不染；② 定型齐——保持行李整理、窗帘挂放、头枕片粘贴、座椅靠背、座椅扶手、小桌叠放、小桌档卡、杂志摆放“八个一条线”；③ 餐吧美——点缀鲜花，赏心悦目。

第二，听觉上做到广播悦：音色柔美，音韵感人。

第三，嗅觉上做到厕所净：实行一客一清，清新无异味。细微之处见真情，让旅客一走进车厢，就有舒适之感。

（2）发现服务体现在及时的应需中

例如：服务巡视中，乘务员要做到“运用四心”对待旅客的需求。即：细心观察旅客的举动，真心对待旅客的需求，耐心听取旅客的倾诉，用心解决旅客的困难。同时，在服务过程中要注重与旅客的情感交流，创造轻松自如的氛围。能解决的问题不耽搁，能解决的问题不带走，能解决的问题不推诿，能解决的问题不移交，使旅客途中处处见真情。

（3）发现服务体现在热心的关照中

例如：对伤、老、病、残、孕等重点旅客，可帮助其找到座位、安放行李、调整座椅；对使用笔记本电脑工作的旅客，主动告知电源插座的位置，如有需要，可帮其调整到靠近电源的座位；对想了解名胜古迹、城市风光和风味特产的旅客，主动向他们做介绍。通过点点滴滴的热心服务，将小事做优，将重复做新，使旅客得到超值服务。

（4）发现服务体现在温馨的细节中

例如：展示服务“形象靓”，传递服务“举止雅”，感知服务“微笑亲”，表达服务“话语柔”，体验服务“技能熟”，领会服务“提示馨”，沟通服务“关怀细”，宣传服务“帮助诚”。使旅客从各个角度感受到优质的服务，使“让旅客满意”升华为“让旅客感动”，加深对高铁品牌形象的认识。

2. 发现服务的方法

（1）发现重点

在立岗、巡视、验票等环节注意发现重点旅客，多关注他们，乘务员的“发现”带给旅客的是感动。

（2）发现需求

有时，需要调换座位，需要一条毛毯，需要一张纸巾，需要调节座椅，需要联系无障碍通道，并不是每一位旅客都会主动提出，乘务员的“发现”带给旅客的是惊喜。

（3）发现不满

旅客的一句疑问、一声叹息、一个眼神、一个表情传达的都是内心真实的情感，也许发现的正是我们工作中的不足，不能让旅客在高铁旅程中留下遗憾。

（4）发现遗失

一旦发现旅客遗失现金、证件、重要文件、珍贵礼物、生活用品等，都要进行妥善处理，使旅客不受损失。

（五）延伸服务

在客运服务工作中，落实延伸服务就要坚持“旅客永远是对的”这一服务理念。当旅客对我们的服务方式、服务内容发生误会或提出意见时，客运人员首先应站在旅客的立场看待问题、分析问题，从理解旅客、让旅客满意的角度来解决问题。另外，强调旅客永远是对的，主要是要求客运人员以包容的态度处理问题。当错误或责任在旅客一方，或是旅客对客运人员的服务产生误会时，我们应当巧妙地处理，以维护旅客的自尊心。

1．延伸服务的方法

（1）个性服务

主要是对孕、盲、残等类型的特殊旅客提供重点服务，进行关爱。

（2）一站式服务

对有特殊需求的旅客，实现车上与车下、站内与站外服务的衔接。

（3）超值服务

提供优质服务，服务质量超过旅客预期。

（4）补救服务

因列车晚点、故障或因服务失误给旅客带来不便，要及时采取措施进行补救，以消除旅客不满，将影响减至最低。

2．延伸服务示例

例 1：加热牛奶服务

（1）服务项目

出售早餐时，可按要求将常温牛奶加热，再提供给旅客。

（2）服务程序

① 出售早餐时，餐车长温馨提示旅客牛奶是否需要加热。

② 加热牛奶时，餐车长将牛奶倒入纸杯中，微波炉加热 2 分钟即可。

③ 温馨提示旅客不要空腹饮用牛奶。

④ 餐车长将加热好的牛奶送至旅客乘坐车厢。

（3）服务语言

“您好，您需要我帮您加热牛奶吗？”

“您好，牛奶我已经帮您加热好了，您请慢用。”

（4）服务效果

可口的早餐、鲜美的牛奶、贴心的关怀，旅客倍感温馨。

例 2：商品包装服务

（1）服务项目

对一次购买食品较多的旅客免费提供专用手提袋。

（2）服务程序

① 旅客到餐车购买食品饮料时，餐车长主动介绍、热情接待。

② 旅客购买食品较多时，为方便旅客携带，免费提供列车专用手提袋。

（3）服务效果

既方便了旅客，也为高铁列车做了无声的广告。

四、高速铁路客运旅客沟通技巧

（一）普通旅客沟通技巧

沟通是人们在互动过程中，通过某种途径或方式，将一定的信息从发送者传递给接收者，并获取理解的过程。从这个定义上看：首先，信息沟通是信息的传递，如果信息没有被传递，信息沟通就没有发生；其次，有效的沟通一定要对方感受到并能理解沟通者所传递的信息以及他当时的情绪；最后，信息沟通的主体是人，即信息沟通主要发生在人与人之间。

服务中的沟通一般分为语言沟通和肢体语言沟通两种。

语言是人类特有的一种非常有效的沟通方式。语言的沟通方式包括口头语言、书面语言、图片或者图形。在沟通过程中，语言沟通对于信息的传递、思想的传递和情感的传递而言，更擅长的是信息的传递。

肢体语言非常丰富，包括动作、表情和眼神。肢体语言更善于沟通的是人与人之间的思想和情感。

与旅客沟通是一个双向互动的过程。客运人员需要通过语言表达、肢体动作向旅客传递相关信息。

通过在服务中展示良好的形象、传递热情的态度、倾听旅客的心声、安抚旅客的不满、及时有效地反馈、赢得旅客的认同、保持乐观的心态等沟通、服务技巧，来达到圆满完成服务工作的目的。

1．塑造良好的形象

（1）给旅客留下完美的第一印象

① 展现得体的职业仪态、仪表。

职业仪态、仪表是一种无声的语言，是客运人员个人素养的外在表现。与旅客第一次接触时，要展现良好的仪态仪表，才能吸引旅客的眼球，为以后的沟通打下基础。

② 读懂旅客心理，获得对方好感。

客运人员在与旅客沟通时一定要掌握对方的心理规律，考虑对方的感受，说出让旅客感觉舒服的话，以获得对方的好感。第一，满足旅客“被重视”的需求。人类最普遍的特性就是渴望被了解、被重视。所以，在与旅客打交道时，一定要让旅客感受到他在客运人员心目中的重要性，比如多聆听、多赞美，接下来的交流就会顺畅得多。第二，让旅客感受到真诚。这不但要求客运人员注意说话技巧，还要掌握一些沟通的策略。比如与旅客在沟通时注意眼神的交流，专心致志地倾听，对旅客的话题表现出极大的兴趣等。

③ 注意自身的仪容仪表。

随时进行自我仪容仪表检查，始终保持以最佳的状态出现在旅客面前，从形象上得到旅客的认可。

（2）杜绝和消除负面印象

在与旅客交往的过程中，一定要记住：给不了好印象，也别留下坏印象。因为10个好印象抵不过1个坏印象。预防旅客产生负面印象有九大技巧：

技巧一：不玩弄手指或拨弄头发。

技巧二：不使用夸张的肢体动作。

技巧三：不采用交叉跷脚的坐姿。

技巧四：不使用过高或过低的音量。

技巧五：集中精力，眼神保持专注。

技巧六：不看手表。

技巧七：不贬低、攻击他人。

技巧八：营造肯定的气氛。

技巧九：兑现承诺。

2．传递热情

（1）通过肢体语言和声音传递热情

① 运用肢体语言表达热情。

在向旅客传递信息的过程中，有55%的信息是通过肢体语言传递的，因为肢体语言通常是一个人下意识的举动，很少具有欺骗性。例如：礼貌而热情的握手、真诚的微笑、利于传达热情的姿势（点头、身体稍微前倾、眼神交流）。

② 通过暖心的声音传递热情。

如何通过声音让客户感到温暖、舒适呢？音量合适，语速适宜，音调富于变化，保持热情度。

（2）通过主动服务传递热情

主动服务更热情，主动的姿态会给旅客一种亲近感，自然就会与旅客形成良性互动。

（3）运用规范的语言传递热情

语言是人与人之间进行沟通的纽带和桥梁。一名合格的客运人员应掌握服务语言技巧。

①“请”字开路。

“请”是一种礼貌，更是一种姿态。当客运人员对旅客说“请”时，已将“尊贵”和“显赫”给了旅客，态度很谦恭。

②“谢谢”压阵。

“谢谢”有以下几种功能：一是表达自我情感。人们在接受别人的善意言行后，都会产生一种感激之情，一句“谢谢”，就是这种情感的自然流露。二是强化对方的好感。人际交往是一个互动的过程，一方的善意行为必然引起另一方的酬谢，而这种酬谢又将进一步使对方产生好感，并发出新的善意行为。三是缩短双方的心理距离。

③“对不起”不离口。

很多客运人员在对旅客说“对不起”时心存疑虑，怕一声“对不起”会为自己招来不必要的麻烦。“对不起”不是责任的划分，只是客运人员对旅客歉意的表达。一声“对不起”，可以化解旅客的不满，缓和彼此间的关系。

④ 亲切的问候常挂嘴边。

客运人员可以使用“您好”“欢迎您”“早上好”等礼貌用语问候旅客，让旅客如沐春风。

⑤ 赞美之词不绝于口。

适当、得体的赞美，会使人感到开心、快乐。一有机会就赞美你的旅客，永远不要嫌多。

3. 倾听旅客的心声

优秀的客运人员应该是一个善于倾听的人。倾听旅客的心声，可以了解旅客的心理，化解旅客的不满。只有学会“听”，才能更好地“说”。

（1）注意倾听

在服务过程中，集中注意力可以使客运人员更有效地接收到旅客传递的信息。

① 耐心静听。

不要因为对方叙述平淡而漫不经心，也不要在对方结巴讲不清时，流露出烦躁的表情。在倾听旅客心声的时候，一定要有耐心，而且态度要谦虚，目光始终注视着旅客，并进行积极的回应。

② 专心倾听。

在倾听时要集中精力、聚精会神，让自己的思绪集中在当前的焦点上，注重沟通中旅客所说的每一句话。

③ 把握言外之意。

倾听旅客心声，还要从旅客的言语中听出背后隐含的信息，把握旅客的真实意图。

（2）排除干扰

① 外在干扰。

主要是指环境中大量的输入信号，比如铃声、谈话声、周围人的走动等。

② 内在干扰。

比如牵挂、压力、愤怒、疲倦等，或自我控制能力差，易被其他事物吸引。内心的不良情绪对客运服务工作的干扰常常比外在干扰更为严重。

③ 避免干扰的方法。

让旅客把话说完，避免思想开小差，排除不佳情绪，不要中途打断旅客的话。

4．安抚旅客的不满情绪

（1）引导旅客发泄不满

用发泄避免冲突，让旅客将不满和盘托出。在旅客倾诉不满的过程中，客运人员不要采取“抢话、解释”的方式进行遏制或任由旅客情绪失控，发展到难以收拾的地步，这都不利于问题的解决。最佳的处理方式是积极引导旅客发泄不满情绪。

（2）让旅客感受到被尊重

遇到旅客投诉、抱怨，有时客运人员会不由自主地去解释、澄清，却完全忽视了旅客的感受。客运人员应做到：

① 转换角色，学会站在旅客的角度考虑问题。

② 用心聆听，弄清旅客的真实需求。

③ 表示道歉，会取得意想不到的效果。

④ 仔细询问，引导旅客说出问题重点。

⑤ 记录问题，不但能及时总结工作中的不足，更能让旅客感受到你对他的重视。

⑥ 解决问题，满足旅客的需求或解决提出的问题。

⑦ 询问旅客是否满意。

5．进行及时、有效的反馈

及时、有效的反馈会让旅客产生被尊重之感，而反馈不及时、反馈内容不准确、反馈时间过长等，都易使旅客感到不满。

一般情况下，听取旅客表述后，尽量给予及时的、相应的反馈，以安抚旅客的情绪。但对于某些情绪激动或提出过分要求的旅客，客运人员可以适当地将反馈延迟，给予旅客冷静思考的时间，以缓解旅客的冲动情绪，使双方通过冷静思考达成最佳的解决方案。

6．赢得旅客的认同

在与旅客沟通时，从旅客的角度考虑问题，洞悉旅客的需求并满足他们，用真诚来打动旅客，旅客就会积极回应，对我们产生好感。

（二）非正常情况沟通、服务技巧

在服务工作中，当因设备不完善、列车晚点或发生各种非正常情况而导致旅客不满时，客运人员应积极面对，不要逃避，这样才会与旅客建立彼此信任的关系。

1．旅客不满时的诉求

① 有人聆听，得到尊重。

② 受到认真的对待。

③ 获得相应地补偿。

④ 犯错误的人受到惩罚。

⑤ 澄清问题使其不再发生。

⑥ 表示感激的态度。

2．如何处理旅客的不满

① 持有积极的态度。

② 处理旅客不满需从以下两方面努力：

第一，平定旅客情绪。

第二，解决问题。

3．处理旅客抱怨的要点

① 不要与旅客争论或逞口舌之快。

② 满足旅客的需求是我们的职责。

③ 每一位旅客都需要我们提供最周到、细致的服务。

4．处理问题注意事项

① 不慌张、不逃避、仔细听。

② 明确事实经过。

③ 不要用专业术语。

④ 真心实意向旅客道歉。

⑤ 向列车长汇报与旅客的对话以及处理问题的结果。

（三）非正常情况下的沟通、服务技巧实例

发生意外情况时，由于旅客不明原因，必然会导致惊慌。

客运人员的服务思路是：第一，换位思考。弄清旅客的不满，理解旅客的诉求，从旅客的角度考虑问题。第二，因势利导。将旅客的情绪和诉求向合理、恰当的方向引导，充分宣传铁路所尽的职责，向旅客表示出铁路的诚意，争取旅客的理解和支持。第三，尽职尽责。所有客运人员均要在各自的职责范围内尽心尽责，防止发生工作失误。第四，提供帮助。尽可能解决旅客的问题，尽可能降低意外情况带来的影响，体现铁路的真诚。第五，合理分工。分工合作，恰当处理一些大事和日常事务。第六，重点照顾。对重点旅客给予特别的礼遇和特殊的照顾。

以下是一些关于服务应答的例子。

1．接触网断电

（1）旅客询问停车原因

答：非常抱歉，由于晚点给您的旅行带来不便。现在列车长正在与相关部门进行联系，请您耐心等待，我们一得知原因，会第一时间通告给大家，感谢您对我们工作的理解和支持。

（2）旅客询问具体开车时间

答：现在开车时间还不能确定，我们正在与相关部门积极联系，我们会尽快恢复通车的，给你的出行带来不便我们深表歉意。

（3）旅客询问换乘飞机

答（非车长人员）：非常抱歉，由于晚点给您的旅行带来不便，我立即将您的情况转达给列车长，请车长给您解答和处理，请您稍后，谢谢。

答（列车长）：非常抱歉，由于晚点给您的旅行带来不便，列车到站前请您到×号车厢车门处等候下车，以确保您第一个出站，最大限度缩短您的出站时间。

（4）旅客询问：我要中转列车，现在晚点赶不上了怎么办

答：非常抱歉，由于晚点影响您的旅行了，我们正在积极联系，在确保安全的情况下尽早开车，这趟车如果赶不上的话，我们可以为您联系车站，办理改签，转乘最近的一趟车，再次向您致以歉意。

（5）旅客说：因晚点延误签合同影响到生意，我要求索赔

答：非常抱歉，由于列车的晚点给你带来了不便，我也能体会到你焦急的心情，我们也会抓紧时间，确保尽快开车。请您再耐心等待，谢谢您的理解和配合。

（6）旅客询问：怎么晚点这么长时间，车厢怎么这么热

答：我们现在正在及时联系，故障排除后，在保证安全的前提下会尽快开车。

现在我们帮助重点旅客转移到通风条件好的前排座椅处，我们将打开车门通风，同时也请您配合我们坐在座位上，不要聚集到车门处，谢谢您的配合。

（7）旅客询问：挂置防护网运行是否安全

答：请您放心，我们每个开启的车门都有专人设置防护，并挂有防护网。为保证您的安全。也请您配合我们的工作远离车门，减少走动，感谢您的配合。

（8）旅客询问：车上为什么没有空调，我要退票

答：非常抱歉没有让您享受到空调待遇，稍后我将为您办理相应手续，到站后请您随我与站方人员办理退还空调票价的手续，谢谢您的支持与配合。

2．信号故障

（1）旅客询问停车原因

答：非常抱歉，由于晚点给您的旅行带来不便。现在列车长正在与相关部门进行联系，请您耐心等待，我们一得知原因，会第一时间通告给大家。

（2）旅客询问具体开车时间

答：现在开车时间还不能确定，我们正在与相关部门积极联系，一定会尽快恢复开车的，给你的出行带来不便我们深表歉意。

（3）旅客询问：我要中转列车，现在晚点赶不上了怎么办

答：非常抱歉，由于晚点影响您的旅行了，我们正在积极联系，在确保安全的情况下尽早开车，这趟车如果赶不上的话，我们可以为您联系车站，办理改签，转乘最近的一趟车，再次向您致以歉意。

（4）旅客询问：为什么没有信号

① 答：非常抱歉，由于晚点给您的旅行生活带来不便。现在列车由于没有运行信号造成停车，我们正在积极联系，有消息立即通知您。

② 答：非常抱歉，由于晚点给您的旅行生活带来不便。现在前方列车（线路）发生故障，请您耐心等待。谢谢您的配合。

（5）旅客说：晚这么久都成慢车了，我要求退票

答：非常抱歉，由于晚点给您的旅行生活带来不便，我们非常理解您的心情，我们会抓紧联系，尽快开车的。

（6）旅客询问：为什么停车这么久？我们都没有地方吃饭，要求解决用餐问题

答：正在向上级汇报情况，我们会妥善安排好旅客供应。

（7）旅客说：这么晚了，现在都没有地铁了，你让我们怎么回去，你得给我们赔偿

答：正在向上级汇报情况，我们会妥善安排好旅客需求。

（8）旅客说：我有急事，得马上下车，开门我要下车

答：非常抱歉，由于晚点给您的旅行带来不便。您焦急的心情我能理解，但是您现在下车会更加危险，请您耐心等待，我们会抓紧联系，尽快开车的。

3．中途换车

（1）旅客询问停车原因

答：非常抱歉，由于晚点给您的旅行带来不便。现在列车长正在与相关部门进行联系，请您耐心等待，我们一得知原因，会第一时间通告给大家。

（2）旅客询问开车时间

答：现在开车时间还不能确定，我们正在与相关部门积极联系，我们会尽快恢复通车的，给您的出行带来不便我们深表歉意。

（3）旅客询问：我要赶火车，现在晚点耽误我这趟车了怎么办

答：非常抱歉，由于晚点影响您的旅行了，我们正待积极联系，在确保安全的情况下尽早开车，这趟车如果赶不上的话，我们可以为您联系车站，办理改签，转乘最近的一趟车，再次向您致以歉意。

（4）旅客询问：我们这样换车是否安全

答：请您放心，我们都有专人设置防护，保证您的安全。也请您配合我们的工作按照工作人员的引导按顺序换乘到相邻列车上，谢谢您的配合。

（5）旅客说：因晚点延误签合同影响到生意，要求索赔

答：非常抱歉，由于列车的晚点给你带来了不便，我也能体会到你焦急的心情，我们也会抓紧时间，确保尽快开车。请您再耐心等待。

4．空调故障

（1）旅客询问：为什么车厢里闷热

答：对不起，列车空调出现了故障，我们正在维修，请您谅解，谢谢。

（2）旅客询问：车上没有空调，你给我把票退了

答：非常抱歉没有让您享受到空调待遇，稍后我将为您办理相应手续，到站后请您随我与站方人员办理退还空调票价的手续。

（3）旅客询问：为什么这么热，身体受不了了怎么办（空调故障20分钟以上时）

答：我们现在正在及时联系，故障排除后，在保证安全的前提下会尽快开车。

现在我帮助您换到一个通风条件较好的前排座椅处，我们将打开车门通风，同时也请您配合我们坐在座位上，不要聚集到车门处，谢谢您的配合。

5．茶炉故障

（1）旅客询问：茶炉怎么没有热水

答：非常抱歉，茶炉出现了故障，暂时无法为您提供热水，我们正在进行维修，请您谅解。您可以到相邻车厢去接热水。

如果是重点旅客，则答：我帮您去相邻车厢去接吧，您稍等。

（2）旅客询问：什么时候修好

答：我们的机械师正在积极抢修，修好后我会马上通知您，我先为您到相邻车厢去打水。

6．座椅故障

（1）旅客询问：我的座椅坏了，没法坐，怎么办

答：非常抱歉，给您带来不便，我马上去给您调整一个其他座位，找到后来请您过去，请您稍等，谢谢。

（2）旅客说：我以前的那个座位靠窗，这个不靠窗，我要换位子

答：非常抱歉，现在只有这个空座位，请您先坐下稍等，机械师正在修理您的座位，修好后我立即请您过去，谢谢您的配合。

7．卫生间故障

旅客询问：卫生间为什么锁上了

答：非常抱歉女士（先生），这个卫生间临时出现了故障，暂时不能使用，请您去相邻车厢卫生间，给您带来不便，请您谅解。

8．忘找零钱

（1）旅客询问：怎么不找我零钱

答：非常抱歉，由于购买商品的旅客较多，我们餐服员忘记了，我们马上为您退还零钱。

（2）旅客说：你们责任心太差了，我不要了，我要求退货

答：非常抱歉，我们餐服员一时忙碌忘了给您找零，让您情绪不好了，实在对不起，请您原谅。

如果旅客必须退货，在确保商品未被拆封的前提下，可以退货。

9．列车上不提供矿泉水

（1）旅客询问：怎么车上没有瓶装水

答：非常抱歉，矿泉水现在是在车站候车大厅凭票自行领取，车上不再提供瓶装矿泉水。

（2）旅客说：我现在想喝水

答：餐吧有免费纸杯，您可以去取杯子，在茶炉接水喝。

如果是重点旅客，则说：请您稍等，我去餐吧给您取纸杯，去茶炉给您接水。

10．现场问答实例

（1）问：停车原因

答：非常抱歉，由于晚点给您的旅行生活带来不便。现在列车由于×××原因造成停车。

（2）问：停留时间

答：正在抢修，故障排除会立即恢复运行，有确切消息会马上通知。

（3）问：开车时间

答：现在开车时间还不能确定，我们正在与相关部门积极联系，我们会尽快恢复通车的，给你的出行带来不便我们深表歉意。

（4）问：换乘飞机

答：非常抱歉，由于晚点给您的旅行生活带来不便，列车到站前请您到×号车厢车门处等候下车，以确保您第一个出站，最大限度缩短您的出站时间。

（5）问：我们要赶火车，现在晚点耽误我这趟车了怎么办

答：非常抱歉，由于晚点影响您的旅行了，我们正待积极联系，在确保安全的情况下尽早开车，这趟车如果赶不上的话，我们可以为您联系车站，办理改签，转乘最近的一趟车，再次向您致以歉意。

（6）问：有无免费供应

答：正在向上级汇报情况，会妥善安排好旅客供应。

（7）问：那我们晚点这么长时间、这么热，怎么办

答：我们现在正在及时联系，故障排除后，在保证安全的前提下会尽快开车。现在我们帮助重点旅客转移到通风条件好的前排座椅处，我们将打开车门通风，同时也请您配合我们坐在座位上，不要聚集到车门处，谢谢您的配合。

（8）问：车上没有空调，你给我把票退了

答：非常抱歉没有让您享受到空调待遇，稍后我将为您办理相应手续，到站后请您随我与站方人员办理退还空调票价的手续。

（9）问：晚点证明

答：如果您需要，我们可以在您车票背面注明晚点时间。

（10）问：我有急事，得马上下车，你开门让我下去

答：非常抱歉，由于晚点给您的旅行生活带来不便。您焦急的心情我能理解，但是您现在下车会更加危险，请您耐心等待，我们会抓紧联系，尽快开车的。

（11）问：为什么旁边的车能走？是不是列车坏了

答：列车没有发生故障，这一点请您放心，现在我们所在的线路上还没有运行信号，为了安全起见，请您耐心等候，我们也在积极联系确保安全下第一时间开车，由于列车晚点给您带来的不便，我向您表示歉意。

（12）问：旅客滞留列车

答：如遇列车晚点造成旅客滞留列车或阻止开车时，列车长应该及时的赶到现场，帮助站台上的工作人员进行对旅客的解释劝解工作，请旅客到站台上指定的地点进行赔付。

车长：各位旅客，我们的列车已经到达终点站了，由于列车晚点给您带不便我再次向您表示歉意，请您谅解！如果因为我们列车的晚点造成您赶不上接续的列车了，我们带您去车站指定的地点进行退票或者改签。我们肯定会为您安排好其他列车将您送到目的地，请您放心。有什么问题请您随我们到车站进行协商，我们一定会尽量为您解决，您这边请。

旅客：解决完问题再下车。

车长：先生，我们一定会给您解决问题的，您跟我们到车站内，咱们坐下慢慢谈，您看可以吗？如果您不下车，咱们就要随列车入库，我们肯定会安排再送您回来，但是车库离车站较远，到时候解决完了问题再回到这里又会耽误您的时间，我们都是在为您着想。我们也是带着诚意和歉意来给您解决问题的，谢谢您的配合，您这边请！

（13）如遇旅客苛刻提问时，我们要有原则、耐心、态度端正的解答旅客提出的问题

旅客：马上给我开车！

车长：先生，对不起，为了保证各位旅客的生命财产安全，列车现在有故障造还不能马上开车，这样会有危险的，我们现在正在努力抢修，故障排除后就会马上开车的，请您在座位上耐心等待，感谢您的配合！

旅客：那给我开车门，我要下车！

车长：对不起先生！现在不能打开车门，我们这也是为了您和其他旅客的安全着想，线路下面会有过往的列车经过，十分不安全，我们不能让您下车，请您谅解。不过故障正在处理中，故障排除后就会尽快开车的，请您到座位上再休息一下，一会儿有确切消息了我们会第一时间通过广播向大家通报的。对不起，实在是对不起。

五、高速铁路列车营销技巧

随着市场经济的发展，铁路也在进行改革，其中一个重要的变化就是强调乘务人员的营销技能，以进一步提高铁路的经济效益。

（一）产品介绍

1．用精彩的开场白吸引旅客

（1）理论经验

精彩的开场白是成功的一半，极具吸引力的开场白才会恰到好处。衡量一套开场白是否具有吸引力，就是看其能否激起旅客的兴趣，同时又可避开其条件反射的反感心理。所以，对于旅客来说，销售人员的第一句话比后面的话更重要，听完销售人员的开场白，很多旅客就会决定是不予理睬还是继续听下去。销售人员和旅客开始接触的前三分钟即为开场，这三分钟至关重要。如果这段时间双方交流得好则后面的沟通就会比较顺畅，为成交打下良好的基础，如果在这个时间内销售人员无法打动旅客，那么成交的概率就很小了。

（2）实战技巧

例如，旅客来到餐吧，可能是因为好奇来参观，也可能是需要买东西，为了留住那些参观的旅客买东西，也为了让有需求的旅客买到中意的东西，我们应该变换一下见到旅客的开场白。例如把“您好！欢迎光临！”和“您好！请问您有什么需要？”以及“您好！您随便看看”类似的话改为：“您好！我们这里有饮料、小食品、盒饭快餐和动车组小火车模型，请问您需要什么？”一句话把你想要推销的产品说出来，同时也利用旅客对陌生产品的好奇心理，将其注意力转移到销售产品上，让本来只是想来转转的旅客也买一个小模型回去。销售人员接触旅客的第一步，最重要的是如何运用高超的语言艺术来引导旅客的思路，并最终实现成交。

2．销售人员不要滔滔不绝

（1）理论经验

许多销售人员都会遇到类似情况：尽心尽力地给客人介绍产品，客人总是不屑一顾，或漫不经心地看着产品，或与同伴边看边聊，仿佛销售人员不存在似的。面对这种尴尬的局面，有的人显得手足无措，有的人又觉得旅客根本没有需求，就把销售机会错过去了。

其实这是一种很正常的现象。因为，交流、沟通都是双向的，不但销售人员自己要说，同时也要鼓励你的旅客说，通过旅客说的话，你可以从中了解旅客的基本情况和真实需求。切记不要让自己唱“独角戏”，如果你一开始就让自己滔滔不绝，全然不顾对方反应，那么只会让旅客对你避而远之。

（2）实战技巧

销售人员要把握好为旅客介绍产品的时机。例如，当旅客对“十八街麻花”有兴趣或者需要帮助的时候，销售人员应及时从它的口味、正宗程度、意义上介绍，并且要适当地与车下或旅客自带的简装麻花进行比较，只有比较才会有发现，这样成功率才会更大。

3．想办法让旅客感觉物有所值并在旅客使用产品时抓住机会

（1）理论经验

销售人员在劝说旅客试用产品时，很多旅客都是踊跃参加的。在试用过程中，

如果喜欢产品的功能和特性，就会购买。但有时有的旅客会提出异议，其原因有的是旅客理解有误，有的是确实存在问题。无论哪一种情况，当旅客提出异议时，销售人员都要做出相应的解释。但是，仅有一小部分旅客能被销售人员顺利说服，更多的旅客虽然试用了产品，但依然坚持己见，不肯购买，最后交易失败。

（2）实战技巧

在优秀销售人员群体里，每个人都身怀绝技，或有出色的语言表达能力，或有扎实的产品知识，或有超强的人格魅力，他们能够快速察觉旅客的感受和购物意向。例如，在旅客试用火车模型时调整介绍方式，从而牢牢把握住成交的机会。销售人员在说服旅客购买产品时，不仅要口头介绍，还要主动邀请旅客亲身感受小火车的功能，让旅客相信他们以便宜的价格买到了不错的东西。不过，当旅客指出产品的缺陷时，要看是哪种原因，从容巧妙应对。

① 旅客故意挑剔，实际是不想购买。

例如，在向顾客推销火车模型的产品，当发生这种情况时，销售人员可以询问旅客是否需要大火车模型，得到旅客权衡比较下的明确答复之后，销售人员再为其推荐小火车模型或其他商品。

② 如果旅客提出了产品本身存在的问题。

任何产品都不可能完美无缺，销售人员要引导旅客重视产品的优点。另外，当销售人员不小心拿了有瑕疵的产品让旅客试用时，要向客人道歉，然后再拿一个好的产品给旅客试用。

③ 如果旅客的目的是降价。

销售人员要正确揣摩旅客的真实想法，找到原因，对症下药说服旅客。

4．沉着应对旅客提出的缺点

（1）理论经验

旅客千差万别，再好的产品和服务，也难免会有旅客提出不足。有不少销售人员把旅客的挑剔和抱怨看成是麻烦和故意找碴儿而不予理睬。其实，每个旅客都希望购买到物美价廉、物超所值的产品，但是任何产品都不是十全十美的，所以才会出现旅客在选购时百般挑剔，甚至直接指出产品缺点的情景。

对此，销售人员完全没有必要紧张，因为挑剔只是一个过程，而不是结果。所以，这就要求销售人员在向旅客介绍产品时扬长避短，突出产品的长处，以此来淡化产品的劣势。即便旅客直接指出产品的缺点，也不要慌张，要耐心向旅客解释，打消其心中的疑虑。销售人员更不能对旅客挑剔，怠慢旅客的抱怨。

（2）实战技巧

如果旅客直接指出了产品的缺点，例如，觉得售卖的麻花只是包装精致。销售人员应进行详细的解答，而不是遮遮掩掩。具体应该做到：

① 自己要充满信心。

② 了解自己销售的麻花的特点、优点和缺陷，并事先准备好完美的措辞。

③ 要让旅客看出，我们不仅仅只是在销售麻花，实际上，我们在展示良好产品的同时也在展示优质的服务。

（二）处理关系

1．巧妙处理旅客身边人的反对意见

（1）理论经验

在售卖过程中，常常有陪伴购物的情况。陪伴的人越多，产品卖出去的难度就越大。许多销售人员经常见到旅客对产品很满意，但陪伴购物者一句话就让销售终止的现象。其实，旅客身边的人既可以成为阻碍销售的敌人，也可以成为成功销售的帮手，这关键要看销售人员如何引导旅客身边的陪伴者。

（2）实战技巧

例如，在销售有价食品和产品时，旅客可能因为身边的人的不同意见，认为在价格方面或实用性方面不够理想而放弃购买，当然也有可能因为他人的劝说而决定购买。所以我们要巧妙处理消极意见，恰当利用积极意见，使销售工作顺利进行。

2．高峰时要避免对旅客招呼不周

（1）理论经验

用餐高峰期，旅客等待时间可能会延长，这降低了旅客的满意度，有些急躁的旅客还可能一走了之。所以，如何在高峰期引导旅客选购产品并延长其停留时间是优秀的销售人员必须掌握的技巧。

（2）实战技巧

营业高峰期对销售人员是一个考验，如果销售人员照顾不周，让旅客觉得受到了冷落，就很有可能流失部分客源。销售人员没有分身魔力，如何能在业务繁忙时兼顾到更多的客人，使自己成为多面手呢？下面向大家来介绍一些行之有效的方法。

① 认真对待每一个细节。

销售人员的既要热情有耐心，又不能手忙脚乱，对旅客说话声音要柔和，同时也要留意旅客的一些小要求，安抚他们焦急的心情。

② 微笑面对所有旅客。

微笑是销售人员最好的服务标签。一张嘴不能同时回答多个问题，你的微笑有时也是一种回答，可以为你争取时间，留住更多的旅客。

③ 发现有被冷落的旅客，要及时道歉。

为了避免旅客流失，销售人员要尽量照顾到身边的旅客，如果不注意冷落了某些旅客，发现后应马上给予回应，并诚恳地表示歉意。

④ 提高工作效率。

提高工作效率不是简单地加快工作进程，而是要以保证成功为前提的。保证成功在于分清哪些是重点，哪些相对比较边缘。只有首先抓住重点事情处理，保证那些最重要的，才有可能保证最后的成交量。

3. 坚定替别人购物的旅客的决心

（1）理论经验

旅客替别人选购产品，这种情况销售人员大概都遇到过。为别人选购产品的旅客，在选择产品时经常会显得十分犹豫，因为他们总是担心是否合适。销售人员遇到这种情况，有时会不知该从何说起，不道该怎么打动旅客，也不知该怎样迎合那位未见面的实际购买者。

（2）实战技巧

替别人买东西，可能是旅客自己送人，也有可能是帮别人代购。在旅客自己送人的情况下，决定权在旅客手里，销售人员只需要针对旅客的购买力和旅客对产品的态度说服旅客便可。而代购的情况就不一样了，购买权在旅客手中，但出钱的却不是他。通常情况下，这些旅客不确定自己选定的产品是否适合朋友，担心朋友对自己选购的产品不满意，因而会犹豫不决，迟迟做不了决定。

在销售过程中遇到这种情况，销售人员要针对旅客朋友的需求入手，同时也要兼顾旅客的想法，情理并重地说服旅客。

4. 微笑面对旅客

（1）理论经验

微笑是人与人沟通的桥梁。当别人对我们微笑时，我们会感到世界是如此的美好；当我们对别人微笑时，同样也会感受到生活如此灿烂。生活不能缺少微笑，作为高铁工作人员更离不开微笑。高铁推行了“用心服务”“微笑服务”等措施，足以见其对微笑的重视。微笑能化解很多不满与敌意。

（2）实战技巧

销售人员的工作主旨是服务于旅客，工作性质的特殊性使我们更需要照顾到旅客的心情和感受。所以无论销售人员情绪多么糟糕，只要在工作岗位上，就要尽一个销售人员的责任，耐心为旅客提供服务。

① 要有发自内心的微笑。

② 要有宽阔的胸怀。

③ 要与旅客在感情上进行沟通。

④ 要排除烦恼。

⑤ 态度不好时要真诚向旅客道歉。

5. 面对旅客试用遭拒绝时不要沮丧

（1）理论经验

销售人员主动请求旅客试用，以增加旅客对产品的了解和认识，会提高成交率。但是有些旅客却不愿意试用，这难免会给销售局面造成小小的尴尬，也会在一定程度上影响销售工作的进展。

销售人员在与旅客接触的过程中，会听到旅客各种各样的拒绝，虽然这些拒绝让你很头痛，但不可否认，旅客的绝大部分拒绝都是有客观依据的。因此，销售人员要经常提醒自己，旅客永远是对的，旅客的拒绝都是有理由的，不必沮丧，只要耐心倾听，冷静地分析判断，化解尴尬局面，才能使销售工作顺利进行。

（2）实战技巧

旅客拒绝试用时，销售人员难免会尴尬，有的销售人员为了尽快消除尴尬，采用热情围攻的方式，这样反而会招致旅客反感。因此，要注意观察旅客的态度，并告诉旅客不买没有关系，适当地劝旅客试用，并重新了解旅客的真实需求。

（三）消除异议

1．巧妙消除旅客对价格的异议

（1）理论经验

价格争议是销售时不可避免的。旅客经常会不厌其烦地讨价还价，即使销售人员把产品的价格已经压得很低了，但旅客仍然不满意，希望销售人员再降低一些。所以，针对价格的异议，销售人员最好的解决办法是把旅客对价格的异议转化到对产品价值的认同上，转移旅客对价格的敏感。

（2）实战技巧

事实上，旅客对自己不熟悉的产品没有任何概念，销售人员即使报价再低，旅客都会认为是不是还能再便宜一点。所以，销售人员要学会巧妙地处理旅客对于价格的异议，对于直爽的旅客，销售人员不要绕弯子，用每个构成部分的价钱证明价格合情合理，并且巧妙地分解价格。

2．全面了解旅客的需求

（1）理论经验

销售人员有时会遇到这样的情况，旅客回应冷淡，称产品不能满足其需求。这无疑是在告诉销售人员，弄清旅客对产品的需求是促成交易的重点。销售人员在说服旅客时，先要弄清旅客的一些情况，比如是否真的想要购买，什么价位的产品适合他们等，然后再有针对性地进行导购，这样才能事半功倍。

（2）实战技巧

在导购过程中，只有真正了解旅客的需求，旅客才愿意与你交流。在与旅客沟通的短短几分钟内，了解旅客需求的最好的办法是有技巧地提问。通过恰当的提问，销售人员可以对旅客的实际需求进行准确把握。例如：在只有 45 元餐食的情况下，一些旅客会觉得价格昂贵，那么可以向其推荐其他种类的食品。

3．完美服务，防止旅客对服务不满

（1）理论经验

旅客很满意产品，但对销售人员服务不满，这种情况往往是由销售人员自身造成的。销售人员态度不好，或自吹自擂，过分夸大产品优点，或礼貌欠佳等，这些都会引起旅客的反感，导致旅客即便对产品满意，仍然拒绝购买。每一个销售人员

都应该把为旅客服务当成一种习惯。当销售人员把服务变成自身的习惯时，就能用心对待工作并从工作中得到快乐。

（2）实战技巧

在购物时，旅客希望真正享受到上帝的待遇。如果旅客对服务不满，而销售人员又想为自己开脱，这无异于火上浇油，容易造成销售局面的僵持，更有可能导致旅客放弃购买。所以，销售人员应该培养良好的责任意识，不要把自己的负面情绪带入工作，从细节入手，形成特色服务，并做到持之以恒，在销售冷清时更要做好服务工作。

（四）做好促销

1．旅客挑剔时不要直接“理论”

（1）理论经验

旅客挑剔的原因大体可以分为两类。一类是旅客本性爱挑剔。在这类人的眼中，没有什么东西是优秀的，本来性能已经很优秀的产品，他们也能挑出毛病来。在他们看来，销售人员只会介绍产品的优点，总是掩饰产品的价格高和不适用问题。而另一类是产品本身就存在着问题。

（2）实战技巧

面对旅客的挑剔，销售人员不要排斥和拒绝，而要虚心倾听，冷静分析旅客挑剔的原因。对只是因为其性格使然的问题，销售人员可以微笑应对，不予理会。对确实是产品质量问题的挑剔，销售人员应妥善解决，如遇自己无法解决的时候可以先致歉并及时向上级领导汇报，并记录和采纳一些好的建议和想法，避免把问题产品推销给旅客，从而给铁路企业带来负面影响。

① 不要与旅客直接“理论”，杜绝态度生、冷、硬。

② 先顺应，再转折，用婉转的语言与其交流。

③ 抢在旅客前解决问题，不要等到形成投诉事件了再去解决，否则就被动了。

2．询问旅客的需求

（1）理论经验

面对有意向购物的旅客，销售人员要想方设法了解旅客的需求，吸引旅客的注意。

（2）实战技巧

销售人员要树立一个理念：只要旅客有需求，就要用心为旅客介绍产品，耐心为每一位旅客服务。只有旅客了解了才会购买。

① 揣测旅客心理，需要哪种产品或是哪个价位的产品。

② 和旅客保持互动，再次确认自己的判断，可以适当询问“××可以吗？”（价格可由高至低）。

③ 抓住旅客的好奇心理。有的旅客对高铁上的东西很好奇，可以适当为其推荐产品，例如：动车组模型、VIP 套餐等。

3．揣摩驻足观看的旅客的心理

（1）理论经验

列车为了促进销售，就会用展示柜的陈列、吧台展示筐的陈列等方式对一些产品进行推广宣传。旅客在吧台驻足观看，表明旅客对这些产品产生了一定兴趣，但这点儿兴趣或许还不足以使他们马上购买。这种情况下，销售人员的合适引导就至关重要。

（2）实战技巧

对于在吧台驻足观看的旅客，销售人员要主动问好。待客的要点是：微笑自然，简单问候后，可对旅客关注的产品进行简要介绍，以进一步激发旅客的兴趣。

① 揣摩旅客心理，看其需要哪类产品。

② 让旅客说出心里话，了解他们的消费层次。

③ 建议旅客购买，即便不买也要服务到位。

4．旅客态度冷淡时，销售人员不能冷淡

（1）理论经验

“我随便看看！”销售人员经常会碰到这种消极冷淡的旅客，接近这种旅客并深度沟通是比较困难的。但销售人员要知道，如果不交流，购买产品的旅客就更少。无论旅客多么冷淡，你不能冷淡，你要想办法让旅客和你互动起来。

（2）实战技巧

很多时候，大多数旅客表现出一副兴趣索然的态度，他们一般不愿意多说话而只是看看。所以，首先销售人员一定要将售货车内每一层的陈列都精心摆放好；其次，要选择适当的时机去接近旅客，这样才可以提高成功率；最后，如果旅客仍有“随便看看”这种敷衍之语，销售人员也可尝试给予积极性的回答，即一定要引导旅客朝着利于活跃气氛并且成交的方向努力。

① 不管旅客多冷淡，销售人员都要保持热情，耐心询问并加以介绍，同时也能激发周围旅客的兴趣。

② 弄清旅客的真实想法，是在意价格、实用性，还是随意看看。

5．安抚好旅客带着的孩子

（1）理论经验

很多旅客都带着小孩，如果销售人员忽视了小孩，而认为自己所销售的产品与小孩无关的话，那将会失去许多机会。平时，销售人员要认真研究孩子的心理与反应，因为他们可能会成为你销售成功的好帮手，但也有可能成为你的障碍。

（2）实战技巧

小孩是阻力也是助力。销售人员关心得当，小孩就是购买的助力；若忽略小孩，那么小孩就会成为购买的阻力。

① 销售人员要安抚好孩子，简单与其对话几句表明你的善意。

② 做好贴心导购，多询问孩子几种产品，看其兴趣是否浓厚，孩子接受了家长也就无异议了。

6．耐心为旅客解释产品价格高的原因

（1）理论经验

列车上产品的价格是旅客关注的一个焦点问题，经常出门的旅客会从不同铁路局的列车上比较价格，然后告诉销售人员，你的商品比别人家的贵。面对这种情况，销售人员会有很大的压力，既不能说你去坐别的车吧，也不能简单地说我们的东西就是贵，而是需要耐心地去解释和沟通，同时还要了解竞争对手的产品情况。

（2）实战技巧

在列车上购买商品的旅客是愿意支付比其心理预期价位高的产品的，只是销售人员要激发旅客的购买欲望，也就是说销售人员要告诉旅客为什么这么贵，到底贵在什么地方。因此销售人员一定要坚信自己的产品非常好，是值那么多价钱的，而旅客觉得贵只是因为他还不了解商品，因此销售人员要不断暗示自己，只有将产品介绍清楚，旅客了解清楚了才会购买。

① 为旅客解释产品贵的原因。

② 询问旅客需求，为适当的人群推荐适当价位的产品。

③ 将价格细分，耐心解释每个价格档次及优势，让旅客根据自己的需要选择，切勿强销和搭售。

【任务实施】

（1）根据本任务学习内容，分组查找搜集关于服务理念和服务方式的资料，每组总结出2种创新型服务理念，并把相关内容制作成PPT展示给大家。

（2）全班同学进行讨论并交流心得。

【案例资料】

某餐服员在餐吧上用餐时，遇到一位喝醉酒的旅客，嫌饭菜上得慢，嘴里骂骂咧咧。她怎么解释对方都不听，在忍无可忍的情况下，她就采取数1、2、3、4、5……的方法，硬是把火压下去，仍然含笑走到跟前给他上菜端饭，当该旅客快要吃完的时候，她又问："您还需要什么？"对方慌忙回答："不……不……谢谢……"不好意思地走开了。

讨论题：

（1）结合此案例，谈谈高铁客运人员要想做好服务工作，应具备哪些品质？

（2）关于如何做好旅客服务工作，这个案例对你有哪些启示？

【任务练习】

1. 选　择（1-4 题为单选，5-8 题为多选）

（1）（　　）是直接作用于感觉器官的事物的整体在人脑中的反映，是人对感觉信息的组织和解释的过程。

A. 感觉　　B. 情绪

C. 知觉　　D. 意志

（2）人在感知事物时，总是根据过去的知识经验来解释它、判断它，把它归入一定的事物系统之中，从而能够更深刻地感知它，这就是知觉的（　　）。

A. 整体性　　B. 理解性

C. 选择性　　D. 恒常性

（3）（　　）是指个人对态度对象的情感体验，如爱憎、好恶等，是态度的核心成分。

A. 意向成分　　B. 情绪

C. 情感成分　　D. 认知成分

（4）（　　），是指在旅客心目中客运服务应达到和可以达到的水平。

A. 服务期望　　B. 理想服务

C. 适当服务　　D. 预测服务

（5）铁路旅客态度主要由以下三个维度构成（　　）。

A. 认知成分　　B. 情感成分

C. 意向成分　　D. 行为成分

（6）不同的旅客对铁路客运服务持有不同类型的服务期望状态，主要有（　　）。

A. 标准服务　　B. 适当服务

C. 预测服务　　D. 理想服务

（7）旅客的投诉心理可分为以哪几种（　　）。

A. 求尊重心理　　B. 求宣泄心理

C. 求补偿心理　　D. 求公平心理

（8）以下哪些属于铁路旅客旅行途中的普遍心理需求（　　）。

A. 安全心理　　B. 顺畅心理

C. 快捷心理　　D. 方便心理

2. 判　断

（1）感觉反映事物的个别属性，知觉却认识了事物的整体。（　　）

（2）同一物体，不同的人对它的感觉是类似的，但对它的知觉就会有差别，知识经验越丰富对物体的知觉越完善、越全面。（　　）

（3）不同的旅客对铁路客运服务的服务期望状态是相似的。（　　）

（4）理想服务，是指旅客愿意接受的服务，是最低的可接受的期望。（　　）

（5）在旅客运输服务过程中，努力实现旅客旅行经济心理，这是所有客运服务人员的首要工作。（　　）

3. 思　考

（1）谈谈你对知觉以及铁路旅客知觉的理解。

（2）旅客态度的构成要素有哪些？如何改变旅客的态度？

（3）结合所见所闻，谈谈你对旅客投诉心理的认识。

（4）什么是微笑服务？微笑服务的作用是什么？

（5）什么是主动服务？主动服务应遵循哪些原则，具有哪些作用？

（6）发现服务、延伸服务的方法有哪些？

（7）结合实际，谈谈你对高速铁路旅客沟通技巧的理解。

任务 3　高速铁路客运手语服务

【教学目标】

1. 能力目标

能就高铁客运服务工作的相关内容与聋哑旅客进行简单交流。

2. 知识目标

理解并掌握与高速铁路服务相关的不同类型的手语。

3. 素质目标

培养从事高铁客运工作时与聋哑旅客交流的基本职业素质。

【任务导入】

去昆明的高铁上有 4 位聋哑人，因为旅客事先未提出特殊服务申请，所以客运人员并没有发现该情况。当时，客运人员询问一行 4 人是否需办理托运行李，旅客没有回答，客运人员第二次询问，还是没有反应。这时，旅客用手示意了一个写字的动作，客运人员马上明白了，递上了一张纸，旅客写下“我们是聋哑人，坐高铁去昆明，请帮助我们，谢谢”。客运员也通过书写“请放心，我们会安排好的。请问你们要托运行李吗？”对方回复“不”，虽然客运员不会手语，但通过笔谈和旅客进行了及时的沟通，了解了旅客的情况。随后，客运员马上联系专人来负责带领这 4 位特殊旅客，并将他们的座位调整到一起，同时，向下一站发送了准备服务特殊旅客的电报。

问：1. 结合此案例谈谈高铁客运服务人员提供客运手语服务的意义。

2. 你对此案例有何感触？

在客运服务工作中，为了便于客运人员与聋哑人（此时应把他们当朋友一般）无障碍交流，我们将乘务中与旅客交流常用的语言汇集起来。

本部分例图体现以下几个特点：一是简明通俗，书中选取的都是在列车上与聋哑朋友交流时最常用的句子。二是内容丰富，涉及了聋哑朋友在列车上会遇到的不同场景，既有手语常识介绍，又标示出聋哑朋友手语表达的显著特征。三是举一反三，每个部分都列出替换词，扩展了会话学习功能。

伸出你的手，伸出我的手，让我们大家都学些手语与聋哑朋友交流。

伸出你的手，伸出我的手，让我们共同体验手语无障碍交流的和谐、幸福感受。

一、问候语

（一）语句汇集（如图 2.1 所示）

1．你们好！

你们——ni men

一手食指先指对方，然后掌心向下，在胸前平行转一圈

好——hao

一手握拳，向上伸出拇指

2．大家好！

大家——da jia

一手掌心向下，在胸前平行转一圈

好——hao

一手握拳，向上伸出拇指

3．很高兴认识你！

很	高兴	认
一手食指横伸，拇指尖抵于食指根部，然后向下一顿	双手横伸，掌心向上，上下交替动几下，面露笑容	一手拇、中指分开，指尖朝前，自眼部向前移动一下

识	你
一手食指在太阳穴处点一下	一手食指指向对方

4．我会经常和你联系。

我	会	经常
一手食指指自己	一手食指向太阳穴处点一下	一手食、中指直立并拢，掌心向外，向太阳穴处碰两下

和	你	联系
双手直立，五指微曲，掌心相对，由两侧向中间合拢，表示连词"和""与""同"	一手食指指向对方	双手拇、食指捏成圆圈，互相连环，同时左右微动

5．祝你春节快乐！

祝	你	春
双手抱拳，前后微动几下	一手食指指向对方	左手握拳，手背向上；右手伸食指在左拳食指骨节处点一下，表示春季

节	快乐
一手打手指字母"J"的指式，至于前额	双手横伸，掌心向上，上下交替动几下，面露微笑

6．祝你一路平安！（顺利、愉快、成功、幸福、健康）

祝	你	一
双手抱拳，前后微动几下	一手食指指向对方	一手食指直立（或横伸）

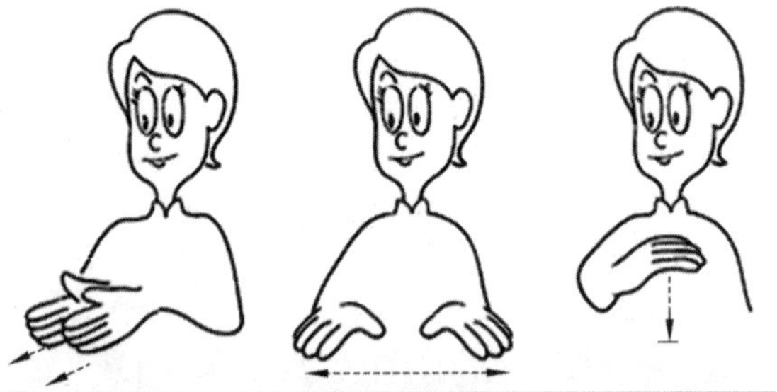

路	平	安
双手侧立，掌心相对，相距约20厘米，向前伸出	双手平伸，掌心向下，由中间向两侧移动一下	一手横伸，掌心向下，自胸部向下一按

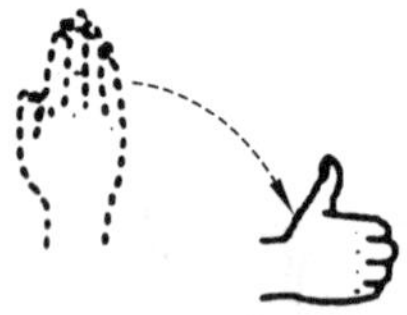

顺利
右手直立，掌心向内，边向左转腕边伸出拇指

愉快
双手横伸，掌心向上，上下交替动几下，面露笑容

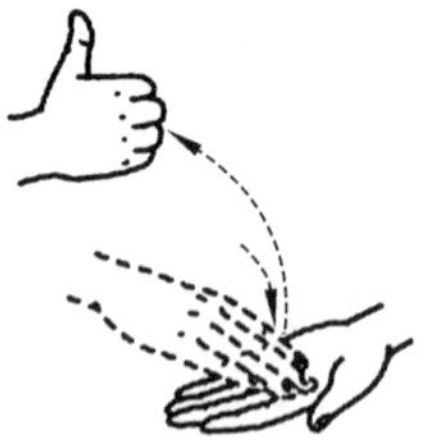

成功
左手横伸；右手掌先拍一下左手掌，再伸出拇指

幸福
一手打手指字母“X”的指式，并贴于胸前绕一圈

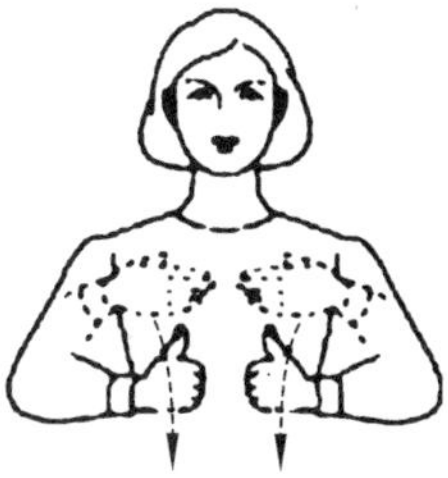

健康

双手贴于胸部，边向下移动，边伸出拇指，并向下一顿

图 2.1　问候语之语句

（二）单词汇集（如图 2.2 所示）

大家

大家——da jia

一手掌心向下，在胸前平行转一圈

再见、明天见

再见	明天	见
一手上举，五指微曲，向前挥动两下	一手食指指于太阳穴处，头微偏；然后食指向外移动，头部转正，表示睡觉过了一天	双手食、中指微曲，指尖相对，从两侧向中间移动，表示双方目光相接

等会儿见

等	会儿	见
一手背贴于颏下，表示等候之意	一手拇、食指相捏，在眼前迅速划过，如流星划过天空状	双手食、中指微曲，指尖相对，从两侧向中间移动，表示双方目光相接

对不起

对不起——dui bu qi
一手五指并拢，举于额际，并做“敬礼”手势，然后下放改伸小指，在胸前点几下，表示向人致歉并自责之意

顺利

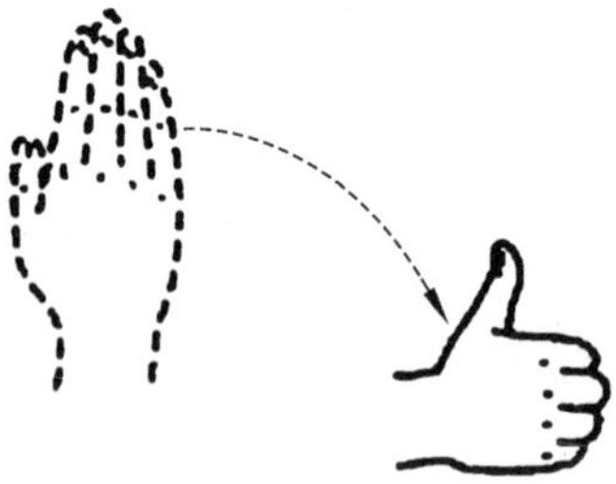

顺利
右手直立，掌心向内，边向左转腕边伸出拇指

快乐

快乐（高兴）——kuai le(gao xing)
双手掌心向上，在胸前上下扇动，脸露微笑

成功

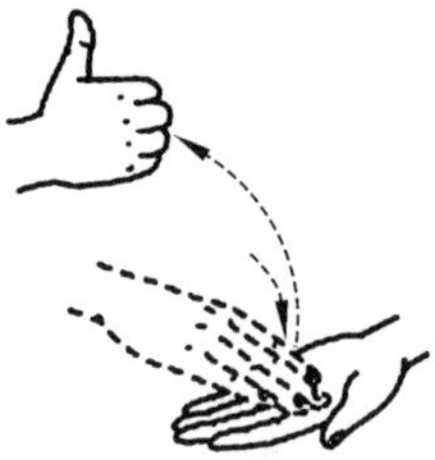

成功
左手横伸；右手掌先拍一下左手掌，再伸出拇指

幸福

幸福
一手打手指字母“X”的指式，并贴于胸前绕一圈

图 2.2　问候语之单词

二、客运服务

常用语句及词汇如图 2.3 所示。

1．您的行李超重，请在那边补交费用。

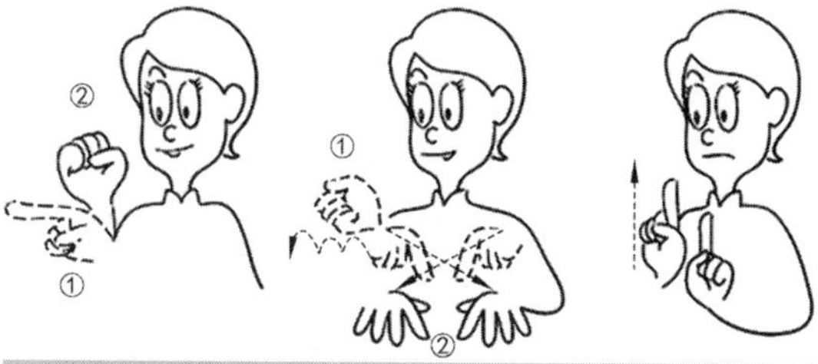

您的	行李	超
①一手食指指向对方 ②一手打手指字母“D”的指式	①一手握拳下垂做提重物状，向前移动几下。②双手伸食指，互碰一下，再向两侧移动并张开五指	双手食指直立，左手不动，右手向上移动

重	请	在
双手平伸，掌心向上，同时向下一顿	双手平伸，掌心向上，同时向一侧微移	左手横伸；右手伸出拇、小指，由上而下移至左手掌心上

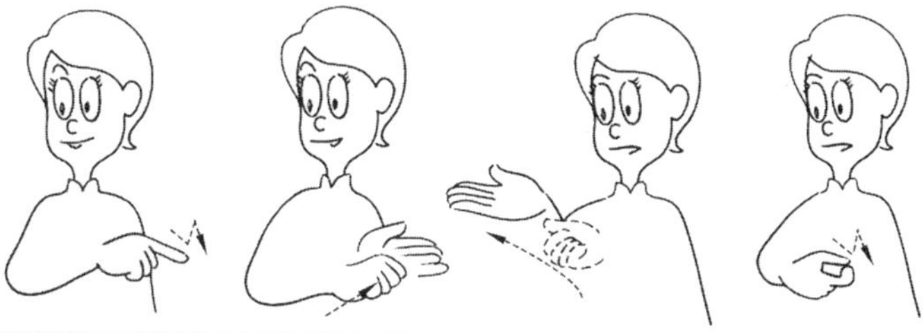

那边	补	交	费用
一手伸食指，指尖朝外指点两下（根据实际场合确定手指的方向）	左手侧立；右手五指捏成圆形虎口朝左贴向左手掌心	一手五指虚捏，掌心向上，边向外移动边张开手	一手拇、食指捏成小圆圈、微动几下，表示钱币

2．由于天气原因，可能晚点。

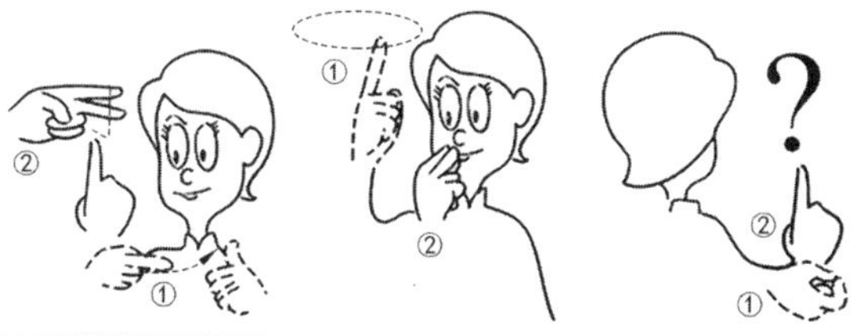

由于	天气	原因
①左手伸拇指；右手伸食指碰一下左手拇指尖。②左手食、中指横伸，右手食指在左手食、中指中间书空，仿“于”字形	①一手食指直立，在头前上方转动一圈。②一手打手指字母“Q”的指式，指尖朝内置于鼻孔处	①一手拇、食指捏成小圆形。“圆”与“原”同音，借代。②一手食指书空“？”号

可能	晚点
一手直立，掌心向外，然后食、中、无名、小指弯曲一（或两）下	①左手侧立；右手五指伸出，拇指尖抵于左手心，其他四指向下转动，表示时间已迟。②右手横伸、五指虚握，手背向上，右手伸食指向下指一下左手腕部

3．乘客请出示车票。

乘客	请	出
①左手横伸；右手伸拇、小、指置于左掌心上，并向右侧移动一下。②双手平伸，掌心向上，同时向一侧微移	双手平伸，掌心向上，同时向一侧微移	一手伸拇指、小指，由内向外移动

示	车票
左手食、中指横伸；右手食指在左手食、中指下书空“小”字，仿“示”字形	双手虚握，并左右转动几下，如握方向盘状，双手伸拇、小指，先靠在一起，然后分别向两侧一顿顿移动几下

4．乘车时，请保管好自己的物品。

乘车	时	请
①左手横伸；右手伸拇、小指置于左掌心上，并向右侧移动一下。②双手虚握，并左右转动几下，如握方向盘状	左手侧立；右手伸拇、食指，拇指指尖抵于左手掌心，食指向下移动	双手平伸，掌心向上，同时向一侧微移

保管好	自己的	物品
①双手斜伸，掌心向下按一下。②右手掌拍一下左肩部。③右手伸出大拇指	①一手食指直立，贴于胸部。②一手打手指字母“D”的指式	①双手伸食指，互碰一下，再向两侧移动并张开五指。②双手拇、食指捏成圆形，左手在上不动，右手在下连打两次，仿“品”字形

5．这是区间车。

这	是	区
一手伸食指，指尖朝下指点两下	一手食、中指相叠，由上而下挥动一下	左手拇、食指成“匚”形；右手食指在“匚”形中书空“×”，仿“区”字形

间	车
左手横立，五指分开；右手伸食指，在左手中指和无名指指缝间插一下	双手虚握，并左右转动几下，如握方向盘状

6．请把身份证（护照、残疾人证、工作证、老年人证）给我。

请	把	身份
双手平伸，掌心向上，同时向一侧微移	一手先打手指字母“B”的指式，然后变为握拳，并向下微移一下	一手掌贴于胸部，并向下移动一下

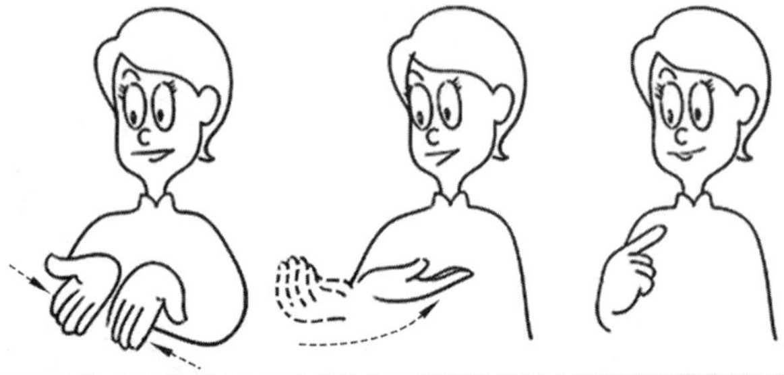

证	给	我
双手平伸，掌心向上，由两侧向中间移动，并互碰一下	一手五指虚捏，掌心向上，边向外移动边张开手，如给别人东西	一手食指指自己

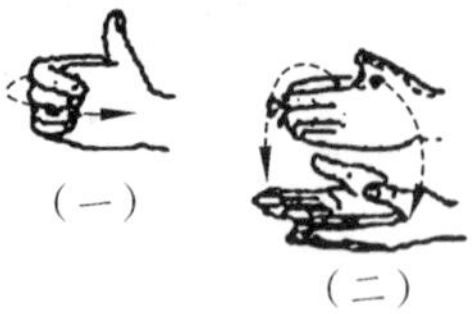

护照

（一）左手伸出拇指；右手侧立，五指微曲，绕左手半圈

（二）双手合掌，然后左右翻开

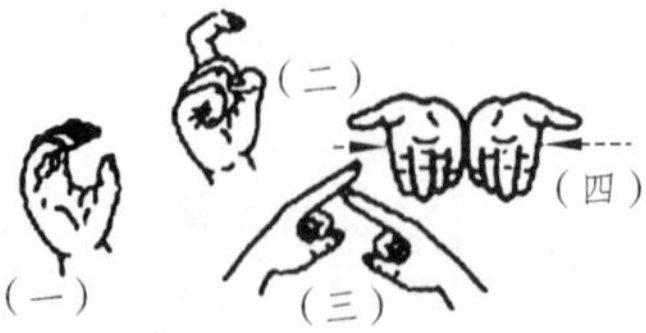

残疾人证

（一）一手打手指字母“C”的指式

（二）一手打手指字母“J”的指式

（三）双手食指搭成“人”字形

（四）同“证”手势

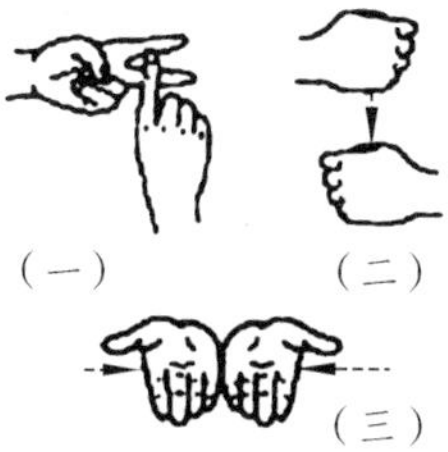

工作证

（一）左手食、中指与右手食指搭成“工”字形
（二）双手握拳，一上一下，右拳向下砸一下左拳
（三）同“证”手势

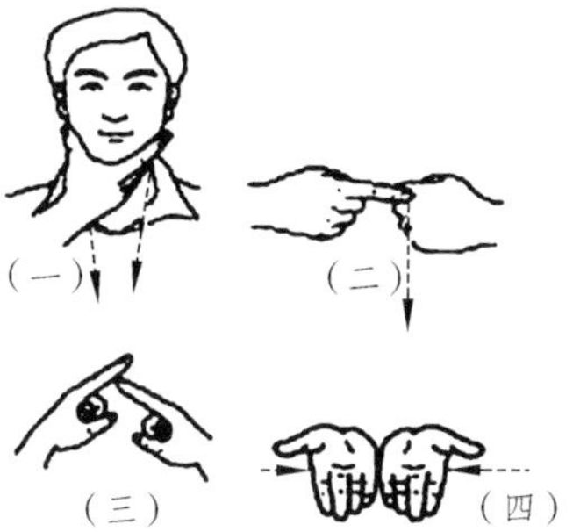

老年人证

（一）一手张开，在颏下做捋胡须动作，以长胡须来表示老
（二）左手握拳，右手伸食指从左手骨节处向下一划
（三）双手食指搭成“人”字形
（四）同“证”手势

7．我订2张单程（往返）硬座（软卧、硬卧）票。

我

一手食指指自己

订

左手横伸，右手中、无名、小指指尖朝下在左手掌心上点一下

2张

①一手食、中指直立（或横伸）②一手打手指字母“ZH”指式，自头的一侧向下划一下

单程

①一手食指直立，贴于胸前，再向上微微一动②双手横立，左手在后不动，右手在前。然后自左手背向前一顿一顿移动几下

硬座

①右手拇、食指捏住右手食指尖，扳动几下，但左手食指仍挺直不动，表示坚硬②双手拇小指，先靠在一起，然后分别向两侧一顿一顿移动几下。

票

双手拇、食指张开，指尖相对，如车票宽度，由中间向两边微拉

往返

（一）一手伸拇、小指，向前做弧形移动
（二）一手伸拇、小指，由外向内移动

软卧

（一）左手伸出食指；右手拇、食指捏住左手食指，轻轻扳动几下，左手食指随之弯曲
（二）左手横伸；右手伸拇、小指，手背贴于左手掌心

硬卧

（一）同“硬座”手势①
（二）同“软卧”手势（二）

图 2.3　客运服务常用语句及词汇

三、温馨提示

常用句如图 2.4 所示。

1．天气很冷，注意保暖。

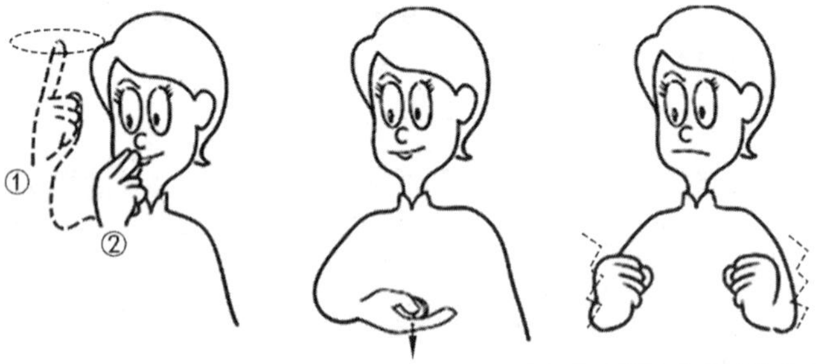

天气	很	冷
①一手食指直立，在头前上方转动一圈。②一手打手指字母“Q”的指式，指尖朝内置于鼻孔处	一手食指横伸，拇指尖抵于食指根部，然后向下一顿	双手握拳屈肘，臂部贴紧上身微动，如冷得发抖状

注意	保	暖
一手食、中指分开，置于眼前，指尖向前点动两下	双手斜伸，掌心向外，然后同时向下按动一下	双手横伸，五指微曲，掌心向上，由腹部慢慢移到胸部

2．气候干燥，多喝水。

气候	干燥	多
①一手打手指字母“Q”的指式，指尖朝内置于鼻孔处。②一手食指直立，在头前上方转动一圈	左手食、中指与右手食指搭成“干”字	一手侧立，五指分开，向外微微抖动几下

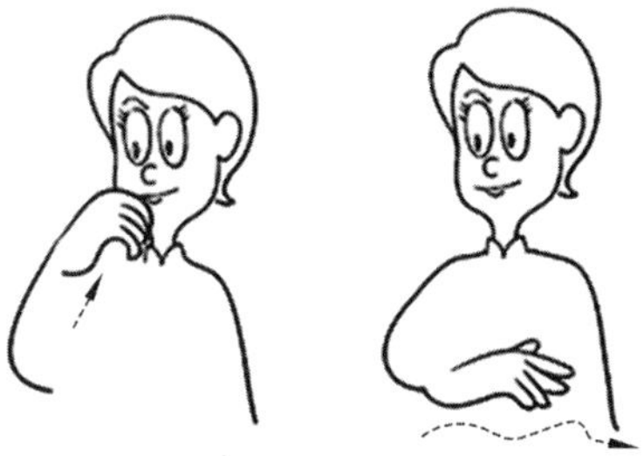

喝	水
一手五指虚握，如拿杯子状，然后移向嘴边如喝水状	一手横伸，五指张开，掌心向下，向一侧做波纹形移动

3．天气预报下午有大雨，别忘带伞。

天	气	预
一手食指直立，在头前上方转动一圈	一手打手指字母“Q”的指式，指尖朝内置于鼻孔处	左手伸拇指；右手伸食指敲一下左手拇指

报	下午	有
双手直立，五指微曲，虎口朝内置于嘴角双侧，然后向外伸出	右手食指直立于头部正中，然后向左侧做弧形下移，表示太阳从头顶逐渐向西落下	一手伸拇、食指，掌心向上，然后食指弯动两下

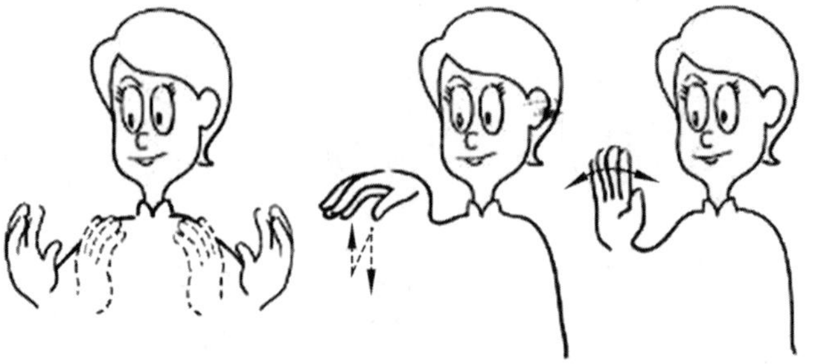

大	雨	别
双手侧立，掌心相对，同时向两侧移动	一手五指微曲分开，指尖朝下，上下快速动几下，表示雨点落下	一手直立，掌心向外，左右摆动几下

忘	带	伞
一手五指撮合，先在前额按一下，再转向脑后按一下，表示把原记住的事情忘在脑后	左手虚握，手背向上；右手抓住左手腕并向一侧移动	左手食指直立；右手五指张开，掌心向下抵于左手食指指尖，模仿伞状

图 2.4　温馨提示常用句

四、发生异常情况的问询语

（一）语句汇集（如图 2.5 所示）

1．你几岁？

你	几	岁
一手食指指向对方	一手直立，掌心向内，五指分开，手指微微抖动几下	左手握拳，手背向外；右手伸食指从左手食指骨节处向下划

2．你是哪里人？我是北京人。

你	是	哪里人
一手食指指向对方	一手食、中指相叠，由上而下挥动一下	①一手伸食指，指尖朝前下方随意指点几下。②双手食指搭成“人”字形

我	是	北京人
一手食指指自己	一手食、中指相叠，由上而下挥动一下	①右手伸食、中指，自左肩部斜划向右腰部。②双手食指搭成“人”字形

3．你在哪儿工作？

你	在	哪儿	工作
一手食指指向对方	左手横伸；右手伸出拇、小指，由上而下移至左手掌心上	一手伸食指，指尖朝前下方随意指点几下	①左手食、中指与右手食指搭成“工”字形。②双手握拳，一上一下，右拳向下砸一下左拳

4．请告诉我你的地址和邮编。

告诉	我	你的
一手五指撮合，指尖朝前，从嘴部边向前移动边张开五指（可视场合而定）	一手食指指自己	①一手食指指向对方。②一手打手指字母“D”的指式

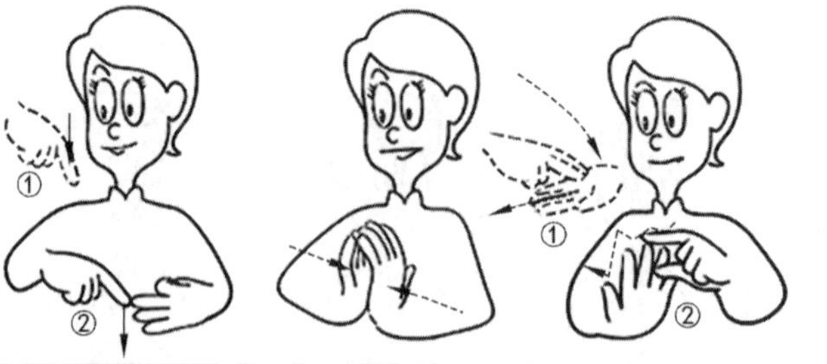

地址	和	邮编
①一手食指朝下一指。②左手中、无名、小指横伸；右手食指指尖自左手中指指尖向下划动	双手直立，五指微曲，掌心相对，由两侧向中间合拢，表示连词“和”“与”“同”	①左手横伸，右手食、中指并拢，在左手掌心轻拍一下，然后向左手指尖方向划出。②一手直立，另一手数指头

图 2.5　发生异常情况时的常用句

（二）单词汇集（如图 2.6 所示）

（一）　（二）

丈夫

（一）双手伸拇指，虎口朝上，指尖相对，弯曲一下

（二）一手直立，在头的一侧前后移动几下

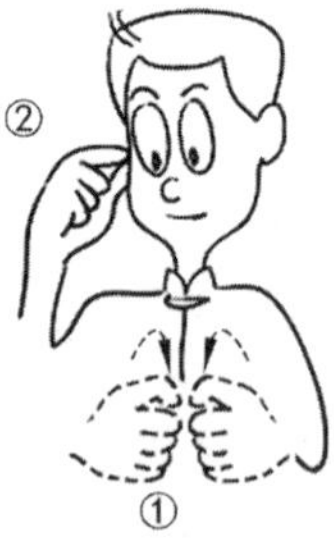

妻子

①双手伸拇指，虎口朝上，指尖相对，弯曲一下
②右手拇、食指捏一下耳垂

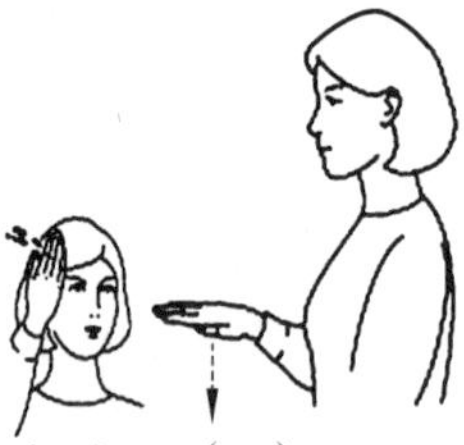

（一）　（二）

儿子

（一）一手直立，在头的一侧前后移动几下

（二）一手平伸，掌心向下一按，在胸前向下微按（根据儿童、少年不同身高而决定收的高低）

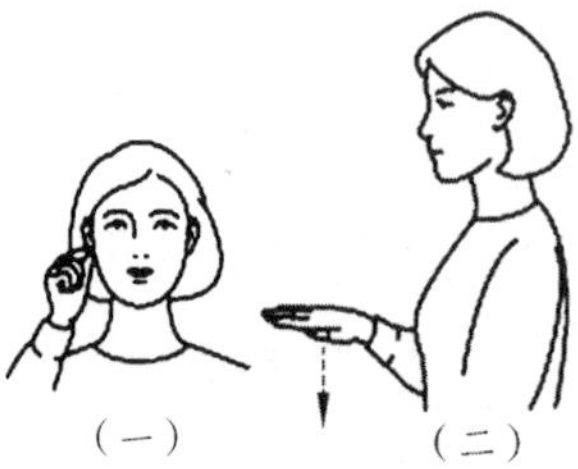

（一）　（二）

女儿

（一）右手拇、食指捏一下耳垂

（二）同“儿子”手势（二）

哥哥——ge ge

一手先伸中指贴于嘴唇上；在改伸掌直立，在头侧自后向前挥动，即“男”手势

妹妹——mei mei

（一）双手横伸胸前，掌心向内，一前一后，后掌向前靠贴，表示亲近之意。（二）手指字母“Q”的指式

电话号

（一）一手伸拇、小指，拇指置于耳边，小指置于口边如打电话状
（二）一手直立，五指微曲，虎口贴于嘴边

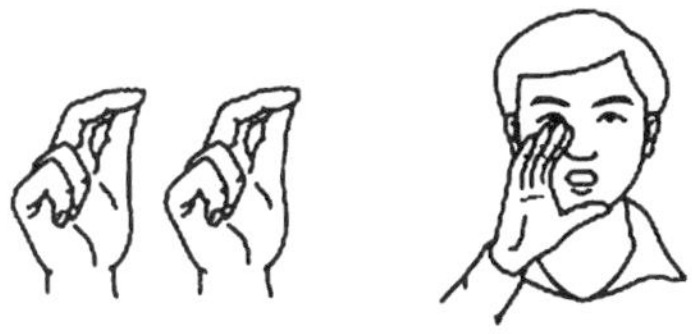

QQ号

（一）一手打手指字母“Q”的指式，连续两次
（二）一手直立，五指微曲，虎口贴于嘴边

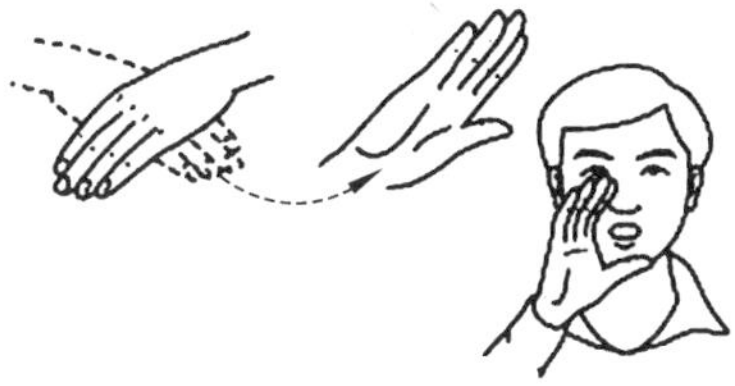

传真号

（一）左手横伸，掌心向下，右手平伸，手背向上自左手掌心下向前慢慢伸出，如传真机发传真状
（二）一手直立，五指微曲，虎口贴于嘴边

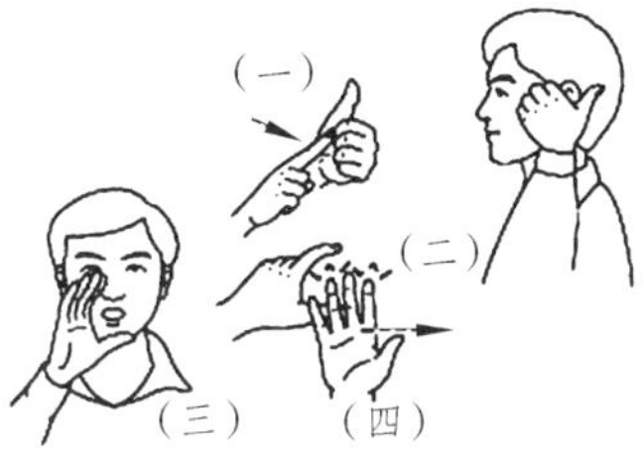

手机号码

（一）左手伸拇指，其他四指握拳；右手食指在左手上随意点几下，如在手机上拨号
（二）左手姿势不变，置于耳边做听手机的动作
（三）一手直立，五指微曲，虎口贴于嘴边
（四）一手直立，另一手数指头。

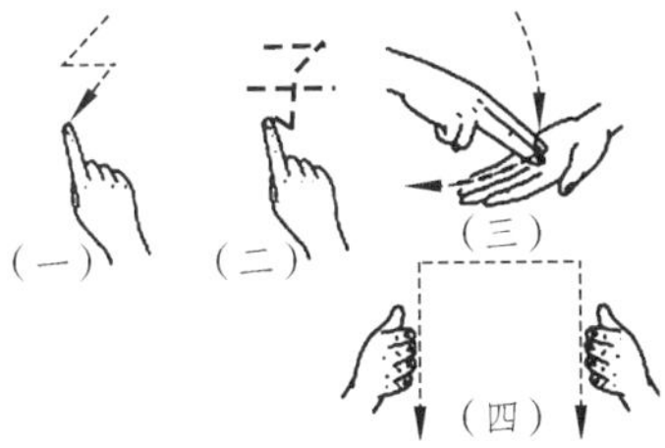

电子邮箱

（一）一手食指做闪电样的动作
（二）一手食指书空“子”字
（三）同“邮”手势
（四）双手平伸，掌心向下，从中间向左右平移，再折而向下

玩游戏

双手伸拇、小指，顺时针平行交替转动几下

图 2.6　发生异常情况时的常用句

五、日常交流语言

（一）语句汇集（如图 2.7 所示）

1．你有什么爱好？

你	有	什么
一手食指指向对方	一手伸拇、食指，掌心向上，然后食指弯动两下	双手平伸，掌心向下，然后翻转为掌心向上

爱	好
左手伸拇指；右手轻轻抚摸左手拇指指背	一手伸出拇指

2．你对什么体育运动感兴趣？

你对	什么	体育
①一手食指指向对方。②双手食指直立，然后同时由两侧向中间微动一下	双手平伸，掌心向下，然后翻转为掌心向上	①双手握拳屈肘，在胸前做扩胸动作。②双手五指撮合，指尖相对，手背向外，前后微动几下

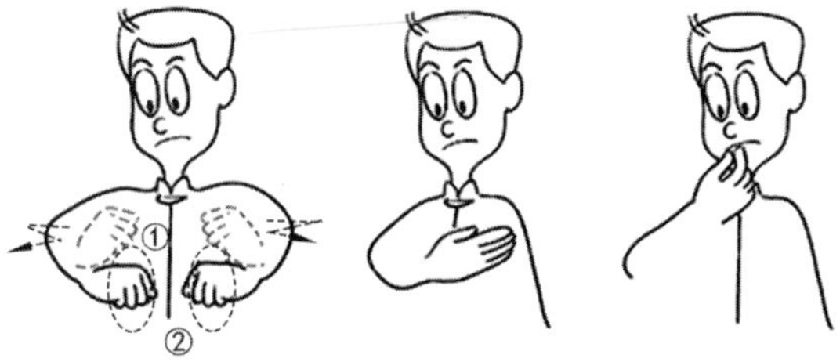

运动	感	兴趣
①双手握拳屈肘，在胸前做扩胸动作。②双手握拳屈肘，前后交替转动几下	右手掌贴于左胸前	一手拇、食指相捏，放在嘴前捻动，如品尝状

3．你经常上网吗？

你	经常	上	网	吗
一手食指指向对方	一手食、中指直立并拢，掌心向外，向太阳穴处碰几下	一手伸食指向上指	双手五指分开，交叉相叠，手背向外，然后向斜下方微移一下	右手食指书空“？”号

4．今天天气好吗？气温多少度？

今天	天气	好吗
双手横伸，掌心向上，在腹前上下掂动两下	①一手食指直立，在头前上方转动一圈。②一手打手指字母“Q”的指式，指尖朝内置于鼻孔处	①一手伸出拇指。②右手食指书空“？”号

气温	多少	度
①一手打手指字母“Q”的指式，指尖朝内置于鼻孔处。②双手横伸，五指微曲，掌心向上，由腹部慢慢移至胸部	一手直立，掌心向内，五指分开并交替抖动几下	左手食指直立；右手食指横伸，置于左手食指上并上下动几下

图 2.7　日常交流常用句

（二）单词汇集（如图 2.8 所示）

跳舞

双手手背抵住腰部，扭动几下身体，如舞蹈动作

绘画

双手横伸，掌心向上，右手背在左手掌心上抹两下，如绘画动作

摄影

双手食指弯曲，如持照相机，置于眼前，食指向下按一下，如按照相机快门动作

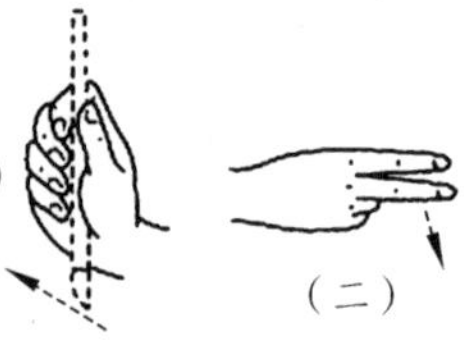

（一） （二）

书法

（一）一手如执毛笔写字状

（二）一手打手指字母“F”的指式，并向下微动一下

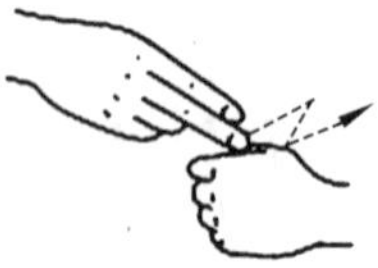

雕刻

左手握拳，虎口朝上；右手食、中指并拢，在左手虎口上划动几下，如雕刻状

（一） （二）

集邮

（一）双手直立，五指微曲，掌心相对，从两侧向中间移动

（二）左手横伸；右手食、中指并拢，在左手掌心上点一下，然后向左手指尖方向划出

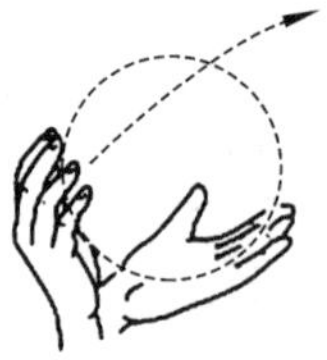

打篮球

左手横伸，五指微曲，掌心向上置于头部前上方；右手五指分开，掌心向前，置于左手后，然后手腕向前弯动一下，如投篮状

踢足球

左手拇、食指捏成小圆形；右手食指、中指交叉，交替踢向左手小圆，如踢足球状

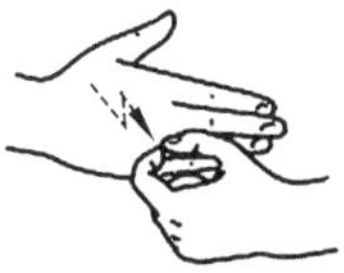

打乒乓球

左手拇、食指捏成小圆形，象征乒乓球；右手横立，手背拍打几下左手拇指，如打乒乓球状

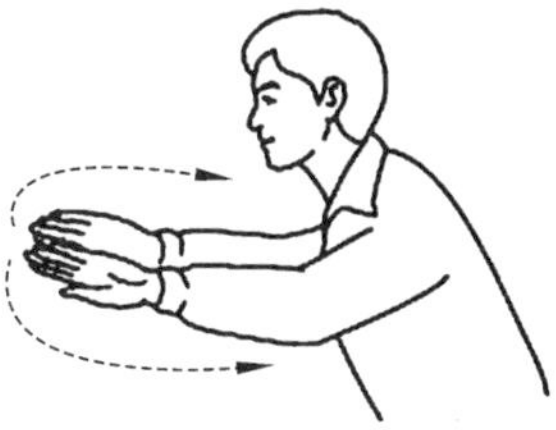

游泳

双手微曲，两臂同时向前伸出、划动，如蛙泳动作

下棋

一手拇、食、中指虚捏，指尖朝下，向前移动两下，如走棋状

跳高

左手食指横伸，象征跳高栏杆；右手食、中指分开，手背向外从左手食指上越过，如背跃式跳高动作

图 2.8　日常交流常用句

六、其　他

（一）数字（如图 2.9 所示）

零——ling

一手拇、食指相捏成圆圈，余指自然弯曲

一——yi

一手伸出食指，其余四指弯曲

二——er

一手伸出食、中指，其余三指弯曲

三——san

一手伸出中、无名、小指，拇、食指弯曲

四——si

一手伸出食、中、无名、小指，拇指弯曲

五——wu

五指一起伸出

六——liu

一手伸出拇、小指，其余三指弯曲

七——qi

一手拇、食、中指相捏，其余两指弯曲

八——ba

一手伸出拇、食指，其余三指弯曲

九——jiu

一手食指弯如钩形，其余四指弯曲

十——shi

一手食、中指交叉，其余三指弯曲

二十——er shi

用“二”的手势，并将食、中指弯动一下

三十——san shi

用“三”的手势，并将三指弯曲一下

四十——si shi

用“四”的手势，并将四指弯动一下

五十——wu shi

用“五”的手势，并将五指弯动一下

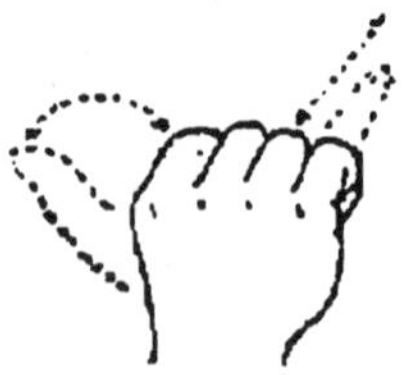

六十——liu shi

用“六”的手势，并将拇、小指弯动一下

七十——qi shi

用“七”的手势，并将拇指和食、中指的指尖弯动一下

八十——ba shi

用“八”的手势，并将拇、食指弯动一下

九十——jiu shi
用“九”的手势，并将食指弯动一下

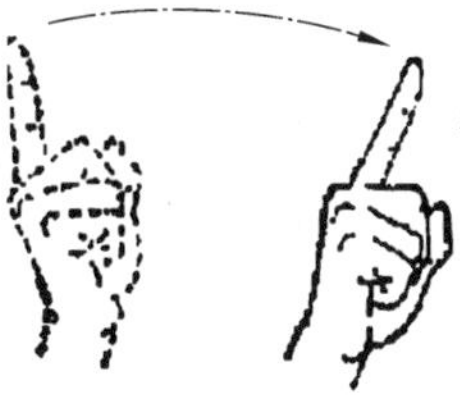

百——bai
一手伸出食指，从左向右挥动一下

千——qian
一手食指书空“千”字

万——wan
一手食指书空“万”的最后一笔（即“万”字笔画的省略）

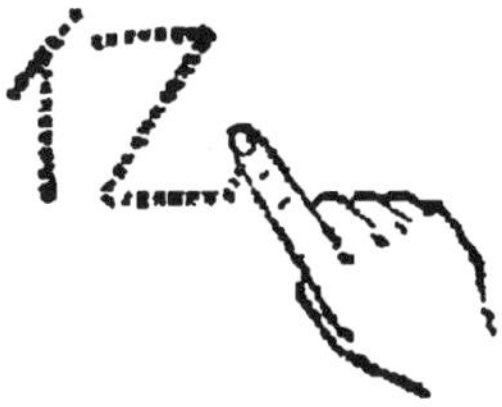

亿——yi
一手食指书空“亿”字形

图 2.9　数字示意

（二）节日（如图 2.10 所示）

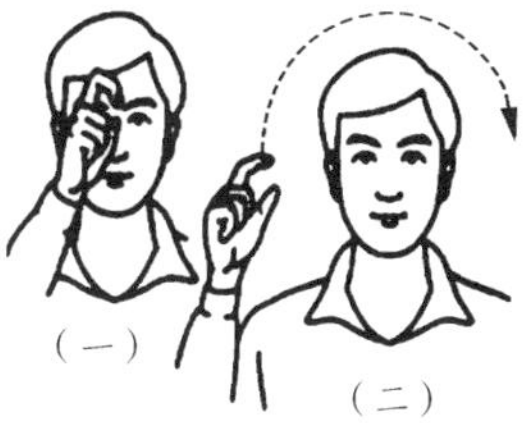

节日
（一）一手打手指字母“J”的指式，置于前额
（二）右手拇、食两指弯曲成半圆形，从右边向左边做弧形移动

生日
（一）左手横立，五指微曲，手指向外；右手伸拇指、小指先置于左手掌内，再从下移出左手掌外
（二）右手拇、食两指弯曲成半圆形，从右边向左边做弧形移动

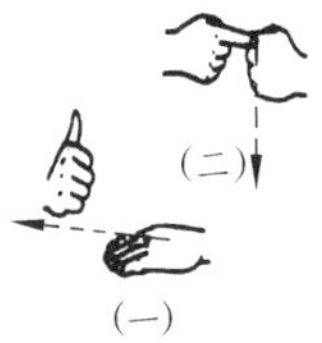

新年
（一）左手横伸，掌心向下，右手伸出拇指，从左手手背上向外划动
（二）左手握拳，虎口朝上，右手伸食指从左拳的骨节处向下划（四个骨节代表四季，直划下去表示一年）

元旦
双手食指横伸，一上一下，表示公历一月一日

情人节
（一）双手直立，掌心相贴，五指分开，左手不动，右手向右转一下
（二）双手食指搭成“人”字形
（三）同“节日”手势“二”

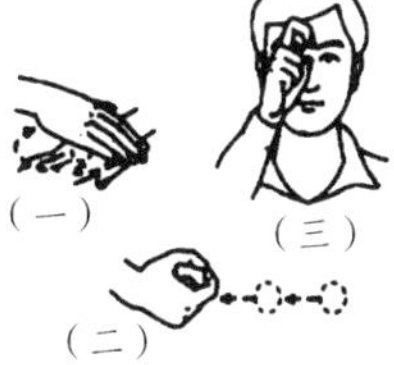

元宵节
（一）双手掌心相贴，仿揉元宵动作
（二）一手拇、食指捏成小圆形，连续打两下
（三）一手打手指字母“J”的指式，置于前额

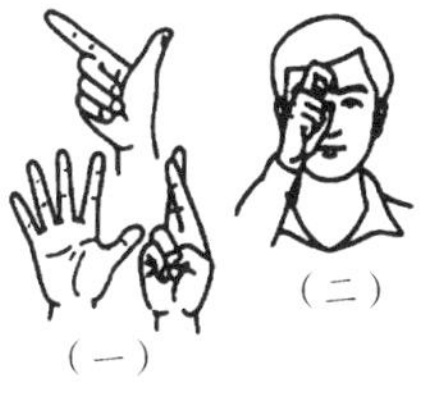

中秋节
（一）左手伸拇、食指，手背向外在上，即数字“八”手势；右手食、中指相叠，然后五指张开在下，即数字“十五”表示农历八月十五日
（二）同“节日”手势（二）

劳动节
（一）左手五指横伸在上，右手食指横伸在下，表示公布五月一日
（二）同“节日”手势（二）

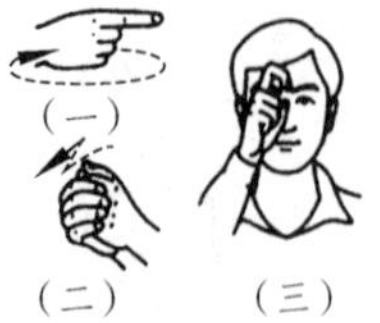

国庆节
（一）一手打手指字母“G”的指式，并顺时针平行转一圈
（二）双手抱拳作揖
（三）同之前“节日”手势（二）

图 2.10　节日示意

【学习交流】

手语学习的一些经验与方法

语言环境是可以创造的，最重要的是放胆练习。

我们可以主动认识听障人，因为他们有时需要我们的帮助。听障人跟健听人是没多大差别的。

要懂得利用各种各样的学习机会。平时可以通过歌曲学习手语，可以让手语学习不那么枯燥，但必须以手语基础为重、为先。

手语需要积累，不是一时半刻可以掌握的，但请你坚持这份热情。

兴趣是最好的老师！手语优势在于它比较形象，词汇也比较易记，只要抓住构词特点，只要知道基本词汇就能很容易形成一个新词。

给自己创造交流环境，不要为懒惰找借口。

手语学习离不开听障人群体，而我们学习的最终目的也是帮助这个群体。

不要把听障人当成一个特殊群体，更不要带着同情的目光去看待他们。只要你愿意，他们就是你最好的朋友。

学习手语的同时，要多了解些与手语有关的知识，了解听障人文化，融入他们的生活圈子。只要能与听障人朋友打成一片，你很快就可以熟悉这个语言氛围，学好手语尤其是地方手语。

不要轻言放弃，虽然你终有遇到瓶颈的一天。要记住自己学习手语的初衷和目的。

学以致用，不要纸上谈兵，看书练习就跟背单词差不多，都无法收到良好的效果。

【任务实施】

（1）将学生分成若干组，每组 6 位同学，并确定组长。

（2）由组长负责组织，组织小组成员共同学习一首手语歌。

（3）将学习的手语歌展示给大家看。

【任务练习】

（1）分组练习常用的手语问候语及日常交流用语。

（2）向大家打出列车乘车安全提示、列车设备的手语。

（3）温馨提示的手语有哪些?

（4）如何用手语表示非常情况的问询用语?

任务 4　高速铁路客运服务质量标准

【教学目标】

1. 能力目标

能够根据客运服务质量标准规范自己的服务言行，并能够将其应用于高速铁路客运服务的具体实践。

2. 知识目标

理解高铁车站、高铁列车客运服务质量标准的具体内容和要求。

3. 素质目标

树立高速铁路客运服务质量标准意识，具备从事高铁客运服务工作的相关职业素养。

【任务导入】

2009 年 6 月 20 日，旅客吴某和女儿乘坐某次列车，从连云港出发前往乌鲁木齐旅游。当晚 8 时，吴某在洗漱时不小心跌倒，头顶出现血肿。在返回铺位途中，吴某出现头晕、意识模糊等症状，并晕倒在列车上。列车工作人员发现后，迅速组织抢救，并联系前方到站拨打 120。当晚 9 时，列车停靠后，医院医护人员上车接手抢救，此时吴某已没有呼吸和心跳，后入院抢救后死亡。

几天后，吴某家属以旅客安全保护不到位、没有及时停车、未采取积极措施为由，将该列车所属路局告上法庭，并提出赔偿请求。

“被告不能举证证明其具备法定的免责事由和尽到完全的救助义务，故应当承担损害赔偿责任。结合相关证据，死者自身疾病的参与因素亦不能排除，故可适当减轻被告责任。”最后，该路局承担 60% 的责任，并赔偿原告各项损失 15 万元。

问：

1. 你对此案例的责任划分有什么看法？

2. 结合此案例谈谈，如何做好铁路客运服务工作？

一、高铁客运站服务质量标准

高铁客运站是城市对外的枢纽，能够促进区域密切交流合作和实现资源优化配置。它主要以旅客集散为主，交通便利。随着旅行需求的逐渐增多，人们对高铁客运站的服务质量和服务能力的要求也越来越高，这贯穿问询、售票、候车、检票、站台服务、出站口服务、贵宾服务等各个环节中。

（一）问讯处客运服务质量标准

问讯处客运员服务质量标准如表 2.1 所示。

表 2.1　问讯处客运员服务质量标准

作业内容	服务质量标准
班前准备： 按车站规定时间、地点，统一着装，参加点名。 听取值班员传达上级命令、指示，接受工作任务及业务提问	按规定着装，佩戴标志，仪容整洁。 准时参加点名会，明确工作任务和要求，准确回答业务提问
对岗接班： 接清列车运行情况、设备设施、服务备品、规章资料、票据、备用金、岗位卫生。 对岗交接并签字交接	列车运行情况、正晚点清楚，设备设施完整，性能良好，规章资料、备品齐全定位存放。 票据、备用金账款相符，交接清楚。 卫生符合标准
问询服务： 面向旅客，热情接待旅客问询。 接听电话，解答旅客问询。 发售站台票。 定时与广播、售票、计划、行包、客运值班室联系，掌握列车运行、客运计划、售票组织、旅客乘降、行包运输和票运价等有关情况。 检查自动查询系统信息是否准确并处理。 做好规章、文电、资料的整理、修改、保管工作	有问即答，答必正确，对答有礼，态度和蔼。做到：不怠慢，不粗鲁、不急躁、不厌烦，不说“大概、可能、也许、好像、差不多、自己看”等语言。 接听电话及时，铃响不得超过三声。站台票按规定发售，停售时及时对外公告。 业务资料完整、齐全、整洁，修改及时正确；分册装订，定位摆放，有编号、有目录，方便查阅
交班准备： 整理票据，按规定时间结账缴款。 整理服务备品、规章资料，认真填写交接班本。 进行卫生大清扫	票、款相符，无票据丢失。 服务备品、规章资料齐全，存放定位。 岗位卫生符合标准。做到“四不交”：列车运行情况不清不交，设备设施备品丢损责任不清不交，应处理事项未处理不交，卫生不达标不交
对岗交班： 对岗交接并签字确认	列车运行、正晚点情况清楚，设备设施完整，性能良好，规章资料、备品齐全，定位存放。票据、备用金、账款相符
参加完工会： 汇报本岗位工作情况。 听取值班员对工作的总结	参加准时，汇报实事求是

（二）窗口售票服务质量标准

窗口售票服务质量标准如表 2.2 所示。

表 2.2 窗口售票服务质量标准

岗位职责	服务质量标准
参加点名会： 检查着装和仪容仪表。 接受班前业务试问。 摘抄文电、命令	穿着规定制式服装，不混搭混穿，仪容仪表整洁，女性窗口售票员化淡妆上岗，职务标志齐全完整。 接受业务试问，按要求回答。 明确文电、命令指示的重点事项，工作预想到位
请领找零基金	找零基金当面清点，清点正确后在找零基金登记簿上签字确认
对岗接班	列队上岗，走姿端正，经指定线路进入售票厅。做到票据交接正确，设备使用状态良好，备品齐全，环境卫生清洁
填写客货票据和进款交接班登记簿	在客货票据和进款交接班登记簿上正确填写本窗口各种票据名称、起止号、数量。字迹清楚、不潦草、不省略。新请领的票据要及时登记。客货票据和进款交接班登记簿如有书写错误，及时用红笔画双杠加盖人名章，在相应栏内的上二分之一处书写正确内容
解答旅客询问	解答旅客询问时，要面向旅客、面带微笑。使用文明用语，态度和蔼、音调适宜。仔细查询、有问必答
正确发售车票	执行“问、输、收、做、核”五字售票法工作流程。做到无误售，认真核对，唱收，唱付，票款相符
正确办理退票	执行“看、输、核、交”四字退票法工作流程。退票做到不退过期失效票，不退开车后 2 小时改签车票。银行卡购买的车票退票时，退票款退到原购票银行卡中，POS 机退款凭条商户联按时间顺序贴。注意唱付清楚，退款正确
暂停作业	暂停售票前，要提前向旅客做好解释工作，摆放“暂停售票”牌；售票页面切换到暂停界面；现金、报销凭证、凭条加锁，万元现金锁入金柜。离岗超过 15 分钟以上时，退出售票程序，将窗口 LED 显示屏显示的内容更改为“停止售票”
作业纪律	执行相关规章制度和作业标准，不违章作业
结账作业	现金清点正确，凭条累计准确，准确输入金额，做到先交款后结账，结账时不准代交，交款时必须当面点清，账款相符后方可离开
班后总结	根据本班工作进行自我讲评，实事求是，有问题不隐瞒，总结经验教训

（三）候车室客运服务质量标准

候车室客运服务质量标准见表 2.3。

表 2.3　候车室客运服务质量标准

作业内容	服务质量标准
班前准备： 按车站规定时间、地点，统一着装参加点名。 听取值班员传达上级命令、指示，接受工作任务及业务提问	按规定着装，佩戴标志，仪容整洁。 准时参加点名会，明确工作任务和要求，准确回答业务提问
对岗接班： 接清旅客列车运行、各次列车旅客候车计划安排、重点旅客、设备备品、台账资料、岗位卫生等情况 对岗交接并签字交接	列车运行、股道运用及旅客候车情况清楚，设备设施完整，备品齐全定位，旅客候车秩序好，重点旅客有登记，卫生符合标准。 做到“五不接”：列车运行情况不清不接，设备设施备品丢损责任不清不接，应处理事项未处理不接，重点旅客情况不明不接，卫生不达标不接
候车服务： 按规定位置悬挂旅客留言簿。 做好进站验票工作，组织候车，查堵危险品（无安检人员时）。 巡视候车室，解答旅客问询，虚心听取旅客意见，接受旅客监督，对重点旅客重点照顾。 做好候车室开水供应。 根据列车运行情况，检查候车车次信息是否正确，组织旅客有序候车	使用普通话，热情为旅客服务。做到“四勤”：勤宣传，勤访问，勤整理，勤观察。 全面服务做到“三要、四心、五主动”，对重点旅客做到“三知”“三有”。 候车室无闲杂人员，整洁卫生，禁烟落实，备品定位，候车车次显示及时。 开水供应充足，桶（器）加锁。 按规定时间检票：始发站提前 40 分钟，中间站提前 20 分钟。做到不晚检、不早停。 检票做到：先重点，后团体，再一般旅客
动员携带超重、超大、超限行李的旅客办理托运。 检查检票车次信息是否正确，进行检票通告，通报检票车次、开车时间、列车停靠站台。 组织旅客排队检票进站。 按车站规定停止检票时间，显示停检标识及停检作业。 做好卫生、禁烟宣传，保持候车区域环境卫生。 贵宾室、软席候车室做好接待、服务使用	杜绝无票人员（车站同意上车补票的除外）及闲杂人员进站，做到“六不放”“两消灭”：携带“危险品”不放，携带品超重超限不放，减价不符不放，儿童单独旅行不放（经铁路同意除外），精神病患者无人护送不放。消灭误检、漏检。 实行首问首诉负责制，虚心接受旅客意见，准确解答旅客问询。 涉外服务，热情友好，不卑不亢，遇到问题，请示报告，尊重外宾的风俗习惯和宗教信仰。 执行安全保密制度，不该说的话不说，不该知道的事不问，保守机密。 文明礼貌地做好领导、外宾、旅客服务工作，防止无关人员进入软席候车室（贵宾室）。 台账资料齐全

续表

作业内容	服务质量标准
交班准备： 整理设备备品、业务资料、车次牌。认真填写交接班簿。 做好卫生保洁相关工作	交班事项记载清楚，设备备品、车次牌、业务资料存放定位，完好无短少；卫生符合标准；做到“五不交”：列车运行情况不清不交，设备设施备品丢损责任不清不交，应处理事项未处理不交，重点旅客情况不明不交，卫生不达标不交
对岗交班： 对岗交接并签字确认	列车运行、股道运用及旅客候车情况清楚，设备设施完整，备品齐全定位，旅客候车秩序好，重点旅客有登记，卫生符合标准
参加完工会： 汇报本岗位工作情况。 听取值班员对工作的总结	参加准时，汇报实事求是

（四）检票客运服务质量标准

检票客运服务质量标准如表 2.4 所示。

表 2.4　检票客运服务质量标准①

作业内容	服务质量标准
参加点名会： 检查着装和仪容仪表。 接受班前业务试问。 摘抄文电、命令	穿着规定制式服装，不混搭混穿，仪容仪表整洁，女性检票口客运员化淡妆上岗，职务标志齐全完整。 接受业务试问，按要求回答。 明确文电、命令指示的重点事项，工作预想到位
对岗接班	听从客运值班员安排，列队上岗，排列有序，走姿端正。 对岗交接：交清列车运行情况、设备情况、重点旅客情况、服务备品情况及其他重点要求，交接不清，接者负责
检票前准备作业	钥匙、扩音器、对讲机佩戴齐全。 开车前 20 分钟到岗，对检票闸机、自动感应门、扶梯等设备设施运行情况以及检票显示屏显示内容是否正确进行检查，确保设备设施状态良好，发现问题及时上报。 组织旅客分别在检票闸机口和人工检票口排队。 向旅客介绍检票机的使用方法，语言规范、清晰准确

① 本标准中涉及检票标准以最新标准为宜。

续表

作业内容	服务质量标准
组织旅客检票作业	列车开车前15分钟开始检票，组织旅客正确使用检机进站，做好监控、防护工作。 对需进行人工检票的旅客进行“票、证、人”核对，核对无误后让其通过。 维持检票秩序，严格执行开车前3分钟停检制度，确保旅客乘降安全和列车正点运行。 引导当日当次未上车旅客办理改签并做好解释工作
解答旅客询问，向重点旅客提供服务	解答旅客询问时，面向旅客，站立回答，做到有问必答，答必正确，实行“首问首诉”负责制。 清楚重点旅客情况，与站台客运员提前联系，共同配合，重点交接，保证重点旅客安全乘车
非正常情况下，实施应急处置预案，将突发情况进行上报	按规定程序进行应急处置；信息上报及时准确
清理所在工区的环境卫生； 物品定位摆放	负责所在工区的环境卫生工作，确保桌椅、地面无灰尘，杂物、垃圾清倒及时。 桌椅摆放整齐，工具、备品定位摆放
参加班后总结会，按照上级要求落实学习培训计划	按规定参加班后总结会，总结班中工作的不足，及时整改。 按规定参加培训及业务考试，禁止迟到、早退、无故不参加。 积极参加各项业务竞赛活动

（五）站台客运员服务质量标准

站台客运服务质量标准如表2.5所示。

表2.5　站台客运服务质量标准

作业内容	服务质量标准
班前准备： 按车站规定时间、地点，统一着装参加点名。 听取值班员传达上级命令、指示，接受工作任务及业务提问	按规定着装，佩戴标志，仪容整洁。 准时参加点名会，明确工作任务和要求，准确回答业务提问
对岗接班： 接清列车运行、旅客进站通道、候车情况及设备设施、工具备品、岗位卫生。 对岗交接并签字交接	列车运行情况、停靠站台、正晚点清楚，设备设施完整，备品齐全定位，卫生符合标准。做到“三不接”：列车运行情况不清不接，设备设施备品丢损责任不清不接，卫生不达标不接

续表

作业内容	服务质量标准
站台服务： 按列车预告上岗，检查站台有无障碍物，清理闲杂人员。 检查站台列车有关信息显示情况。 引导旅客安全通过天桥、地道、组织旅客站在安全线内，做好安全宣传和防护，随时注意旅客动态，防止旅客钻车、爬车及横越股道。 协助列车员组织旅客有序乘降，对重点旅客实行重点照顾。 做好宣传，引导下车旅客安全通过出站通道出站，防止旅客对流。 开车铃响后，组织送车人员站在安全线内，目送列车出站。 列车出站后，清理站台闲杂人员及无关车辆，做好站台卫生保洁相关工作	上岗及时，站内无闲杂人员，秩序良好。 列车信息显示及时、正确。 重点旅客做到送上车，送出站。 迎送列车做到姿势端正，间距适当，足踏白线，目迎目送，以列车进入站台开始至开出站台为止。 旅客乘降秩序好，天桥、地道不对流，达到“四无”：无旅客伤亡事故、无责任晚点、无旅客漏乘误乘、无旅客跨越股道钻爬车底。 卫生达到站台无纸屑、无烟头，股道内无垃圾，符合部颁标准
交班准备： 整理服务设施设备和备品。 做好卫生保洁相关工作。	服务设施设备和备品、存放定位，无短少，卫生符合标准，做到“三不交”：列车运行情况不清不交，设备设施备品丢损责任不清不交，卫生不达标不交
对岗交班： 对岗交接并签字确认	列车运行情况、停靠站台、正晚点清楚，设备设施完整，备品齐全定位，卫生符合标准
参加完工会： 汇报本岗位工作情况。 听取值班员对工作的总结	参加准时，汇报实事求是

（六）出站口客运服务质量标准

出站口客运服务质量标准如表 2.6 所示。

表 2.6　出站口客运员服务质量标准

作业内容	服务质量标准
班前准备： 按车站规定时间、地点，统一着装参加点名。 听取值班员传达上级命令、指示，接受工作任务及业务提问	按规定着装，佩戴标志，仪容整洁。 准时参加点名会，明确工作任务和要求，准确回答业务提问
对岗接班： 接清列车运行情况、设备设施、服务备品、规章资料、票据、备用金、岗位卫生及续办情况。 对岗交接并签字交接	列车运行、正晚点情况清楚，设备设施完整，性能良好，规章资料、备品齐全定位，票据、备用金、账款相符，交接清楚，卫生符合标准。计量器误差率不超过规定标准

续表

作业内容	服务质量标准
验票补票： 检查列车正晚点信息显示情况。 按列车预告上岗，检查出站通道畅通，做好验票准备工作。 组织出站旅客排队，认真查验车票。 查堵无票、车票不符及携带品超重的旅客，补收票款、运费。 及时修改有关业务资料	做好宣传，组织旅客排队出站，做到秩序井然，不挤不乱。 纠正违章做到实事求是，态度和蔼，耐心宣传，文明执行规章制度，不搜身、扣压物品。 检斤准确，计费标准，制票规范，不误收漏收、乱补乱罚，维护路收。 业务资料修改正确、及时
交班准备： 整理票据，按规定时间结账缴款。 整理设备备品、规章资料，认真填写交接班簿。 做好卫生保洁相关工作	票、款相符，无票据丢失，溢短收率不超五万分之一。服务备品、规章资料齐全，存放定位。岗位卫生符合标准。做到“四不交”：列车运行情况不清不交，设备设施备品丢损责任不清不交，应处理事项未处理不交，卫生不达标不交
对岗交班： 对岗交接并签字确认	列车运行、正晚点情况清楚，设备设施完整，性能良好，规章资料、备品款齐全定位，票据、备用金、账款相符，交接清楚，卫生符合标准。计量器误差率不超过规定标准
参加完工会： 汇报本岗位工作情况。 听取值班员对工作的总结	参加准时，汇报实事求是

（七）贵宾室客运服务质量标准

贵宾室客运服务质量标准如表 2.7 所示。

表 2.7　贵宾室客运服务质量标准

作业内容	服务质量标准
参加点名会，对岗接班： 检查着装和仪容仪表。 接受业务试问。 摘抄文电、命令。 对岗接班	参加点名会，着装整齐规范，明确文电、命令指示的重点事项。 接受班前业务试问，按要求回答。 列队上岗，对岗交接：交清列车运行情况、设备情况、重点旅客情况、服务备品情况及其他重点要求，交接不清，接者负责
接班检查	进入贵宾室检查备品、环境卫生及设备设施情况。 卫生检查范围：贵宾室的沙发、电视、小桌、桌垫、消毒柜、时钟、温度计、花盆、吧台椅、地面、窗台、茶杯、茶壶、咖啡壶、咖啡杯、水杯、湿巾盘、水果盘、纸巾盒、垃圾桶、微波炉等

续表

作业内容	服务质量标准
掌握重点任务情况，做好服务接待准备	掌握相关列车运行、股道、客流、接待人员、贵宾等情况。 严格执行保密制度
执行服务接待工作	坚守岗位，严守纪律。 在服务过程中遇到问题，必须请示报告，不得擅自处理
负责贵宾室环境卫生的保持、监督、清理；负责相关设备设施的操作及服务备品的请领；按要求开启、关闭贵宾室	设备、备品定位摆放，确保设备状态良好，准备好足够的饮用水，摆放当日报纸、当月期刊，将水杯进行消毒。 确保贵宾室内整洁，空气清新。 贵宾室使用完毕，及时进行整理，发现贵宾遗留的物品及时与有关部门联系。 防止无关人员随意出入贵宾室
参加班后总结会，按照上级要求落实学习培训计划	按规定参加班后总结会，总结班中工作的不足，及时整改。 按规定参加培训及业务考试，禁止迟到、早退、无故不参加。 积极参加各项业务竞赛活动

二、动车组列车客运服务质量标准

动车组列车上，经常与旅客进行接触服务的工作人员主要有列车长、列车员、餐服员、乘服员等，各种乘务人员各司其职，共同为旅客服务，以解决旅客在旅行过程遇到中的各类问题，形成铁路与社会公众的良性关系，树立铁路客运良好的社会形象。

（一）动车组列车长服务质量标准

动车组列车长服务质量标准如表 2.8 所示。

表 2.8　动车组列车长服务质量标准

作业内容	服务质量标准
出乘准备： 按时到指定地点报到，接受命令指示，确认担当乘务情况，填写“乘务日志”，领取有关设备及票据。 准时到指定地点列队点名，召开出乘会，检查乘务员仪容仪表，传达命令、指示，布置乘务任务。 携带客运业务资料及移动补票机、无线对讲机等设备，列车进站前组织乘务组在站台接车	出乘准时，命令、指示记录准确，任务明确，设备齐全，性能良好。 规定着装标志，仪容仪表规范，列队整齐，乘务包统一；布置工作重点突出，措施具体，达到人人清楚。 资料携带齐全，设备状态良好，接车准时

续表

作业内容	服务质量标准
始发站准备： 调试对讲机，与司机校对时间及车次。 接车巡视，组织列车员检查列车服务设施设备及上水情况、验收车厢卫生，办理交接、做好记录。 在指定位置处立岗，做好重点旅客引导。 站台巡视，重联时注意沟通信息。 联控车门。重联时，后列车长向前列车长确认旅客乘降完毕，前列车长呼叫司机关闭车门。 列车关门后在车门处立岗监控	校对准确，检查细致，记录翔实，交接清楚。 立岗及时，引导有序，安排妥善。 通知及时。 确认旅客乘降细致、及时
始发站开车： 开车后欢迎词及乘车须知。 组织列车安全检查。 查询乘车人数。 组设核票、同时进行禁烟宣传	按时播报，音量适中。 重点旅客重点照顾，服务旅客耐心周到。 核票认真，耐心解答问询
途中作业： 巡视车厢，检查车容、卫生情况。发现故障及时通知随车机械师，纠正违规作业行为。 组织验票，处理各种票务问题。 组织乘务员轮换用餐，用餐时间15分钟。 按规定播放广播	巡视认真、细致，处理问题及时、妥当。 处理票务问题耐心、细致
途中停站作业： 确保途中卫生达标，到站前10分钟确认车门状态。 在指定车门处立岗，做好重点旅客引导。 完成与站台客运员的业务交接。 开车铃响，按始发站车门关闭程序通知司机关闭车门	到站立岗及时、引导有序，安排妥善。 业务交接准确、认真。 确认旅客乘降完毕准确，通知及时
终到作业： 巡视车厢，督促车容整理。提示引导重点旅客下车。 列车到站后，在指定站台位置处立岗，与旅客道别，协助重点旅客下车。 与站台客运员办理业务交接	立岗标准，举止规范、主动热情。 巡视动作迅速，检查仔细
折返作业： 督促列车整备，恢复车容，并登记。 检查水箱水位，发现问题及时处理。 按始发站立岗迎客。 非立即折返，保管好相关设备。 召开返程会	处理问题及时，妥当。 立岗标准，举止规范
退乘作业： 组织用品清点。 带领客运乘务人员列队退乘。 按规定缴款。 召开退乘会，总结出乘情况	总结重点突出；队列整齐；交款及时，有专人护送，账款相符；设备交接清楚，手续完备

（二）动车组列车员服务质量标准

动车组列车员服务质量标准如表 2.9 所示。

表 2.9　动车组列车员服务质量标准

作业内容	服务质量标准
出乘准备： 准时到指定地点列队点名，参加出乘会，整理仪容仪表，接受列车长命令，确认担当乘务情况，检查设备性能。 列车进站前随列车长统一列队在站台接车	出乘准时，规定着装标志，做到仪容仪表规范，列队整齐，乘务包统一。 资料携带齐全，设备状态良好，接车准时
始发站准备： 校验对讲机。 对列车保洁整备质量进行检查，整理车容，并向列车长汇报检查情况	检查认真，记录翔实，交接清楚
始发站出场作业： 在指定车厢边门处（站台）立岗，引导重点旅客就位，指引旅客放置行李。 确认旅客乘降完毕后，检查车门关闭是否正常，向列车长汇报	立岗及时，引导有序，安排妥善。 确认旅客乘降完毕细致、汇报及时
始发站开车后作业： 整理车容。 巡视车厢，检查行李摆放情况。 查验车票并进行禁烟宣传，并协助办理补票、补费业务。 核定乘车人员，做好旅客乘车登记。 督促检查途中保洁作业质量，如实填写验收记录，及时跟踪整改情况。 掌握重点旅客动态，落实“首问首诉”负责制。 发现设备故障，及时向列车长汇报。 遇有列车晚点，做好旅客安抚和解释工作	行李物品摆放平稳，通道保持畅通；核对席位仔细，态度和蔼；登记及时，记录准确；减少对旅客的干扰。 保洁卫生验收检查仔细，质量达标；重点旅客重点照顾，服务旅客耐心周到；设备故障汇报及时，确保设备作用良好。 解答问询耐心，解释安抚及时
途中作业： 巡视车厢，回答旅客问询，检查设备设施使用情况，发现吸烟立即报告，掌握水箱情况，协助卫生保洁，补充消耗品。 播放广播。 轮换用餐。 验票，协助处理各种涉票事项	巡视及时、细致，处理问题妥善。 处理涉票事项周到、耐心
途中停站作业： 到站前清扫，提前通报旅客做好下车准备。 到站后，在指定车厢边门处（站台）立岗，与旅客道别，协助重点旅客下车。 投放垃圾。 进行车门监控	立岗标准，主动热情，举止规范。 动作迅速，通知及时

续表

作业内容	服务质量标准
终到作业： 协助乘服员进行卫生清扫、车容及备品整理。 终到提醒，协助重点旅客下车。 车门立岗，送别旅客。 交接班时，清点备品（卧具），办理交接。 检查遗失物品，做好记录并报告列车长	提醒及时。 立岗标准，主动热情，举止规范。 检查细致，记录准确，报告及时
折返作业： 恢复车容，确保设备设施使用正常，干净整洁。 确认折返上水情况。 车门立岗迎客。 非立即折返，保管好相关设备。 参加返程会	立岗标准，主动热情，举止规范。 恢复车容细致、认真
退乘作业： 做好备品清点交接。 协助列车长进行交款作业。 参加退乘会，听取列车长当趟乘务工作总结。 在列车长的带领下列队退乘	认真听记，队列整齐

三、餐服员服务质量标准

餐服员服务质量标准如表 2.10 所示。

表 2.10　餐服员服务质量标准

出乘准备： 确保各类商品无误，参加出乘会，整理仪容仪表，接受列车长命令，确认担当餐服情况。 列队接车，将乘务用品定位摆放	穿着规定制服，佩戴职务标志，做到仪容仪表规范、列队整齐。 携带资料齐全，设备状态良好，接车准时
始发站准备： 确认设备使用良好。 整理餐车时，做到摆放整齐、美观，分类放置；及时更新价目表；售货车使用良好，占用空间恰当。 检查餐车内各种设备设施的使用状态，注意二次保洁。 检查、整理各种资料、票据	餐车整理检查细致认真，记录翔实，交接清楚
始发站出场作业： 吧台立岗，站姿规范，对经过的旅客问好。 检查餐车侧门、后厨边门	立岗及时，站姿规范，面带微笑，对经过的旅客行 15° 鞠躬礼并向旅客问好。 检查仔细认真，汇报及时
途中作业： 销售商品，主动介绍，用语标准，找零及时。 进行食品加热，现热现卖；加热后超过 2 小时未售出的盒饭一律销毁。 随时关注餐车内设备设施情况。 回答旅客询问。 及时联系补充商品事宜。 检查商品的有效期和包装状态并进行处置	销售商品应主动介绍商品，服务热情，用语标准；递送动作迅速、双手端拿；熟悉所售商品情况。 注意食品的清洁。 回答旅客问询时耐心、细致。 商品登记及时，记录准确。 不合格商品处置合理、及时

续表

终到作业： 终到前30分钟，做好餐车卫生清扫工作，清点各种商品，打包装箱。 终到前2分钟，在吧台立岗送别旅客	清扫细致、认真，动作迅速。 立岗标准，举止规范
折返作业： 清点库存餐食，整理吧台，补充商品，账目准确，售货车状态良好。 检查上水情况。 做好交接。 参加返程会，明确返程重点工作	商品清点细致、准确。 交接及时，手续完备
退乘作业： 清点商品并打包装箱，与保管人员进行交接。 接受点名。 参加退乘会。 汇报列车餐售工作情况	列队整齐，认真听记

四、乘服员服务质量标准

乘服员服务质量标准如表2.11所示。

表2.11　乘服员服务质量标准

作业内容	服务质量标准
出乘准备： 准时到指定地点列队点名，参加出乘会，整理仪容仪表，接受列车长命令，确认担当乘服情况，检查设备性能。 列车进站后，列队登车，迅速将乘务包等用品定位摆放	出乘准时，按规定着装，做到仪容仪表规范，列队整齐，乘务包统一。 资料携带齐全，设备状态良好，接车准时
始发站准备： 确保对讲机使用正常。 对列车保洁整备质量进行检查验收，并对漏项进行处理	检查认真，处理得当
始发站出场作业： 在规定车门内立岗，引导旅客乘降，引领重点旅客就座，指引旅客放置行李。 检查车门是否正常关闭	立岗及时，引导有序，安排妥善。 检查细致
途中作业： 清扫车内过道、卫生间、车厢连接处；每30分钟清洁一次。 及时擦抹地面、卫生间、各处所玻璃、电镀件；注意补充一次性纸杯；及时对卫生间进行消毒；及时清理垃圾。 辅助开餐，开餐前放出冷水，开餐后收取垃圾。 车内巡视，解决旅客的问题，进行安全宣传	保洁及时、细致，质量达标。 服务旅客耐心周到

续表

作业内容	服务质量标准
途中停站作业： 到站前做好卫生清扫、车容整理。 在规定车门立岗，发现车门故障立即通知列车长。 组织旅客乘降，引导旅客就位，引领重点旅客就座，指引旅客放置行李。 将垃圾投放在站台指定位置。 车门监控，发现故障，及时通知列车长	到站立岗及时、引导有序，安排妥善。 及时投放垃圾
终到作业： 进行卫生清扫、车容整理、垃圾投放，整理服务备品和消耗品。 对重点旅客进行到站提醒，协助下车。 车门外立岗。 检查旅客遗失物品，准确记录并报告列车长	卫生清理细致、认真，质量达标。 立岗及时、引导有序，服务旅客热情、耐心。 检查仔细，旅客遗失物品及时上交列车长
折返作业： 折返整备，卫生清扫，用品摆放整齐，卫生达标。 按始发站迎客作业标准立岗迎客。 非立即折返时，及时清点备品、消耗品数量	卫生清理细致、认真，质量达标。 立岗及时、引导有序，服务旅客热情、耐心。 清点用品仔细、认真
退乘作业： 接受点名，参加退乘会，听取列车长当趟乘务工作总结。 在列车长的带领下列队退乘	认真听记，队列整齐

【阅读资料】

铁路客运服务系统介绍

铁路客运服务系统主要由客运服务信息系统和其他系统组成，如图 2.11 所示。

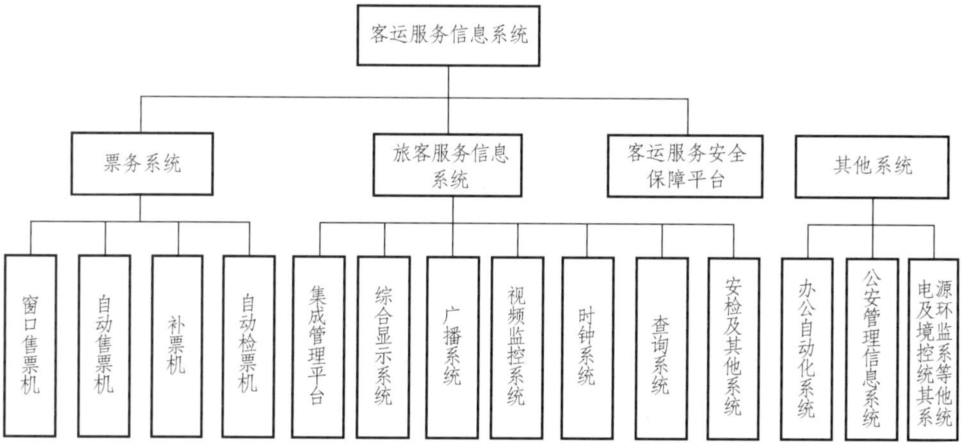

图 2.11　铁路客运服务系统

我国铁路从20世纪90年代初开始建设铁路客运站的旅客服务信息系统。早期的信息系统比较单一，功能简单，如广播系统、计时系统、安检系统，只能满足客运站最基本的需求。从20世纪90年代中期开始，旅客服务信息系统得到全面的发展。计算机与网络技术的成熟带动新的信息系统成熟并得以应用，包括引导显示、列车到发通告、客运广播系统、查询系统、车站安全监控系统、行包系统及车站综合服务系统等，并且已经能够在单个车站内实现各个信息系统联网自动运行；普速列车设有列车广播系统，在160千米/小时的动车组上设有信息显示系统，可以显示到站、天气、车速等信息。

当前，我国铁路客运服务信息系统主要由以下部分组成。

1. 票务系统

票务系统由窗口售票系统、自动售票系统、补票系统、自动检票系统和应急检票服务器组成，在车站面向旅客提供客票预订、发售、补票、变更和检/验票服务，为运营人员提供车站级的票务管理功能。

2. 旅客服务信息系统

旅客服务系统由集成管理平台、综合显示系统、客运广播系统、视频监控系统、时钟系统、旅客查询系统、安检系统等组成。以集成管理平台为核心，集成综合显示、广播、监控、时钟、查询、站台票发售、安检，实现对车站客运服务系统的集中监视和控制，为旅客提供导向、广播、时钟、查询、站台票发售、人工服务等多种服务。

3. 其他系统

其他系统主要由办公自动化系统、公安管理信息系统、动力及环境监控系统构成。

【任务实施】

1. 将学生分成若干组，每组6位同学，并确定组长。

2. 由组长负责组织，组织小组成员共同查找一个关于铁路旅客运输服务质量问题的案例，并进行原因分析，提出解决方案。

3. 每个小组将自己的资料进行整理,并制作成PPT展示给大家。

4. 教师为每个小组分别打分。

活动评分表

评分标准	得分	说明
调查资料是否充分、全面。(30分)		
资料总结是否准确、全面。(20分)		
PPT文件制作是否生动、准确。(10分)		
PPT文件讲解是否通顺、流畅。(20分)		
小组成员活动是否积极。(10分)		
团队协作是否协调。(10分)		

【案例资料】

一次北京至珠海的列车上，头等车厢是满客，还有5名VIP旅客。列车组自然是不敢掉以轻心。头等车厢15号座位是一位少数民族旅客，入座后对列车员还很友善，并不时和列车员做鬼脸儿开玩笑。列车开行后这名少数民族客人一直在睡觉，列车员忙碌着为VIP一行和其他客人提供餐饮服务。然而两个小时后，这名少数民族旅客忽然怒气冲冲地走到服务区，大发雷霆，对列车员说道："两个小时的时间里，你们竟然不为我提供任何服务，甚至连一杯水都没有！"说完就返回座位了。旅客突如其来的愤怒使列车员们很吃惊。头等车厢列车员王丽很委屈地说："列车长，他一直在睡觉，我不便打扰他呀！"说完立即端了杯水送过去，被这位旅客拒绝；接着她又送去一盘点心，旅客仍然不予理睬。

讨论题：

（1）如果是你，怎样处理？

（2）结合此案例谈谈，如何提供高质量的客运服务？

【任务练习】

1. 单　选

（1）客运职工在通过线路时，应走天桥、（　　）、平过道。

A. 路肩　　B. 股道

C. 地道　　D. 轨面

（2）客运人员在接班前，要充分休息，保持精力充沛。严禁在（　　）饮酒。

A. 下班后　　B. 接班后

C. 接班前和工作中　　D. 工作间休时间

（3）《铁路旅客运输服务质量》规定，列车首节车辆前部、尾节车辆后部端门锁闭，并设（　　）和安全提示。

A. 安全防护链　　B. 安全防护设备

C. 安全防护挡　　D. 安全防护栏

（4）遗失物品、暂存物品从收到日起，承运人对（　　）仍无人领取的物品应在车站进行通告。

A. 180 天以内　　B. 180 天以外

C. 90 天以内　　D. 90 天以外

（5）铁路客运人员在工作中，应穿着（　　），仪容整洁，精神饱满，佩戴规定的标志。

A. 规定的统一服装　　B. 规定服装

C. 铁路制服　　D. 统一服装

（6）对违反国家法律、法规，在站内、列车内寻衅滋事、扰乱公共秩序的人，下列哪个做法是不正确的（　　）。

A. 情节严重的送交公安部门处理

B. 对未使用至到站的票价应予退还

C. 站、车均可拒绝其上车或责令其下车

D. 在票背面做相应的记载，运输合同即行终止

（7）迎送列车时，不正确的是（　　）。

A. 双手背后　　B. 目迎目送

C. 足踏白线　　D. 双手自然垂直

（8）《铁路旅客运输服务质量》规定，列车配备急救药箱，备有常用（　　）、器械，用药有登记。

A. 药品　　B. 非处方药品

C. 常用急用药品　　D. 处方药品

2. 判　断

（1）《铁路旅客运输服务质量》规定，发现旅客遗失物品应妥善保管，设法归还失主，无法归还时交站处理。（　　）

（2）《铁路旅客运输服务质量》规定，锅炉、茶炉室内无杂物，工作人员离开时加锁（电茶炉室除外），非取暖期间锅炉室门锁闭。（　　）

（3）《铁路旅客运输服务质量》规定，非空调列车编组按座车每三辆、卧铺车每五辆编挂不少于一辆茶炉车，并保证正常使用。（　　）

（4）《铁路旅客运输服务质量》规定，查验押运人员车票，并告知安全注意事项。（　　）

（5）铁路行车有关人员，接班前须充分休息，严禁饮酒，如有违反，立即停止其所承担的任务。（　　）

（6）站、车广播宣传口径要以中央报刊文章和中央人民广播电台、中央电视台的稿件为准。站、车广播资料由铁路局统一编写。（　　）

3. 思　考

（1）谈谈你对问询客运服务的理解。

（2）谈谈你对安检客运服务的理解。

（3）谈谈你对站台客运服务的理解。

（4）分组讨论：进行高铁车站客运服务的注意事项。

（5）谈谈你对列车员服务的理解。

（6）谈谈你对餐服员服务的理解。

（7）谈谈你对乘服员服务的理解。

（8）分组讨论：进行动车组客运服务的注意事项。

项目三　高速铁路客运服务礼仪

项目描述

铁路运输是服务性行业，高速铁路客运服务是由票务和多个站、车服务环节等组成的流动、连续的过程。对广大高速铁路客运人员来说，规范、优雅的服务礼仪能够展示员工的外在美和内在修养，能够拉近员工与旅客的距离，提高旅客的满意度和忠诚度，提升铁路的企业形象，实现铁路优质服务品牌的增值。

任务 1　高速铁路客运服务仪容仪表

【教学目标】

1. 能力目标

能根据高速铁路客运服务礼仪的相关要求，主动完善自己的仪容仪表。

2. 知识目标

理解高速铁路客运服务仪容仪表要求，掌握高速铁路客运服务仪容仪表礼仪训练的基本内容。

3. 素质目标

深化高速铁路客运服务礼仪意识，具备高铁客运服务礼仪的基本职业素质。

【任务导入】

某铁路企业负责人对他为什么要录用一个没有任何人推荐的小伙子时说:“他带来了许多介绍信。他神态清爽，服饰整洁；在门口蹭掉了脚下带的土，进门后随手轻轻地关上了门；当他看见残疾人时主动让座；进了办公室，其他的人都从我故意放在地板上的那本书上迈过去，而他却很自然地俯身捡起并放在桌上；他回答问题简洁明了，干脆果断，这些难道不是最好的介绍信吗？”

问题：

1. 该负责人话中的“介绍信”指的是什么？
2. 这些“介绍信”介绍了小伙子哪些优点？
3. 小伙子在应聘中遵守了哪些礼仪规范？

仪表是指人的外表，一般包括人的容貌、服饰、姿态、风度等，是一个人的精神面貌和内在素质的外在体现。仪容通常指的是一个人的容貌，仪态是指人的行为中的姿态和风度。一个人的仪容仪表往往与他的生活情调、思想修养、道德品质和文明程度密切相关。仪容与仪表礼仪关键就是要做到符合“美”的要求，具体要做到美观、清洁、卫生、得体等。高铁客运人员必须注意自身的仪容仪表，给旅客留下良好的服务形象。

一、服务人员化妆及服饰礼仪

（一）面部化妆

铁路旅客运输，是一种高接触性的服务行业。由于职业需要，从事客运服务工作的员工，尤其是女员工面部要化淡妆。对客运服务人员来说，化妆的意义在于：一方面，铁路统一要求客运服务人员化妆上岗，有助于体现单位的令行禁止和纪律性，有助于使铁路形象更鲜明，更有特色，是塑造中国铁路形象之需；另一方面，客运人员化妆上岗，意在表示对旅客的尊重，对铁路工作的尊重。

1．化妆的基本原则

（1）美化的原则

化妆旨在使人变得更加美丽。要使化妆达到美的效果，化妆时要注意适度矫正、修饰得法。因此，必须了解自己面部各部位的特点，清楚怎样化妆和矫正，这样才能扬长避短，变平淡为俏丽，使容貌更加迷人，而这要把握面部特征并在良好的审美观的指导下进行。

（2）自然的原则

自然是化妆的生命，追求的是好似天然的美丽。化妆失去了自然效果，那就是假，假的东西就失去生命力和美了。自然的化妆要依赖正确的化妆技巧、合适的化妆品；要一丝不苟、井井有条，要讲究过渡，体现层次，要点面到位、浓淡相宜。

（3）协调的原则

① 妆面协调。

这是指化妆部位色彩搭配、浓淡协调，化妆要针对脸部个性特点，整体设计协调。

② 全身协调。

这是指面部化妆必须注意与发型、服装、饰物相协调，如穿大红色的衣服或配了大红色的饰物时，口红可以采用大红色的。要力求取得完美的整体效果。

③ 场合协调。

这是指化妆要与所去的场合要求一致。日常办公，妆可以化淡一些；出入宴会、舞会场合，妆可以化浓一些，尤其是舞会，妆可以更亮丽些；参加追悼会，素衣淡妆，忌使用鲜艳的红色化妆。不同的场合化不同的妆，会和周围的环境相得益彰，营造出不同的氛围。

④ 避人的原则。

这是指化妆或补妆应该遵循修饰避人的原则，选择无人的地方，如化妆间、洗手间等，切忌在他人面前肆无忌惮地化妆或补妆。

2．化妆的基本步骤

（1）洁面

将洗面奶放置手心，搓出泡沫，以打圈手法由下向上、由内向外地轻揉，然后用温冲洗干净面部。

（2）化妆水

根据不同的皮肤、不同的季节选用适合皮肤的化妆水。使用时，用手或化妆棉蘸取化妆水由下向上、由内向外轻轻拍于面部。

（3）乳液（润肤霜）

选择适合皮肤的乳液、润肤霜，采用五点法将乳液点在额部、双颊、鼻部、下巴处，由下而上、由内向外在全脸拍匀。

（4）粉底

选择接近肤色的粉底为基础底色，均匀地在脸上打一层。切忌来回涂抹。如果肤色不好，再从内轮廓（两眉峰之间）向外轮廓逐渐按压，使肤色显得完美无瑕。每遍宜薄不宜厚，防止出现边缘线。

（5）高光色

这是一种明亮色，高光涂抹的位置是脸部需要突出的部位，例如 T 字部位或眉骨、下巴、下眼睑、太阳穴，还有有皱纹的地方。要注意的是高光一定要薄，否则会造成厚重感。

（6）阴影色

所谓阴影色就是比基本颜色深的一种粉底，打阴影的位置是脸部最需要缩小或凹进去的地方，位置也有所不同。要注意过渡均匀，衔接自然，不能出现边缘线。

（7）定妆粉

定妆粉包括透明散粉、肤色散粉、深色散粉。一般选择适合肤色的散粉或粉饼，用粉扑均匀蘸取散粉，轻轻按压全脸。

（8）眉毛

用眉刷蘸适量眉影粉刷出眉形，然后用棕色眉笔将眉少的部位一根一根地按其生长方向画出来。眉形好的人只需用眉刷刷上同色的眼影粉。注意眉头不要画得太实，应该“两头浅，中间深”，“上面浅，下面深”，并且有毛发的虚实感。

（9）眼影

眼部结构好的人可用单色眼影晕染。用眼影刷蘸取少量眼影色，由外眼角向内眼角均匀地晕染，注意眼影色要与肤色、服饰色协调搭配。

（10）眼线

可用眼线笔、眼线液、水溶性眼线粉，如用眼线刷蘸水溶性眼线粉画眼线。画上眼线时紧贴睫毛根部，下眼线画在下睫毛根部内侧；上眼线宽长，外眼角处色重且向上挑起；下眼线短平，外眼角处色深且宽。然后，用深色眼影粉在眼线外侧作晕染，使睫毛产生浓密的朦胧感。

（11）睫毛

先用睫毛夹将睫毛向上卷曲，再涂上睫毛膏。涂上睫毛时眼睛向下看。反复涂几次，最后用睫毛梳将睫毛梳齐，将多余的睫毛膏清除掉。

（12）口红

唇膏的颜色与妆色、眼影及服饰要协调。日妆的口红颜色不宜鲜艳，尽量接近唇色，可选用粉质无光的口红。

（13）胭脂

用胭脂刷蘸少量胭脂粉，均匀扫上，注意不要有边缘线，应是似有似无的感觉，看不出腮红从哪儿开始，在哪儿结束。

（14）颈部与面部的衔接

选用比脸部基础底色深一度的颜色，用化妆海棉均匀地抹在颈脖部，然后用散粉定妆。

（二）服饰礼仪

服饰是人形体的外延。在人际交往中，服装被视为人的“第二肌肤”，既可以遮体御寒，发挥多种实用性功能，又可以美化人体，扬长避短，展示个性，发挥多种装饰性功能。在正式场合，服饰还具有反映社会分工，体现地位、身份差异的社会性功能。

因此，在社交场合，一个人穿戴什么样的服饰，直接关系到别人对他个人形象的评价。世界著名的英国剧作家莎士比亚曾经说过，一个人的穿着打扮就是他教养、品位、地位的最真实的写照。

1. 着装的基本原则

总的来说，着装要规范、得体，就要牢记并严守 TPO 原则。TPO 原则（Time 时间、Place 地点、Occasion 场合）是世界通用的着装打扮的最基本原则。它要求人们在选择服装、考虑其具体款式时，首先应当兼顾时间、地点、场合，并应力求使自己的着装及其具体款式与着装的时间、地点、目的协调一致，和谐般配。

（1）时间原则

时间涵盖了每一天的早间、日间和晚间三个时间段，也包括每年春、夏、秋、冬四个季节的交替以及不同的时期、时代，因此，人们在着装时应考虑到时间层面，做到随“时”更衣。

通常情况下，人们早间在家中和户外的活动居多，无论外出跑步做操，还是在家里盥洗用餐，着装都应以方便、随意为宜。可以选择运动服、便装、休闲服等，这样会透出几分轻松温馨之感。日间是工作时间，着装要根据自己的工作性质特点，总体上以庄重大方为原则。如果安排有社交活动或公关活动，则应以典雅端庄为基本着装格调。晚间如果是宴请、舞会、音乐会等正式社交活动，着装应以晚礼服为宜，以形成高雅大方的礼仪形象。

（2）地点原则

地点原则是指地点不同，其穿着打扮上也要有所区别。不同的地点对服饰有不同的要求，在特定的环境下要搭配与之相适应的服饰，才能获得心理上的和谐感。

例如，在工作单位，穿职业装会显得专业；在家待客穿休闲服，不仅可以让自己感觉舒适，同时也让客人无拘束感；西装革履地步入金碧辉煌的高级酒店会产生种人境两相宜的效果，而若出现在大排档，便会出现极不协调、反差强烈的局面。

（3）场合原则

场合原则，是指穿着打扮要考虑场合的需要。穿着打扮只有与场合相得益彰，才能展示出优美的形象。

例如，在办公场合，穿套装制服、长裤长裙会显得庄重保守；在社交场合，穿着时装、礼服、民族服装可以显得时尚个性；在健身、旅游、购物的休闲场合，休闲服不仅可以让自己感觉舒适，同时也让他人无拘束感。

2. 男士着装

在现代社会活动中，男士一般都是西装革履，这样显得庄重而正式。在所有的男士服装中，西装是最重要的衣着，它典雅大方，富有魅力，被广泛应用于社交、宴请、会议等各种场合。

（1）西装的款式

① 按西装的件数来划分。

可以分为套装西装和单件西装。

套装西装包括两件套（上装和下装）和三件套（上装、下装、西装背心），三件套显得更正式些。

② 按西装的纽扣来划分。

可以分为单排扣西装（1 粒、2 粒、3 粒）和双排扣西装（2 粒、4 粒、6 粒）。其中，单排扣 2 粒和双排扣 4 粒最为正规，较多地用于隆重、正式的场合。

③ 按适用场合不同来划分。

可以分为正装西装和休闲西装。

（2）西装的衬衫

与西装配套的衬衫应为“正装衬衫”。

一般来讲，正装衬衫具有以下特征：

① 面料：应为高织精纺的纯棉、纯毛面料，或以棉、毛为主要成分的混纺衬衫。条绒布、水洗布、化纤布、真丝、纯麻皆不宜选。

② 颜色：必须为单一色。白色为首选，蓝色、灰色、棕色、黑色亦可；杂色、过于艳丽的颜色（如红、粉、紫、绿、黄、橙等色）有失庄重，不宜选。

③ 图案：以无图案为最佳，有较细竖条纹的衬衫有时候在商务交往中也可以选择。

④ 领型：以方领为宜，扣领、立领、翼领、异色领不宜选。衬衫的质地有软质和硬质之分，穿西装要配硬质衬衫。尤其是衬衫的领头要硬实挺括，要干净，不能太软或油迹斑斑，否则最好的西装也会被糟蹋。

⑤ 衣袖：正装衬衫应为长袖衬衫。

⑥ 穿法讲究：

衣扣：衬衫的第一粒纽扣，穿西装打领带时一定要系好，否则松松垮垮，给人极不正规的感觉。相反，不打领带时，一定要解开，否则给人感觉好像你忘记了打领带似的。再有，打领带时衬衫袖口的扣子一定要系好，而且绝对不能把袖口挽起来。

袖长：衬衫的袖口一般以露出西装袖口以外 1 ~ 2 厘米为宜。这样既美观又干净，但要注意衬衫袖口不要露出太长，那样就是过犹不及了。

下摆：衬衫的下摆不可过长，而且下摆要塞到裤子里。我们经常见到某些服务行业的女员工，穿着统一的制式衬衫，系着领结，衬衫的下摆却没有塞到裤裙中去，给人一种不伦不类，很不正规的感觉。

不穿西装外套只穿衬衫打领带仅限室内，而且正式场合不允许。

（3）领带

领带是男士在正式场合的必备服装配件之一，它是男西装的重要装饰品，对西装起着画龙点睛的重要作用。所以，领带通常被称作“男子服饰的灵魂”。

① 面料：质地一般以真丝、纯毛为宜，档次稍低点就是尼龙的了。绝不能选择棉、麻、绒、皮革等质地的领带。

② 颜色：一般来说，应选用与自己衣服颜色相称，光泽柔和、典雅朴素的领带为宜。不要选用那些过于显眼花哨的领带。所以，颜色一般选择单色（蓝、灰、棕、黑、紫色等较为理想），多色的则不应多于三种颜色，而且尽量不要选择浅色、艳色。

③ 图案：领带图案的选择则要坚持庄重、典雅、保守的基本原则，一般为单色无图案，宜选择蓝色、灰色、咖啡色或紫色，或者选择波点或条纹等几何图案。

④ 款式：不能选择简易式领带（如“一拉得”）。

⑤ 质量：外形美观、平整，无挑丝、无疵点、无线头，衬里毛料不变形，悬垂挺括且较为厚重。

⑥ 打法讲究：

注意场合：打领带意味着郑重其事。

注意与之配套的服装：西装套装非打不可，夹克等则不能打。

注意性别：为男性专用饰物，女性一般不用，除非制服和作装饰用。

长度：领带的长度以自然下垂最下端（即大箭头）及皮带扣处为宜，过长过短都不合适。领带系好后，一般是两端自然下垂，宽的一片应略长于窄的一片，绝不能相反，也不能长出太多，如穿西装背心，领带尖不要露出背心。

结法：挺括，端正，外观呈倒三角形。

（4）西裤

① 因西装讲究线条美，所以西裤必须要有中折线。

② 西裤长度以前面能盖住脚背，后边能遮住 1 厘米以上的鞋帮为宜。

③ 不能随意将西裤裤管挽起来。

（5）皮鞋和袜子

① 皮鞋。

首先，穿整套西装一定要穿皮鞋，不能穿旅游鞋、便鞋、布鞋或凉鞋，否则是会令人发笑的，显得不伦不类。

其次，在正式场合穿西装，一般穿黑色或咖啡色皮鞋较为正规。但需要注意的是，黑色皮鞋可以配任何颜色的西装套装，而咖啡色皮鞋只能配咖啡色西装套装。白色、米黄色等其他颜色的皮鞋均为休闲皮鞋，只能在游乐、休闲的时候穿着。

② 袜子。

穿整套西装一定要穿与西裤、皮鞋颜色相同或较深的袜子，一般为黑色、深蓝色或藏青色，绝对不能穿花袜子或白色袜子。在国际上，很多人把穿深色西装白袜子的男子戏称为“驴蹄子”，认为是没有教养的男子的典型特征。

另外，男子袜子的质地一般以棉线为宜，长度要高及小腿部位，不然坐下后露出皮肉，非常不雅观。

（6）西装的扣子

西装的扣子有单排扣与双排扣之分。单排扣有 1 粒、2 粒、3 粒；双排扣有 2 粒、4 粒和 6 粒。

单排扣的西装穿着时可以敞开，也可以扣上扣子。照规矩，西装上衣的扣子在站着的时候应该扣上，坐下时才可以敞开。单排扣西装的扣子并不是每一粒都要系好的：单排扣 1 粒的扣与不扣都无关紧要，但正式场合应当扣上；2 粒的应扣上上面的一粒，底下的一粒为样扣，不用扣；3 粒扣子的扣上中间一粒，上下各一粒不用扣。

双排扣的西装要把扣子全系上。双排扣西装最早出现于美国，曾经在意大利、德国、法国等欧洲国家很流行，不过现在已经不多见了。现在穿双排扣西装比较多的当数日本。

西装背心的扣子，有 6 粒扣与 5 粒扣之分。6 粒扣的最底下的那粒可以不扣，而 5 粒扣的则要全部都扣上。

（7）西装的口袋

西装讲求以直线为美。所以，西装上面有很多口袋为装饰袋，是不能够装东西的。我们知道，男性也有许多小东西，如果在穿西装时不注意，一个劲地往口袋里装，弄得鼓鼓囊囊，那么肯定会破坏西装直线的美感，这样既不美观又有失礼仪。

上衣口袋：穿西装尤其强调平整、挺括的外观，这就是线条轮廓清楚，服帖合身。这就要求上衣口袋只作装饰，不可以用来装任何东西，但必要时可装折好花式的手帕。

西装左胸内侧衣袋，可以装票夹（钱夹）、小日记本或笔。

右侧内侧衣袋，可以装名片、香烟、打火机等。

裤兜也与上衣袋一样，不能装物，以求裤型美观。但裤子后兜可以装手帕、零用钱等。

千万需要注意的是，西装的衣袋和裤袋里，不宜放太多的东西，搞得鼓鼓囊囊的，而且，把两手随意插在西装衣袋和裤袋里，也是有失风度的。

如要携带一些必备物品，可以装在提袋或手提箱里，这样不但看起来干净利落，也能防止衣服变形。

（8）男子着西装“三个三”

① 三色原则：正式场合，着西装套装全身上下不超过三种颜色。

② 三一定律：着西装正装，腰带、皮鞋、公文包应保持同一颜色——黑色。

③ 三大禁忌：西装左袖的商标没有拆；穿白色袜子、尼龙袜子出现在正式场合；领带的打法出现错误。

3．女士着装

“云想衣裳花想容”，相对于偏于稳重单调的男士着装，女士们的着装则亮丽丰富得多。得体的穿着，不仅能让人显得更加美丽动人，而且还可以体现出作为现代文明人良好的修养和独到的品位。

（1）职业装

穿着职业服装不仅是对服务对象的尊重，同时也使着装者有一种职业的自豪感、责任感，是敬业、乐业在服饰上的具体表现。规范穿着职业服装的要求是：整齐、清洁、挺括、大方。

① 整齐。服装必须合身，袖长至手腕，裤长至脚面，裙长过膝盖，尤其是内衣不能外露；衬衫的领围以插入一指大小为宜，裤裙的腰围以插入五指为宜。不挽袖，不卷裤，不漏扣，不掉扣；领带、领结、飘带与衬衫领口的吻合要紧凑且不系歪；如有工号牌或标志牌，要佩戴在左胸正上方，有的岗位还要戴好帽子与手套。

② 清洁。衣裤无污垢、无油渍、无异味，领口与袖口处尤其要保持干净。

③ 挺括。衣裤不起皱，穿前要烫平，穿后要挂好，做到上衣平整、裤线笔挺。

④ 大方。款式简练、高雅，线条自然流畅，便于岗位接待服务。

（2）套裙礼仪

女性职业装以套装为主，所以职场服装礼仪首先从套裙讲起。

① 颜色的选择。

职业套裙的最佳颜色是黑色、藏青色、灰褐色、灰色和暗红色。精致的方格、印花和条纹也可以接受。但选择红色、黄色或淡紫色的两件套裙要注意，因为它们的颜色过于抢眼。

② 衬衫。

衬衫的颜色可以多种多样，只要与套装相匹配就可以。白色、黄白色和米色能与大多数套装搭配。丝绸是最好的衬衫面料，也可选择纯棉，但要保证熨烫平整。

③ 围巾。

正式场合使用的围巾要庄重、大方。选择围巾时要注意颜色中应包含有套裙颜色，同时兼顾个人爱好、整体风格和流行时尚，最好无图案，亦可选择典雅、庄重的图案。最好选择丝绸材质的。

④ 袜子。

女士穿裙子应当配长筒丝袜或连裤袜，颜色以肉色、黑色最为常用，肉色长筒丝袜配长裙、旗袍最为得体。女士袜子一定要大小相宜。尤其要注意，女士不能在公众场合整理自己的长筒袜，而且袜口不能露在裙摆外边。不要穿带有图案的袜子。应随身携带一双备用的透明丝袜，以防袜子拉丝或跳丝。

⑤ 鞋。

传统的皮鞋是最畅销的职业用鞋。它们穿着舒适、美观大方。建议鞋跟高度为3～4厘米。正式的场合不要穿凉鞋、后跟用带系住的女鞋或露脚趾的鞋。鞋的颜色应与衣服下摆一致或再深一些。推荐中性颜色的鞋，如黑色、藏青色、暗红色、灰色或灰褐色。

⑥ 手提包和手提箱。

手提包和手提箱最好是用皮革制成的；手提包上不要带有设计者标签。女性的手提箱可以有硬衬，也可以用软衬。最实用的颜色是黑色、棕色和暗红色。钱包的颜色应与鞋相配，而手提箱则不必。

⑦ 首饰。

首饰泛指耳环、项链、戒指、手镯、手链、胸针等。佩戴时以少为佳，同质同色、风格划一。注意有碍于工作的首饰不戴，炫耀其财力的首饰不戴，突出个人性别特征的首饰不戴。

（3）女士职业装的穿着禁忌

① 忌杂乱。

一方面，造型不能乱。女士职业装的造型丰富多样，搭配也较灵活。西服套装最能展示职业女性的职场风范，若是着套裙穿丝袜，应注意不可露出袜边。另一方面，首饰不能乱戴。首饰是女士普遍喜爱的装饰品，恰当地佩戴质地上乘的首饰可以增添女性的气质和风韵。如果想要佩戴首饰则应戴造型简单、价格适中的首饰，以免夸张或炫耀。不宜佩戴过分彰显个性的首饰。首饰的质地、颜色、造型都应该与服装的风格相协调，佩戴多件首饰时最好不要超过三种。

② 忌鲜艳。

女性服装的款式与颜色非常丰富，但并不是所有的服装都适合工作时穿着。办公室服饰的色彩应能体现着装者朴素、大方、端庄的形象，而不宜过于夺目，以免干扰工作环境，分散工作精力。若着职业套装，宜选择深色、纯色的西服套装或套裙。套装的花纹应越少越好、越淡越好，精致的条纹、方格和印花也可以接受。

③ 忌紧身。

女性服装较男性着装而言，更加体现出女性优美的体形。但是工作时，要展示的是爱岗敬业的精神，训练有素的态度，而不是优美的线条。因此，职业装应略显宽松，以合体为标准，不宜过宽或过紧。紧身衣不便于肢体活动，也容易在正常行动中造成衣服开线、走形的尴尬。

④ 忌暴露。

女性职业装在款式上会追求时尚、新颖，但不能过于暴露。工作场合或正式场合中，女性着装应四不露，即不露胸、不露肩、不露背、不露腰。因此，不能穿低胸装、露肩装、露背装、露脐装。

⑤ 忌透视。

女性穿着职业装时应该展示成熟、自信、庄重的从业面貌，因此，职业装多是平实、保守、简洁裁剪的款式。正装若是太薄或透明，容易内衣外显，很不雅观。

二、高铁客运人员仪容仪表礼仪

在服务过程中，客运人员的仪容仪表是一个不容忽略的重要因素。良好的仪容仪表会给人留下美好的第一印象，同时也是礼貌和自尊的表现。

仪容受两个因素的影响：一是本人的先天条件，二是本人的修饰维护。仪表是指人的静态外表，包括人的容貌、服饰、体态、风度等多个方面。仪表是一个人的精神风貌、内在素质的外在体现。

客运人员在修饰与维护本人的仪容仪表时，重点应放在面部修饰、肢体修饰、发部修饰、化妆修饰、着装等几个方面。

（一）面部修饰

客运人员在自己的工作岗位上时，必须对自己面部的修饰予以高度的重视，要使之洁净、卫生、自然。

1. 洁　净

客运人员在当班时，要保持面部干净、清爽，养成勤于洗脸的良好习惯，切勿疏忽眼角、鼻孔、耳后、脖颈等处。

2. 修　饰

（1）眉部。眉形要美观、优美，对残眉、断眉、竖眉、“八字眉”，或是过淡、过稀的眉毛，要进行修饰。

（2）眼部。眼部要清洁，及时除去眼角上出现的分泌物。如果眼睛近视，上岗时应佩戴隐形眼镜。

（3）耳部。耳部要清洁，及时进行耳部的除垢，不要在工作岗位上掏“耳屎”。

（4）鼻部。鼻孔要清洁，避免当众以手去擤鼻涕、挖鼻孔、乱弹鼻垢，更不要用力将其吸入腹中。有鼻涕时，应避开人群及服务场所，用手帕或纸巾进行辅助清理，不要发出过大响声。

（5）口部。口腔要清洁，为防止口腔异味，工作前应当避免食用有刺激气味的食品，如葱、蒜、韭菜、烈酒等，也不要吸烟。春秋季节要做好唇部修护，防止开裂、爆皮，避免嘴角残留异物。男性乘务人员上班前要剃须，切忌留有胡须上岗。

（二）肢体修饰

1．手臂的修饰

（1）不要蓄长指甲。

（2）不要涂彩指甲，或者在指甲上进行艺术绘画。

（3）不要腋毛外露。

2．腿脚的修饰

（1）勤换袜子。服务人员应勤洗脚外，还必须勤换袜子。

（2）勤换鞋子。在穿鞋子前，务必要细心清洁好鞋面、鞋跟、鞋底等处，使其一尘不染。

客运人员应注意：不要光腿，不要光脚，不要露趾。

（三）发部修饰

为了确保自己的发部整洁，维护本人的完美形象，客运人员必须自觉地对自己的头发进行清洗、修剪和梳理。

1．女性客运人员

（1）每天保持头发干净，有光泽，无头皮屑。

（2）短发最短不得短于两寸，发长最长不得过肩，刘海应保持在眉毛上方，禁止理奇异发型。

（3）任何一种发型都应梳理整齐，使用发胶、摩丝定型，不得有蓬乱的感觉。

（4）头发应保持黑色或自然棕黄色，不得使用假发套。

（5）发夹、发箍、头花应为无饰物黑色。

2．男性客运人员

（1）每天保持头发干净，有光泽，无头皮屑。

（2）发型要得体，轮廓分明，头发应梳理整齐，使用发胶、摩丝等定型，不得有蓬乱的感觉。

（3）头发两侧鬓角不得超过耳垂底部，后部不长于衬衣领，不遮盖眉毛、耳朵，不烫发，不留胡须。

（4）不得剃光头、烫发和剪板寸头。

（5）头发应保持黑色或自然棕黄色，不得使用假发套。

（四）化妆修饰

1．化妆的基本原则

客运人员在服务工作中，一般都应当适当化妆，即“化妆上岗，淡妆上岗”。服务人员化妆应遵循淡雅、简洁、适度、庄重和避短的原则。

（1）淡雅。就是要求客运人员在工作时一般都应当化淡妆。淡妆，即指淡雅的化妆，亦即人们平时所说的自然妆。

（2）简洁。客运人员的岗位化妆，应当是一种简妆，并非浓妆。

（3）适度。客运人员工作妆，必须适合自己本职工作的实际需要，而且一定要切记化妆的程度要适当。

（4）庄重。客运人员的化妆，应以庄重为主要特征。一些社会上正在流行的化妆方式，不宜为客运人员在上班时所采用。

（5）避短。客运人员在化妆时，要扬长避短，弥补自己的不足。

2．女性客运人员

当班前，必须按标准化淡妆，工作中保持妆容美观，端庄大方。补妆及时，应在洗手间或乘务间进行。不浓妆艳抹。

（1）唇线的颜色应与口红颜色一致，不得使用珠光色口红和不健康色的口红。

（2）眉毛应修剪秀丽、整齐，其颜色要与发色接近，眉笔应使用黑色、深棕色的。

（3）使用眼影，颜色应与制服颜色一致。

（4）画眼线时，颜色应使用黑色、深棕色。

（5）使用香水时，以清香、淡雅型香水为限，不可过香、过浓。可喷口香剂保持口气清新。

（6）双手要保持清洁健康，指甲修剪整齐美观，长度不超过指尖 2 毫米，不染彩色指甲。手指甲长度应保持一致。可涂透明色指甲油，但不得有脱落现象。

3．男性客运人员

（1）不得留胡须。

（2）双手要保持清洁健康，手指不得有抽烟留下的熏黄痕迹，指甲应保持清洁，修剪整齐，无凹凸不平的边角，长度不超过手指尖2毫米。

（3）工作中始终保持手和面部的清洁卫生。

（4）可喷口香剂保持口气清新。

（五）着　装

（1）女性客运人员

① 基本要求。

衣着合体，不得随意改变制服款式。制服应洗净，熨烫平整，无污渍、斑点、皱褶、脱线、缺扣、残破、毛边等现象。制服上下不得佩戴任何饰物；着制服当班时，必须佩戴职务标志。在非工作时间，除集体活动外，不得穿制服出入公共场合和乘坐列车。

② 夏装着装要求。

连裤袜的颜色应统一为肉色或浅灰色，不得出现破洞和抽丝等现象。统一佩戴领花或丝巾。制服上装每天都须水洗。不得将笔插放在衣兜内。

③ 春秋装、冬装着装要求。

外套、上衣、裙子、裤子的纽扣和拉链等应扣好、拉紧。统一佩戴领带、领花或丝巾。系领带时，衬衣应束在裙子或裤子内，衬衣的衣袖不得卷起。裤装必须干净、平整、有裤线，不可有光亮感。穿着风衣、大衣时，须扣好纽扣，系好腰带。穿着外套、风衣、大衣时，必须戴工作帽，但在车厢、室内、送餐时可不戴。不得将笔插在衣服前襟。

④ 穿着围裙要求。

餐饮服务人员服务时应穿着围裙。穿着围裙的时间为服务餐饮之前，脱围裙的时间为收完食品包装物后。穿、脱围裙的时间必须一致。保证围裙干净、平整、整齐，穿戴完毕后应互相整理。围裙结一律系蝴蝶结状。

（2）男性客运人员

① 基本要求。

衣着合体，不得随意改变制服款式。制服应洗净，熨烫平整，无污清、斑点、皱褶、脱线、缺扣、残破、毛边等现象。制服上不得佩戴任何饰物；着制服当班时，必须佩戴职务标志。袜子的颜色应统一为深蓝色或黑色。在非工作时间，除集体活动外，不得穿制服出入公共场合和乘坐列车。

② 夏装着装要求。

统一佩戴领带，衣领上的扣环必须扣好，上衣应束于裤内。裤子必须保持干净、平整、有裤线，不可有光亮感。制服每天必须清洗。

③ 春秋装、冬装着装要求。

袜子的颜色应统一为黑色或深蓝色，每天更换。外套、上衣、裤子的纽扣拉链等应扣好、拉紧。统一佩戴领带，衬衣应束于裤内，衬衣的衣袖不得卷起。穿着风衣、大衣时，须扣好纽扣，系好腰带。外露的皮带为黑色。穿着外套、风衣、大衣时，必须戴工作帽，但在车厢、室内时可不戴。

（六）佩戴职务标志要求

佩戴职务标志，胸章牌（长方形职务标志）戴于左胸口袋上方正中，下边沿距口袋 1 厘米处（无口袋的戴于相应位置），包含单位、姓名、职务、工号等内容。佩戴臂章时，菱形臂章佩戴在上衣左袖肩下四指处。按规定应佩戴制帽的工作人员，在执行职务时戴上制帽，帽徽在制帽折沿上方正中。除列车长外，其他客运乘务人员在车厢内作业时可不戴制帽。

（七）皮　鞋

皮鞋款式应简洁朴素，不得有任何装饰物，保持光亮无破损。不赤足穿鞋，不穿尖头鞋、拖鞋、露趾鞋，鞋跟高度不超过 3.5 厘米，跟径不小于 3.5 厘米。

（八）饰　物

（1）必须戴走时准确的手表，手表款式、颜色简单不夸张，宽度不得超过 2 厘米，不得系挂怀表。

（2）只可佩戴一枚设计简单的金、银或宝石戒指。

（3）女性客运人员可佩戴发夹、发箍或头花及一副直径不超过 3 毫米的耳钉。不得佩戴耳环、耳坠等。

（4）男性客运人员不准佩戴任何饰物。

（5）不歪戴帽子。

三、高铁客运人员仪态礼仪

“形象就是服务”，一个人优雅的仪态是其形象的重要组成部分，优雅的仪态比语言更能让对方感到真诚、友好和亲切。

（一）站　姿

站姿是客运人员平时经常采用的一种静态的身体造型，同时又是其他动态的身体造型的基础和起点。在人际交往中，站姿是一个人的全部仪态的根本。

1．基本站姿（如图 3.1 所示）

（1）头正。双目平视，下颌微收，面带微笑。

（2）肩平。双肩平正，放松下沉。

（3）躯挺。挺胸、收腹、立腰、拔背。

图 3.1　基本站姿

（4）臂垂。双臂自然下垂于体侧，中指贴拢裤缝。

（5）腿并（如图 3.2 所示）。女性客运人员两腿并拢直立，大腿内侧肌肉夹紧，两脚跟相靠，两脚成 V 字形，身体重心主要支撑于脚掌、脚弓上。男性客运人员双脚分开，与肩同宽，脚尖略向外张。

（6）体直（如图 3.3 所示）。从侧面看，头部、肩部、上肢与下肢应在一条垂直线上。

图 3.2　腿　并

图 3.3　体　直

2．服务中的站姿

在工作岗位上，当接待旅客或者为其提供具体的服务时，客运人员在保持基本站姿的基础上，可根据本人的实际情况或工作需要，适当地变化站立的具体姿势。

（1）为人服务的站姿

在工作岗位上接待旅客时，客运人员可以采用此种站姿。当身前没有障碍之物挡身，没有受到他人的注视，没有与他人进行短时间交谈或倾听他人的诉说时，都是采用这种站立姿势的良好时机。

① 头部可以微微侧向自己的服务对象，但一定要保持面部微笑。

② 手臂可以持物，也可以自然下垂。在手臂垂放时，从肩部至中指应当呈现出一条自然的垂线。

③ 小腹不宜凸出，臀部同时应当紧缩。它的最关键的地方在于：双脚一前一后站成“丁字步”，即一只脚的后跟紧靠在另一只脚的内侧；双膝在靠拢的同时，两腿的膝部前后略为重叠。

（2）列车上的站姿

列车上的工作人员为旅客服务时，往往有必要采用一种特殊的站姿。它的基本要求是：既要安稳、安全，又要兼顾礼貌与美感。当列车正在运行时，达到这一要求是有一定难度的。

① 双脚之间可以适当地张开一定距离，重心放在脚后跟与脚趾中间。不到万不得已，叉开的双脚不宜宽于肩部。

② 双腿应尽量伸直，膝部不宜弯曲，而是应当有意识地稍向后挺。

③ 身子要挺直，臀部略微用力，小腹内收，不要驼背弯腰。

④ 双手可以轻轻地相握于腹前，或者以一只手扶着扶手、拉着吊环，但不要摆来摆去。

⑤ 头部以直为佳，最好目视前方。

客运人员采用此种站姿在列车上站立时，应尽可能地与旅客保持一定距离，以免误踩到、误撞到对方。

3．不良站姿

（1）身躯歪斜。

（2）弯腰驼背。

（3）趴伏倚靠。

（4）双腿大叉。

（5）脚位不当。

（6）手位不当。

（7）半坐半立。

（8）浑身乱动。

（二）走　姿

走姿，又称步态，它是一种动态美。每个人都是一个流动的造型体，优雅、稳健、敏捷的走姿，会给人以美的感受，产生感染力，反映出积极向上的精神。良好的走姿应该是轻盈自如，矫健协调，敏捷而富有节奏感的。

1．正确的走姿（如图 3.4、3.5 所示）

（1）目光平视，下颌微收，面带微笑。

（2）上身自然挺拔，头正，挺胸，收腹，立腰，重心稍前倾。

（3）双肩平稳，双臂前后自然摆动，摆幅以 30°～35° 为宜，双肩不要过于僵硬。

图 3.4　走姿（一）

图 3.5　走姿（二）

（4）步位直。两脚尖略开，脚后跟先着地，两脚内侧落地时，走出的轨迹要在一条直线上。

（5）步幅适当。男性步幅（前后脚之间的距离）约 25 厘米，女性步幅约 20 厘米，或者说前脚跟与后脚尖相距约为一脚长。

（6）步速平稳、适中。根据服装、场合等综合因素决定步速。

（7）注意步态。性别不同，步态也会有所差异。男性步伐矫健、稳重、刚毅、洒脱、豪迈，好似雄壮的"进行曲"，气势磅礴，具有阳刚之美，步伐频率约为每分钟 100 步；女性步伐轻盈、玲珑、贤淑，具有阴柔秀雅之美，步伐频率约为每分钟 90 步。

（8）注意步韵。跨出的步子应是全脚掌着地，膝和脚腕不可过于僵直，应该富有弹性，膝盖要尽量绷直，双臂应自然轻松摆动，使步伐因有韵律节奏感而显优美柔韧。

2．不正确的步态

（1）内八字和外八字，其次是弯腰驼背、歪肩晃膀。

（2）走路大甩手，扭腰摆臀，左顾右盼。

（3）双腿过于弯曲，走路不成直线。

（4）走路步子太大或太碎，上下颤动，脚蹭地面等。

在工作岗位上，服务人员应避免：

① 横冲直撞。有的人在行进之时，不懂得要尽可能地避免在人群之中穿行，偏偏专拣人多的地方行走，甚至在人群之中乱冲乱撞，直接碰撞到他人的身体。这是一种极其失礼的做法。客运人员如果这样做，则更是不应该的。

② 悍然抢行。在人多路窄之处，通过时务必要讲究"先来后到"。必要的时候，为了表示自己的良好教养和对别人的尊重，还应当对于其他人"礼让三分"，让道于人。

③ 阻挡道路。客运人员在行进时，一定要顾及旅客的存在。在道路狭窄之处，一旦发现自己阻挡了他人的道路，务必要闪身让开，请对方先行。

④ 奔来跑去。客运人员行进时若非碰上了紧急情况，不要在工作之时进行跑动，尤其是不要当着旅客的面突如其来地狂奔而去。那样的做法，通常会令其他人不明真相，猜测不已，甚至还有可能使其他人产生过度紧张的情绪，或者由此而以讹传讹，引发出一场骚乱。

⑤ 制造噪声。客运人员在走路时应有意识地使之悄然无声。要做到这一点，有三点特别应当注意：一是走路时要轻手轻脚，不要在落脚时过分用劲；二是上班时不要穿带有金属鞋跟或钉有金属鞋掌的鞋子，以防它们在接触地面时频频发出“噔噔噔”的响声；三是上班时所穿的鞋子一定要跟脚，否则走动时它也会发出令人厌烦的噪声。

⑥ 步态不雅。客运人员行进之时如果步态不雅，有碍观瞻，往往会使旅客在内心之中打低其“印象分”。

3. 走姿的特例

一般情况下，客运人员行进姿势的特例主要包括陪同引导、上下楼梯、进出电梯、出入房门、搀扶帮助、变向行走等。

（1）陪同引导

陪同，指的是陪伴着别人一同行进；引导，则指的是在行进之中带领别人，有时又叫作引领、引路或带路。陪同引导服务对象时，通常应注意四点。

① 本人所处的方位。

若双方并排行进时，客运人员应居于左侧。若双方单行行进时，则客运人员应居于左前方约1米的位置。当服务对象不熟悉行进方向时，一般不应请其先行，同时也不应让其走在外侧。

② 协调的行进速度。

在陪同引导服务对象时，行进的速度须与对方协调，切勿我行我素，走得太快或太慢。

③ 及时的关照提醒。

陪同引导服务对象时，一定要处处以对方为中心。每当经过拐角、楼梯或道路坎坷、照明欠佳之时，须关照提醒对方留意。绝不可以不吭一声，而让对方茫然无知或不知所措。

④ 采取正确的体位。

陪同引导客人时，有必要采取一些特殊的体位。请对方开始行进时，应面向对方，稍许欠身。在行进中与对方交谈或答复其提问时，应以头部、上身转向对方。

（2）出入房门

进入或离开房间时，通过房门的这一细节千万不要小视。对广大客运人员而言，需要认真注意的地方主要有五点。

① 先通报。

在出入房门时，尤其是在进入房门前，一定要采取叩门、按铃的方式，向房内之人进行通报。贸然出入而不置一词，往往会惊扰他人。

② 以手开关。

出入房门时，务必要用手来开门或关门。在开关房门时，用肘部顶、用膝盖拱、用臀部撞、用脚尖踢、用脚跟蹬等不良做法，都不宜为客运人员所用。

③ 要面向他人。

出入房门，特别是在出入一个较小的房间，而房内又有自己的熟悉之人时，最好是反手关门、反手开门，并且始终注意面向对方，而不是以背部相对于对方。

④ 要“后入后出”。

与他人一起先后出入房门时，为了表示自己的礼貌，客运人员一般应当自己后进门、后出门，而请对方先进门、先出门。

⑤ 要为人开门。

在陪同引导他人时，客运人员还有义务在出入房门时替对方拉门。在拉门时，要注意分析具体情况，该拉就拉，该推就推。但在拉门或推门后须使自己处于门后或门边，而不宜无意之中挡道拦人。

（三）蹲　姿

正确优雅的蹲姿可体现出个人良好的行为习惯和文明程度。一般情况下，一个人采取蹲的姿势，时间上不宜过久，否则就会感觉不适。因此，蹲的姿势其实只是人们在比较特殊的情况下所采取的一种暂时性的体位。

1．基本蹲姿（如图 3.6、3.7 所示）

（1）下蹲拾物时，站在所取物品的旁边，蹲下屈膝去拿，要慢慢地把腰部低下，应自然、得体、大方，不遮遮掩掩。

图 3.6　蹲姿（一）

图 3.7　蹲姿（二）

（2）下蹲时，两腿合力支撑身体，掌握好身体的重心。脊背保持挺直，臀部向下，避免弯腰翘臀的姿势。

（3）一脚在前，一脚在后，两脚向下蹲。前脚全着地，小腿基本垂直于地面，后脚跟提起，脚掌着地。

（4）下蹲时，应使头、胸、膝关节在一个角度上，这样蹲姿会更加优美。

（5）男士两腿间可留有适当的缝隙，女士则要两腿并紧。

（6）若用右手捡东西，可以先走到物品的左侧，右侧向后退半步后再蹲下来。

2．变化蹲姿

（1）女士高低式蹲姿

① 下蹲时，右脚稍后（不重叠），两腿靠紧向下蹲。

② 左脚全脚着地，左小腿基本垂直于地面，右膝跪地，右脚脚跟提起，右脚前脚掌着地。

③ 右膝低于左膝，右膝内侧靠于左小腿内侧，形成左膝高、右膝低的姿态。

④ 臀部向下，基本上以右腿支撑身体。

（2）女士交叉式蹲姿

① 下蹲时右脚在前，左脚在后，右小腿垂直于地面，全脚着地。

② 左腿在后与右腿交叉重叠，左膝由后面伸向右侧，左脚跟抬起，左脚前脚掌着地。

③ 两腿前后靠紧，合力支撑身体。

④ 臀部向下，上身稍前倾。

（3）男士高低式蹲姿

高低式蹲姿是男士特有的蹲姿。

① 下蹲时，两腿之间可有适当的距离。

② 右脚全脚着地，左脚稍后前脚掌着地。

③ 臀部向下，基本上以左腿支撑身体。

（四）坐　姿

优美的坐姿让人觉得安详舒适，古人云“坐如钟”，即坐要像钟一样端正。优美的坐姿能给人端正稳重之感，它是体态美的重要内容。

1．标准的坐姿（如图 3.8、3.9 所示）

（1）面带笑容，双目平视，嘴唇微闭，下颌微收，表情自然，目光平视前方或注视交谈对象。

（2）身正端正舒展，重心垂直向下或稍向前倾，腰背挺直。

（3）臀部至少坐满椅子的三分之二，脊背轻靠椅背。

（4）女士双膝自然并拢；男士双膝微开，双腿正放或侧放。

（5）女士两手合握置于两腿间；男士既可把两手合握置于两腿间，也可把两臂自然弯曲放在腿上。

图 3.8　坐姿（一）

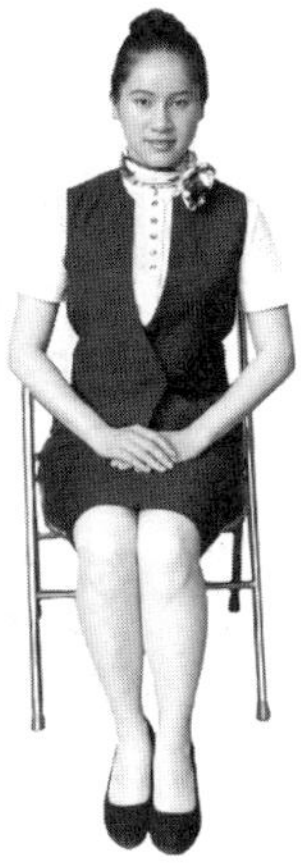

图 3.9　坐姿（二）

（6）谈话时，身体要与对方平视的角度保持一致。可以侧坐，此时上体与腿同时转向一侧。

2．入座、离座动作要领

（1）从椅子后面入座，如果椅子左右两侧都空着，应从左侧走到椅前。

（2）不论从哪个方向入座，都应在离椅前半步远的位置立定，右脚轻轻向后撤半步，用小腿靠椅，以确定位置。

（3）女士着裙装入座时，应先用双手轻拢裙摆，以显得娴雅端庄。

（4）入座时要轻要稳、缓、稳。

（5）坐下之后，双脚并齐，双腿并拢。

（6）离座时，要自然稳当，右脚向后收半步，而后站起。

3．不规范的坐姿

（1）坐时不可前倾后仰，或是歪歪扭扭。

（2）两腿不可过于叉开，也不可长长地伸开。

（3）坐下后不应随意挪动椅子。

（4）不可以将大腿并拢，小腿分开，或双手放于臀下。

（5）腿脚不可不停地抖动。

（五）鞠　躬

鞠躬（如图 3.10、3.11 所示），即弯身行礼，是表示对他人敬重的一种郑重礼节。此种礼节一般是下级向上级、学生向老师、晚辈向长辈、服务人员向宾客表达由衷敬意的一种方式。

1．鞠躬礼的种类

（1）三鞠躬

三鞠躬，意为三度弯身致敬，为最敬之礼节。适用于追悼等特殊场合。

图 3.10　鞠躬（一）

图 3.11　鞠躬（二）

① 行礼之前应先脱帽，摘下围巾，身体肃立，目视受礼者。

② 男士的双手自然下垂，贴放于身体两侧裤线处；女士的双手下垂搭放在腹前。

③ 身体上部向前下弯约 90°，然后恢复原样，如此 3 次。

（2）深鞠躬

其基本动作同于三鞠躬，区别在于深鞠躬只要鞠躬 1 次即可，但要求弯腰幅度一定要达到 90°，以示敬意。适用于极度感谢、抱歉、忏悔等情形。

（3）社交、商务鞠躬礼

① 行礼时，立正站好，保持身体端正。

② 面向受礼者，距离为两三步远。

③ 以腰部为轴，整个肩部向前倾 15° 以上（具体视行礼者对受礼者的尊敬程度而定），同时问候"您好""欢迎光临"等。

一般情况下，社交、商务场合的鞠躬礼有 15°、30° 和 45°。

图 3.12　15° 鞠躬礼

图 3.13　30° 鞠躬礼

图 3.14　45° 鞠躬礼

15° 鞠躬礼（如图 3.12 所示）适用于工作环境中，同事之间、熟人之间打招呼，是一种“点头礼”。15° 鞠躬礼也适合在多人场合，无法一一问候时施行。常用于乘务服务的迎客和送客阶段，是一种“颔首礼”。

30° 鞠躬礼（如图 3.13 所示）通常适用于正式社交环境的工作中的接待、服务，表示郑重、尊重。

45° 鞠躬礼（如图 3.14 所示）适用于服务场合的致谢和道歉，态度诚恳、真诚。

2．注意事项

客运人员在鞠躬时应注意做到：

（1）鞠躬应面带微笑，双脚并拢，脚尖略分开，双手四指并拢，交叉相握，右手叠放在左手之上，自然垂于下腹前，身体向前，腰部下弯，头、颈、背自然成一条直线。上身起时，要比向下弯时稍慢时，视线随着身体的移动而移动视线的顺序是：旅客的眼睛——脚——眼睛。

（2）迎送客时和行还礼时，身体鞠躬为 30°。

（3）给旅客道歉时，身体鞠躬为 45°。

（六）手　势

手势即手臂姿态，是最有表现力的一种“体态语言”。俗话说，“心有所思，手有所指”。手的魅力并不亚于眼睛。手势表现的含义非常丰富，表达的情感也非常微妙复杂。如：招手致意，挥手告别，拍手称赞，拱手致谢，举手赞同，摆手拒绝；手抚是爱，手指是怒，手搂是亲，手捧是敬，手遮是羞等。手势或是发出信息，或者表示情感。能够恰当地运用手势表情达意，会为交际形象增辉。

1．常用手势

这里指的是客运人员站立服务时双手垂放的手势。它是广大客运人员最常用的手势。具体做法主要有以下 6 种：

（1）双手指尖朝下，掌心向内，在手臂伸直后分别紧贴于两腿裤线之处。

（2）双手伸直后自然相交于小腹之处，掌心向内，一只手在上一只手在下地叠放在一起。

（3）双手伸直后自然相交于小腹之处，掌心向内，一只手在上一只手在下地相握在一起。

（4）双手伸直后自然相交于背后，掌心向外，两只手相握在一起。

（5）一只手紧贴裤线自然垂直，而另一只手则略为弯曲，掌心向内地搭在腹前。

（6）一只手掌心向外背在背后，而另一只手则略为弯曲，掌心向内地搭在腹前。

2．手持物品

工作之时，客运人员经常会帮助他人手持某种物品。客运人员在持物服务时，对于稳妥、自然、到位、卫生 4 个方面的问题，应给予高度关注。

（1）稳妥

手持物品时，可根据其具体重量、形状以及易碎与否，采取不同的手势。既可以使用双手，也可以只用一只手。最重要的是要确保物品的安全，尽量轻拿轻放，同时也要防止伤人或伤己。

（2）自然

手持物品时，客运人员可依据本人的能力与实际需要，酌情采用拿、捏、提、握、抓、扛、夹等不同的姿势。不过一定要避免在持物时手势夸张、“小题大做”，失之于自然美。

（3）到位

有不少物品，在需要手持时，应当将手置于一定之处，这就是持物到位的含义。例如，箱子应当拎其提手，杯子应当握其杯耳，炒锅应当持其手柄。持物时手部未能到位，不但不方便，而且也很不好看。

（4）卫生

持物之时，卫生问题不可不察。为人取拿食品时，切忌直接下手。敬茶、斟酒、送汤、上菜时，千万不要把手指搭在杯、碗、碟、盘边沿，更不能无意之间使手指浸泡在其中。

3．递接物品（如图 3.15 所示）

图 3.15　递接物品

在工作中，递送或接取物品，都是广大客运人员必须认真练好的基本功。递送物品时，应做到以下几点：

（1）双手为宜

双手递物于人。不方便双手并用时，也要采用右手。以左手递物，通常被视为失礼之举。

（2）递于手中

递给他人的物品，以直接交到对方手中为好。不到万不得已，最好不要将所递的物品放在别处。

（3）主动上前

若双方相距过远，递物者理当主动走近接物者。假如自己坐着的话，还应尽量在递物时起身站立为好。

（4）方便接物

客运人员在递物于人时，应为对方留出便于接取物品的地方，不要让其感到接物时无从下手。将带有文字的物品递交他人时，还须使之正面面对对方。

（5）尖、刃内向

将带尖、带刃或其他易于伤人的物品递给他人时，切勿以尖、刃直指对方。合乎服务礼仪的做法应是使其朝向自己，或是朝向他处。

（6）注意事项

应当目视对方，而不要只顾注视物品。一定要用双手或右手，绝对不能单用左手。必要之时，应当起身而立，并主动走近对方。当对方递过物品时，以手前去接取，切勿急不可待地直接从对方手中抢取物品。

4．端拿递送

（1）服务时面带微笑，与旅客有适当的语言交流和眼神交流。

（2）端托盘时，双手端住托盘的后半部分，大拇指握紧托盘内沿，其余四指托住托盘底部；托盘的高度应在腰间以上胸部以下，托盘端平，微向里倾斜；托盘上放置的物品不应过高，以不超过胸部为宜。

（3）拿东西时，应轻拿轻放。拿水杯时，应该一手握住水杯把（无把手水杯应拿水杯的下 1/3 处），一手轻托水杯底部。

（4）递送东西时，应站在旅客的下面与之成 45° 角的地方，双手递送；递送东西应到位，当对方接稳后再松手。

5．上　举

手臂上举时要做到姿态优雅；必要时，可踮起脚跟以增加身体的高度。

6．招呼别人

招呼别人，在此主要是指呼唤远方之人，对其进行引导，或为其指示方向。招呼别人时，客运人员必须牢记：一是要使用手掌，而不能仅用手指。二是要掌心向上，而不宜掌心向下。根据手臂摆动姿势的不同，它又可大体分为下列 5 种形式。

（1）横摆式（如图 3.16 所示）

即手臂向外侧横向摆动，指尖指向引导或指示的方向。它多适用于请人行进时指示方向所用。

（2）直臂式（如图 3.17 所示）

它也要求手臂向外侧横向摆动，指尖指向前方，与横摆式不同的是，它要将手臂抬至肩高，而非齐胸。它适用于引导或指示物品所在之处。

图 3.16　横摆式招呼

图 3.17　直臂式招呼

（3）曲臂式（如图 3.18 所示）

手臂弯曲，由体侧向前摆动，手臂高度在胸以下。请人进门时，可采用此方式。

（4）斜臂式（如图 3.19 所示）

它的最大特点是手臂由上向下斜伸摆动。多适用于请人就座。

图 3.18　曲臂式招呼

图 3.19　斜臂式招呼

以上 4 种形式，俱为仅用一只手臂。另一只手臂此时最佳的位置，应为垂在身体一侧，或背于身后。

（5）双臂式（如图 3.20 所示）

图 3.20　双臂式招呼

双手先叠放于腹前，然后抬至胸部之下，同时向身体两侧摆动。有时亦可双臂同向摆动。它适用招呼较多人员之时。

7．举手致意

举手致意也叫挥手致意，是生活中常用的礼节，多用于向他人表示问候、致敬、感谢之意。它既可悄然无声地进行，也可以伴以相关的言辞。当客运人员忙于工作，而又看见相熟的服务对象且无暇分身时，向其举手致意，可立即消除对方的被冷落感。举手致意的正确做法概括为下列 4 点。

（1）面向对方

举手致意时，应全身直立，面向对方，至少上身与头部要朝向对方。在目视对方的同时，须面带笑容。

（2）手臂上伸

致意时应当手臂自下而上向侧上方伸出。手臂既可略有弯曲，也可全部伸直。

（3）掌心向外

致意时须掌心向外，即面对对方，指尖朝向上方。千万不要忘记伸开手掌。

（4）切勿乱摆

举手致意，理当手臂轻缓地由下而上地向上伸起，而不是自上而下或向左右两侧来回摆动。

8．与人握手（如图 3.21 所示）

图 3.21　握　手

在见面之初、告别之际、慰问他人、表示感激、略表歉意等时刻，人们往往会与人握手。从根本上讲，握手乃是人际交往的基本礼节之一。与人握手时，客运人员应注意以下 4 点。

（1）注意先后顺序

握手时，双方伸出手来的标准的先后顺序应为“尊者在先”，即地位高者先伸手，地位低者后伸手。男士和女士握手，女士应先伸手；晚辈和长辈握手，长辈应先伸手；上级和下级握手，上级应先伸手；老师和学生握手，老师应先伸手；客人到达时，主人应先伸手，而客人离开时，客人应先伸手。所以，在工作之中，客运人员通常不宜主动伸手与旅客相握。

（2）注意用力大小

握手时，力量应当适中。用力过重与过轻，同样都是失礼的。

（3）注意时间长度

与人握手时，一般握上3～5秒即可。没有特殊的情况，不宜长时间握手。

（4）注意握手方式

通常，应用右手与人相握。左手一般不宜使用，双手相握亦不必常用。握手时，应首先走近对方，右手向侧下方伸出，双方互相握住对方的手掌大部。被握住的部分，应大体上包括自手指至虎口处。双方手部相握后，应目视对方双眼，微笑致意或问好，将手上下晃动两三下。不要仅握对方的指尖，或在握手时左右乱摇。如果是戴着手套，握手前应先脱下手套。

9．挥手道别

挥手道别，是与人互道再会时所用的常规手势。挥手时要注意以下5点：

（1）身体站直

尽量不要走动、乱跑，更不要摇晃身体，不然模样便十分难看。

（2）目视对方

手势即便再标准，不看道别对象，便会被对方理解为“目中无人”，等于白做。

（3）手臂前伸

道别时，可用右手，也可双手并用。但要使手臂尽力向上、向前伸出，指尖一定要向上。手臂不要伸得太低，或过分弯曲。

（4）掌心朝外

做这种手势时，千万要保持掌心向外，否则是很不礼貌的。

（5）左右挥动

挥手道别时，要将手臂向左右两侧轻轻挥动，不过尽量不要上下摆动。以双手道别时，则应将双手同时由外侧向内侧来回挥动。光伸出双手而不进行挥动，则犹如“投降”一般。

10．鼓　掌

鼓掌、拍手，多表示高兴、赞成或欢迎。鼓掌，是一种手势，是一种象征，虽名为动作，却有深厚内涵。那是一种信念、力量、喝彩、鼓舞与奋起。鼓掌的动作要领：面带微笑，抬起两臂，抬起左手手掌到胸部，以右手除拇指外的其他四指轻拍左手中部；节奏平稳、频率一致。

11．手势的禁忌

（1）在客运服务工作中，手势不宜过多，动作不宜过大，切忌“指手画脚”和

“手舞足蹈”，要给人一种优雅、含蓄而彬彬有礼的感觉。

（2）在任何情况下都不要用大拇指指自己的鼻尖或用手指指点他人。

（3）一般认为，掌心向上的手势有诚恳、尊重他人的含义，掌心向下的手势意味着不够坦率、缺乏诚意等。因此，在介绍某人、为某人引路指示方向、请人做事时，应该掌心向上，以肘关节为轴，上身稍向前倾，以示尊敬。

（4）有些手势在使用时应注意区域和各国不同习惯，不可以乱用。因为各地习俗迥异，相同的手势表达的意思，不仅有所不同，而且有的大相径庭。

（5）平时工作中应避免某些不雅的行为举止。如：手插口袋，当众搔头发，掏耳朵，抠鼻孔，剔牙，咬指甲，擦眼屎，搓泥垢等。

（七）表　情

表情是人内心的情感在面部上的表现。当外部客观事物刺激大脑时，人就会产生各种内在反应即情感，这种情感会通过人体相应的表情呈现出来。健康的表情留给人们的印象是深刻的，它是优雅风度的重要组成部分。对表情礼仪的总体要求是：热情、友好、轻松、自然。

1．客运人员的基本态度表现

（1）表现谦恭

服务于人，待人谦恭与否，不仅从表情神态方面可以很直观地判断出来，而且也备受旅客的重视。因此，客运人员在工作之中务必要使自己的表情神态于人恭敬，于己谦和。

（2）表现友好

工作之中，面对任何旅客，皆应友好相待。这一态度，自然应当在本人的表情神态上体现出来。所谓“笑迎八方来客，广交四海朋友”，其实就是要求客运人员在服务旅客时，首先要以友好的表情神态先行一步。

（3）表现适时

人的表情神态可以是庄重、谦和的，也可以是活泼、俏皮的，有时还可以表示不满、气愤或悲伤。不论采用何种表情神态，客运人员都要切记使之与现场的氛围、与实际需要相符合。这就要求表情神态要适时。比如，当旅客极不开心时，对其笑脸相迎，就肯定不会得到对方的良好反馈。

（4）表现真诚

客运人员在服务于人时，既要使本人的表情神态谦恭、友好、适时，更要使之出自真心，发乎诚意，这才会给人以表里如一、名副其实之感。千万不要在表情神态方面弄虚作假，须知要想在表情神态上做戏，只会是自欺欺人。

2．构成表情的要素

观察任何一个人的表情神态时，人们往往以其面部为主要着眼点，并且尤为关注其眼神与笑容方面的变化。

（1）眼神

眼神，指的是人们在进行注视时，眼部所进行的一系列活动以及在这一过程之中所呈现出的神态。在一个人的全部表情神态之中，眼神占有举足轻重的位置。所以人们常常说“眼睛会说话”。客运人员在学习、训练眼神时，主要应当注意注视他人的部位、注视他人的角度以及在为多人服务时兼顾的问题。

① 注视的部位。

客运人员在注视旅客时，注视的具体部位往往与双方相距的远近及本人的工作性质有关。依照服务礼仪的规定，客运人员在工作时，可以注视对方的常规的身体部位有 4 个。

a. 对方的双眼。注视对方的双眼，既可表示自己对对方全神贯注，又可表示对对方所讲的话正在洗耳恭听。如问候对方、听取诉说、征求意见、强调要点、表示诚意、向人道贺或与人道别，皆应注视对方双眼，但时间上不宜过久，否则双方都会比较难堪。

b. 对方的面部。与旅客较长时间交谈时，可以把对方的整个面部作为注视区域。注视他人的面部时，最好不要聚焦于一处，而以散点柔视为宜。在工作岗位上接待旅客时，注视对方的面部是最常用的。

c. 对方的全身。同旅客相距较远时，客运人员一般应当以对方的全身为注视之点。在站立服务时，往往会有此必要。

d. 对方的局部。在工作之中，往往会因为实际需要，客运人员对旅客的某一部分多加注视。例如，在帮助递接物品时，应注视对方的手部。

② 视的“禁区”。

旅客的头顶、胸部、腹部、臀部或大腿。

③ 注视的角度。

客运人员在注视旅客时，所采用的角度是否得当，往往十分重要。既方便于服务工作，又不至于引起服务对象误解的具体的视角，主要有 3 种：

a. 正视对方。正视，即是注视他人时，与之正面相向。同时还须将上身前部朝向对方。即便旅客处于自己身体的一侧，在需要正视对方时，也要同时将面部与上身转向对方。正视别人，是做人的一种基本礼貌，主要表示重视对方。斜着眼睛、扭过头去注视他人，或者偷偷注视别人，都难以表达此种含义。

b. 平视对方。平视，即在注视他人时，身体与其处于相似的高度。平视与正视，一般并不矛盾。因为在正视他人时，往往要求同时平视对方。在服务工作之中平视旅客，可以说是一种常规要求。这样去做，可以表现出双方地位的平等与本人的不卑不亢。

c. 仰视对方。仰视，即在注视他人时，本人所处的具体位置比对方低，而需抬头向上仰望对方。反之，若自己注视他人时所处的具体位置比对方高，而需低头向下俯看对方，则称为俯视。在仰视他人时，可给予对方重视信任之感，故此客运人员在必要时可以这么做。俯视他人，则往往带有自高自大之意，或是对对方不屑一顾。服务礼仪规定服务人员站立或就座之处不得高于服务对象，主要就是为了防止造成俯视对方的客观事实。

（2）笑容

笑容，即人们笑的时候的面部表情。从事客运服务工作时，表情应以喜、乐为主调。笑是最美好的形象。微笑是最美的。微笑（如图 3.22 所示）时，嘴角微翘，嘴唇微启，表情真诚、自然。女性客运人员的微笑要甜美，男性客运人员的微笑要亲切。客运人员在工作岗位之上，应当满面笑容，为旅客创造出一种令人备感轻松的氛围，使其在享受服务的过程中，感到愉快、欢乐和喜悦，同时也表现出客运人员对旅客的亲切与尊重。

① 保持微笑。

对客运人员而言，在工作时主要是要保持微笑，因为微笑可以收到好的效果。

第一，微笑可以消除隔阂。人际交往中难免产生隔阂，客运服务工作自然也是如此。微笑是友谊之桥。所谓“举手不打笑脸人”和“一笑泯恩仇”，讲的就是微笑所具有的化干戈为玉帛的作用。一般情况下，当人与人之间产生纠葛时，一方若能以微笑面对另一方，往往会削弱、消减已有的矛盾，有时，还可以化险为夷，消除双方的矛盾或误解。

图 3.22　微笑（一）

第二，微笑可以获得回报。微笑是人际交往的润滑剂。对于客运人员而言，微笑不仅在外观上给人以美感，而且还会使旅客倍觉自己和蔼可亲。微笑是人际交往的最佳入场券，最易得到旅客的认同、喜欢与回报。客运人员在工作中若能始终面含微笑，以微笑开始，以微笑结束，必然会赢得旅客的赏识，获得良好的服务效果。

② 善于微笑。

对于客运人员而言，微笑不仅有吸引力，而且最具实用价值。

第一，微笑的主要特征。

面含笑意，但笑容不甚显著。一般情况下，人在微笑之时，是不闻其笑声，不见其牙齿的（如图 3.23 所示）。

图 3.23　微笑（二）

第二，微笑的基本方法。

为使双颊肌肉向上抬，口里可念着普通话的“一”字音，使眉、眼、面部肌肉、口形在笑时和谐统一。训练眼睛的“笑容”，可取厚纸一张，遮住眼睛下边部位，使笑肌抬升收缩，嘴巴两端做出微笑的口型，随后放松面部肌肉，眼睛随之恢复原形。

【任务实施】

1. 将学生分成若干组，每组 6 位同学，并确定组长。

2. 由组长负责组织，准备礼仪展演。

（1）内容：形体姿态——站姿、坐姿、蹲姿、走姿、微笑，递送物品、指引方向、鼓掌等。

（2）展现形式：小组创编的形体姿态组合。

（3）设计要求：

a. 选择音乐。时间为 5 分钟左右。

b. 至少有 4 种队形变化和 2 种对比（高低、动静）的运用。

c. 分小组。8 人左右为一组。

3. 分组展示各自创编的形体姿态组合，学生互评，教师点评。

【案例资料】

一天，黄先生与两位好友来到某高铁餐吧用餐。接待他们的是一位五官清秀的餐吧服务员，接待服务工作做得很好。可是她面无血色，显得无精打采。黄先生一看到她就觉得心情欠佳，仔细留意才发现，这位餐饮服务员没有化工作淡妆，在餐厅昏黄的灯光下显得病态十足。上菜时，黄先生又突然看到传菜服务员涂的指甲油缺了一块，他的第一个反应就是“不知是不是掉我的菜里了”。但为了不惊扰其他旅客用餐，黄先生没有将他的怀疑说出来。用餐结束后，黄先生来结账，而结帐服务员却一直对着反光玻璃墙面修饰自己的妆容，丝毫没注意到旅客的需要。自此以后，黄先生再也没有去该过高铁餐吧用餐。

讨论题：

（1）请指出案例中服务员在仪容上存在的问题。

（2）本案例对你有哪些启示？

【任务练习】

1. 选择（1-6 题为单选，7-8 题为多选）

（1）男性客运人员头发两侧鬓角不得（　　）。

A. 超过耳垂底部　　B. 衬衣领

C. 长于 3 寸　　D. 长于 4 寸

（2）客运工作人员佩戴职务标志，胸章牌（长方形职务标志）戴于（　　）正中。

A. 右胸口袋上方　　B. 左胸口袋上方

C. 左臂上方　　D. 右臂下方

（3）鞠躬礼源于（　　）。

A. 中国　　B. 印度

C. 德国　　D. 韩国

（4）握手时，双方伸出手来的标准的先后顺序应为（　　）。

A. 尊者在先　　B. 男士优先

C. 儿童优先　　D. 年轻者优先

（5）以下递接物品时，说法不正确的是（　　）。

A. 主动上前　　B. 双手接拿

C. 双手递送　　D. 尖刃向外

（6）与人行握手礼时，哪项是不合礼仪的？（　　）

A. 用右手握手

B. 与他人握手时摘去手套，双眼注视对方

C. 与别人握手后，有意无意擦手

D. 不交叉握手

（7）招呼别人，根据手臂摆动姿势的不同，它又可大体分为下列几种形式。（　　）

A. 横摆式　　B. 直臂式

C. 曲臂式　　D. 斜臂式

（8）当一人与多人握手时，须注意其先后顺序。一般规则是（　　）。

A. 由尊而卑　　B. 由卑而尊

C. 逆时针方向　　D. 由近而远

2. 判　断

（1）客运人员如果眼睛近视，上岗时可戴眼镜。（　　）

（2）与西装配套的衬衫应为“正装衬衫”。（　　）

（3）客运工作人员不要蓄长指甲。（　　）

（4）女性客运人员的发长最长不得过肩，刘海应保持在眉毛下方，禁止理奇异发型。（　　）

（5）客运工作人员佩戴臂章时，菱形臂章佩戴在上衣右袖肩下四指处。(　　)

（6）在客运工作中，任何情况下都不要用大拇指指自己的鼻尖或用手指指点他人。(　　)

3. 思　考

（1）高速铁路客运人员在修饰与维护本人的仪容时，重点应从哪几个方面入手？

（2）高速铁路客运人员的着装要求有哪些？

（3）站姿、坐姿、蹲姿、走姿、微笑的基本要领是什么？

（4）鞠躬有几种？客运人员在鞠躬时应注意做到什么？

（5）客运人员表情礼仪的总体要求是什么？谈谈你的理解。

（6）客运人员在学习、训练眼神时，应注意哪些问题？

（7）微笑的作用是什么？如何训练微笑？

任务 2　高速铁路客运服务语言礼仪

【教学目标】

1. 能力目标

能根据高速铁路客运服务礼仪的相关要求，主动规范自己的服务用语。

2. 知识目标

了解高速铁路客运服务语言的基本要求，熟悉高速铁路客运服务规范用语。

3. 素质目标

深化高速铁路客运服务礼仪意识，具备高速铁路客运服务礼仪的基本职业素质。

【任务导入】

昨天清晨，张女士与丈夫赶到火车站，准备搭乘 6:55 开往福州的动车。这是她第一次坐动车。张女士手里只拿着一个女式挎包，她担心挎包被压坏，就问旁边一位年轻的女检票员能否直接把挎包带过安检关卡，但被告知“不行”。

“这么小的包包也要安检？我以前坐飞机也没见着这么麻烦”，张女士小声嘀咕着。“那你坐飞机去啊。”女检票员说。“你这样的服务态度好像不太对吧？你工号是多少呢？”“我没工号！”女检票员把脸转了过去。

看到女检票员制服胸部位置有一排数字，张女士立即掏出手机拍摄。女检票员赶紧伸手遮挡，并顺势拍打了张女士的手。手机掉落在地上，电池部件散落地上，屏幕也摔裂了。

一气之下，张女士抬腿去踢检票员的小腿。推搡间，旁边几名工作人员立即过来劝和。

此时，正在火车站执勤的民警赶来。由于动车发车时刻已到，民警安抚张女士先上车，并表示将调查处理此事。

问：1. 你认为出现此种情况的原因是什么？

2. 结合此案例谈谈，高速铁路客运服务人员应从哪些方面注意服务语言礼仪？

语言是人们交流思想、联络情感的重要工具和手段。“言为心声，语为人镜”说的就是，语言体现了人的心灵，是揭示人们心灵的窗户。客运人员每天的工作就是和旅客打交道，是在与旅客的交往中完成自己的工作任务的。所以，对于客运人员来说，提高语言的运用能力显得尤为重要。

在工作中，客运人员与旅客之间有和谐，但也有可能偶发冲突，一句话说得好与坏，就成了服务工作中的一大关键。客运人员要想协调好与旅客的关系，就必须先要学习语言礼仪、掌握说话的艺术。

一、使用规范的服务语言

在服务工作中，恰到好处地使用礼貌用语，可以表现出客运人员的亲切、友好、和蔼与善意，还能够传达对旅客的尊重。恰当地运用礼貌用语，是对客运人员的一项基本要求，同时也是客运人员做好本职工作的基本前提之一。根据特定的使用场合，客运人员常用的礼貌用语可划分为以下几大类。

（一）问候用语

问候是人际交往中的重要环节。问候是向对方询问安好、致以敬意或者表示关切之意。问候他人时，具体内容应当既简练又规范。

1．问候用语的种类

（1）标准式问候用语

标准式问候用语，即直接问候对方的用语。其常见做法是在问好之前加上适当的人称代词或者其他尊称，例如“你好”“您好”“各位好”“女士您好”“先生好”等。

（2）时效式问候用语

时效式问候用语，即在一定的时间范围之内才有作用的问候用语。它的常用做法，是在问好、问安之前加上具体的时间，或者在两者之前加上尊称。例如：“早上好”“各位下午好”“小姐早安”“尊敬的旅客晚上好”等。

2．使用问候用语的注意事项

（1）不论在何种场合，问候时表情应当自然、和蔼、亲切，脸上带着温和的微笑。

（2）客运人员应首先向旅客进行问候。

（3）如果被问候者不止一个人时，可采用以下两种方式进行问候：一是统一对其进行问候，如“大家好”“各位午安”；二是采用“由尊而卑”的礼仪惯例，先问候身份高者，然后问候身份低者。

（二）迎送用语

迎送用语，主要用于客运人员在工作岗位上欢迎或送别旅客。它可分为两种：

1．欢迎用语

欢迎用语又叫迎客语。常用的欢迎用语有“欢迎光临”“欢迎您的到来”“见到您很高兴”等。在使用欢迎用语时，通常应当一并使用问候语，并且必要时还需同时向对方主动施以见面礼，如点头、微笑、鞠躬、握手等。

2．送别用语

送别用语又叫告别用语。常用的送别用语有“再见”“慢走”“走好”“欢迎再来”“一路平安”等。一定不要忘记使用送别用语，千万不要在对方离去时默不作声。

（三）感谢用语

在人际交往中，使用感谢用语，意在表达自己的感激之意。运用感谢用语，可以使自己的心意被他人所接受，而且也可以展示本人的修养，因为“礼多人不怪”。

1．使用感谢语的5种时机

（1）获得他人的帮助时。

（2）赢得他人的理解时。

（3）感到他人的善意时。

（4）婉言谢绝时。

（5）受到他人的赞美时。

2．感谢语的3种形式

（1）标准式感谢用语

通常只包括一个词——“谢谢”。有些情况下，在使用标准式感谢用语向人道谢时，还可在其前后加上尊称或人称代词，如“金先生，谢谢”“谢谢王科长”等，这样做可使其对象性更明确。

（2）加强式感谢用语

有时，为了强化感谢之意，可在标准式致谢用语之前，加上某些副词。这就是加强式的致谢用语。若对其运用得当，往往会令人感动。最常用的加强式感谢用语有“十分感谢”“万分感谢”“非常感谢”“多多感谢”“多谢”等。

（3）具体式感谢用语

具体式感谢用语，一般是因为某一具体事宜而向人致谢。在致谢时，致谢的原因通常一并提及。例如：“有劳您了”“让您替我们费心了”“给您添了不少麻烦”“这件事情太让您为我费心了”等。

（四）请托用语

请托用语，是请求他人帮助时使用的专项用语。在工作岗位上，任何客运人员都免不了可能会有求于人。不管是需要理解，还是寻求帮助，都需要诚恳地使用请托用语。请托用语有 3 种形式。

1．标准式请托用语

主要就是一个“请”字。当客运人员向旅客提出某项具体要求时，只要加上一个“请”字，往往很容易为对方所接受。如：“请稍候”“请让一下”等。

2．求助式请托用语

最常用的有“劳驾”“拜托”“打扰”“借光”等。它们往往是在向他人提出某一具体要求，如请人让路、请人帮忙、打断别人的交谈时，才被使用。

3．组合请托用语

前两者混合在一起使用就是组合请托用语。如“请你帮我一个忙”，“劳驾您帮我扶一下东西”等。

（五）征询用语

服务过程中，客运人员需要以礼貌的语言向旅客进行征询。在进行征询时唯有使用必要的礼貌语言才会取得良好的反馈。主要征询用语有：“您需要帮助吗”“您有什么事情吗”“我能为您做点儿什么”“您不来一杯咖啡吗”等。这些话都表征徇，主动关心别人，既热情，又有礼貌。要帮助别人做些事，当然是好事。但即使如此，也还是要征询一下对方的意见。

（六）应答用语

应答语，是指客运人员在工作岗位上为旅客服务时，用来回应旅客的招呼或者在答复其询问时所使用的专门用语。

在客运服务工作中，客运人员所使用的应答用语是否规范，往往直接反映他们的服务态度、服务技巧和服务质量。客运人员在使用应答用语时，要做到：有问必答，灵活多变，热情周到，尽力相助，不失恭敬。应答用语主要有以下 3 种形式。

1．肯定式应答用语

它主要用来答复服务对象的请求。重要的是，一般不允许客运人员对服务对象说“不”字，更不允许对其置之不理。这类应答语主要有“好的”，“好的，我明白您的意思”，“随时为您效劳”，“听候您的吩咐”，“很高兴能为您服务”，“我会尽量按照您的要求去做”，“一定照办”，等。

2．谦恭式应答用语

当旅客对被提供的服务表示满意，或是直接对客运人员进行口头表扬、感谢时，一般宜用此类应答语进行应答。这类应答用语主要有：“请不必客气”，“这是我的荣幸”，“这是我们应当做的”，“请多多指教”，“您过奖了”，等。

3．谅解式应答用语

在旅客因故向自己致以歉意时，应及时予以接受，并表示必要的谅解。如：“不要紧”，“没有关系”，“不必不必”，“我不会介意的”，等。

（七）赞赏用语

赞赏用语，主要用来肯定他人。及时、恰当的赞赏，不但可以激励别人，也可以促进、改善双方之间的人际关系。

客运人员在工作岗位上对旅客使用赞赏用语时，要少而精且恰到好处。在实际运用中，赞赏用语有 3 种形式。

1．评价式赞赏用语

主要用于客运人员对旅客的所作所为，在适当之时予以评价。如：“太好了”，“真不错”，“对极了”，“太合适了”，“非常出色”，等。

2．认可式评价用语

当旅客发表某些见解之后，往往需要由客运人员对其是非直接作出评价。在对方的见解正确时，一般应对其作出认可。如：“还是您懂行”，“看来您一定是一位内行”，“真是您说的那么回事”，“没错，没错”，等。

3．回应式赞赏用语

主要适用于旅客夸奖客运人员之后，由后者回应对方之用。如：“哪里，哪里，我做得还很不够”，“我做得不像您说的那么好”，“承蒙夸奖，真是不敢当，不过得到您的肯定，的确让我开心”等。

（八）道歉用语

在工作中，因种种原因而带给他人不便，或妨碍、打扰对方时，客运人员必须及时地向对方表达自己的歉意。对于道歉语的使用，不要羞于启齿，不论在谁面前，该道歉时就道歉。一句道歉语就会化解可能出现的冲突。最常用的道歉语主要有：“抱歉”，“对不起”，“请原谅”，“失礼了”，“不好意思了”，“很是惭愧”，“真过意不去”等。

二、使用标准的服务语音

语音在语言表达中的地位相当重要，除了它是思想内容的载体之外，语音的大小、高低、粗细、快慢等，也具有表达情感的作用。在客运工作中，客运人员对旅客的热情与冷漠等潜在的内心情感甚至个性，都可以通过语音的变化得以传达。

（一）语音准确、清晰、响亮

语音是口语表达的第一要素，要提高口语表达水平必须过语音关。一个人发音不正确、不清晰，别人听不懂、听不清，交际任务就不能完成。同样，一个人语音单调呆板、毫无生气，自然也就会影响交际的效果。

在客运服务工作中，客运人员的语音还应当做到圆润、纯正、饱满和富有弹性。另外，在较大的空间，和多人进行讲话时，声音要有较强的力度。

（二）语音高低轻重适中

这里指的是讲话时的音量问题。客运人员在与旅客进行口头交流时，在音量方面，应当使对方既可以听得清楚，又感觉舒适悦耳。

放低音量总比提高嗓门要悦耳。与旅客交谈时，客运人员的音量如果过高，就会显得生硬、粗暴；相反，如果客运人员的音量过低，既没有力量，也不大方，还会令人感到沉闷不堪，甚至还会产生一种被怠慢的感觉。

（1）说话时要保持低半音、慢半拍，这种适中的语调，就会显得很有亲和力。

（2）说完一句话时，每一句话的尾音的部分可以稍稍地上扬一点，这可以倍增亲切感。

（三）语速适中

说话时，语速要适中；要显得亲切大方、典雅文静，语速就不能过快。在交谈时，还应该注意适时地进行必要的停顿。这样娓娓道来，才能给对方留下稳重的印象，也为自己塑造了温文尔雅的好形象。

（四）语气得当

语气，即人们说话时的口气。在人际交往中，往往可以通过语气判断出某些言外之意。客运人员在与旅客进行口头交谈时，一定要在自己的语气上表现出热情、亲切、友好、和蔼和耐心。应避免以下语气：

1. 语气急躁

这是指客运人员在与服务对象交谈时，语气上显得焦急、暴躁、激动或者不耐烦。如：“抓紧时间”，“快点，我还有别的事呢”，“走不走”，“你上不上”，等。

2. 语气生硬

这是指客运人员在与旅客交谈时，语气上显得勉强、生冷、僵硬，或者不够柔和。如：“着什么急”，“喊什么”，“等着”，“你们家的东西，你这样吗”，等。

3．语气轻蔑

这是指客运人员在与旅客交谈时，语气上显得轻狂、歧视、怠慢，或者失敬于人。如："知道吗？你"，"看清价格再说"，"这又不是自由市场，还能还价"，等。

三、运用规范的服务用词

要实现文明服务，客运人员就要努力做到用词文雅。离开了用词文雅，文明用语便成为无本之木。

1．尽量选用文雅词语

即多用雅语，主要是要求客运人员在与旅客交谈时，用词力求谦恭、敬人、高雅。这样可以展示自己的良好修养。

2．努力回避不雅之语

这主要是指客运人员在与旅客交谈时，不采用任何不文雅的语词。那些粗话、脏话、黑话、怪话与废话，更不能出现于客运人员之口。

四、与旅客交谈的方式

1．基本要求

（1）与旅客交谈时，要面对对方，保持适当距离（45 ~ 100 厘米）。

（2）站姿端正，可采取稍弯腰或下蹲等动作来调节身体的姿态和高度。

（3）目光要注视对方的眼睛，以示尊敬。

（4）要注意听取对方的谈话，不可东张西望。

（5）口齿清楚，语气温和，用词文雅，简洁适中，态度诚恳，给对方以体贴信赖感。

（6）如果不得已需要打断旅客说话时，应等对方讲完一句话后，先说"对不起"，再进行说明。

（7）无意碰撞或影响了旅客，应表示歉意，取得对方谅解。

（8）遇到经常乘坐列车的旅客，应主动打招呼问候，表示欢迎。

（9）为旅客发送物品时，应主动介绍名称，严格遵循发放原则：先左后右，先里后外，先宾后主，先女后男。

（10）对旅客提出的合理要求，应尽量满足，不能做到时，应耐心解释。

（11）应允旅客的事情，一定要落实，要言而有信。

（12）不打听旅客的隐私，特别是外国旅客的年龄（多为女宾）、薪金收入、衣饰价格等。

2．有助于表现专业形象的说话方式

声音柔和而清晰并具有亲和感，语言简单明了，语速快慢适当，音量高低适中，不在说话时做其他事情，特殊情况下可使用方言。

3．不应有的说话方式

（1）声音使人感觉粗俗刺耳。声音太大或太小。声音慵懒倦怠。呼吸声音过大，使人感到局促不安和犹豫。鼻音过重。

（2）口齿不清，语言含糊，令人难以理解。语速过慢，使人感觉烦闷；语速过快，使人思维无法跟上。

（3）语言平淡，气氛沉闷。使用过于专业的术语。使用责怪的口吻甚至粗鲁的语言。

（4）随意打断旅客的说话。表现出厌烦的情绪和神色。边走边讲或不断地看手表。手放在口袋里或双臂抱在胸前。手扶着座椅靠背或坐在扶手上。

（5）谈论与工作无关的事情。与旅客嬉笑玩闹，对旅客评头论足。

【任务实施】

1. 老师提出几种客运服务场景：

（1）旅客在候车室询问客运服务人员其所乘坐的列车情况；

（2）旅客时间紧迫，想插队买票，售票员与旅客沟通；

（3）乘务员巡视车厢，请旅客不要吸烟；

（4）旅客晚点，欲闯闸机进站。

2. 邀请6组同学，要求每组根据自己所选的一种场景进行模拟沟通。

3. 沟通时，注意用语、语气和语调。

4. 由老师和同学们进行点评。

【案例资料】

凌晨2时多一位乘客到达某站。在某站乘客去签字改乘时，一女售票员说："要签可以，但每张票须交10元钱。"乘客说："我们买的是直达车票，改乘普快车为什么还要收费?"这位女售票员一脸凶相地说："你们要签，就必须交钱，不交钱，你们就别想去乘车。"乘客说："你们这是乱收费。"这位女售票员说："这是上面规定的，你们不愿意就去告状吧。"乘客是外地人，又急着要去部队，在无可奈何的情况下，只好交了20元钱，这样女售票员才给乘客签了改乘的车次。

讨论题：

（1）这位女售票员的做法，有哪些不当之处？应如何改进？

（2）如何注意与旅客说话的方式？

（3）这个案例，对你有哪些启示？

【任务练习】

1. 多　选

（1）客运服务工作中，感谢语的三种形式包括（　　）。

A. 标准式感谢用语　　B. 加强式感谢用语

C. 服务式感谢用语　　D. 具体式感谢用语

（2）客运人员常用的礼貌用语可划分为以下几大类（　　）。

A. 问候用语、迎送用语　　B. 征询用语、应答用语

C. 感谢用语、请托用语　　D. 赞赏用语、道歉用语

（3）客运服务工作中，问候用语包括（　　）。

A. 标准式问候用语　　B. 时效式问候用语

C. 欢迎用语　　D. 送别用语

（4）客运服务工作中，请托用语包括（　　）。

A. 服务式请托用语　　B. 求助式请托用语

C. 组合请托用语　　D. 标准式请托用语

（5）客运服务工作中，应答用语包括（　　）。

A. 肯定式应答用语　　B. 谦恭式应答用语

C. 谅解式应答用语　　D. 服务式应答用语

（6）客运服务工作中，要使用标准的服务语音，包括（　　）。

A. 语音准确、清晰、响亮　　B. 语音高低轻重适中

C. 语速适中　　D. 语气得当

2. 判　断

（1）《铁路旅客运输服务质量规范》服务语言表达规范、准确，使用“请、您好、谢谢、对不起、再见”等服务用语。（　　）

（2）客运人员与旅客交谈时，要面对对方，保持适当距离（45～100 厘米）。（　　）

（3）客运人员与旅客交谈时，对旅客提出的合理要求，应尽量满足，不能做到时，应耐心解释。（　　）

（4）在与旅客交谈时，可以允许客运服务人员随意打断旅客的说话。（　　）

（5）客运服务工作中，语速快慢适当、音量高低适中属于有助于表现专业形象的说话方式。（　　）

3. 思　考

（1）高速铁路客运服务问候用语分几类？使用问候用语时应注意什么？

（2）常用的迎送用语有哪些？

（3）什么时候使用感谢用语？请分别举例说明。

（4）请托用语分几类？常用的请托用语是什么？

（5）高铁客运人员应从哪几个方面注意使用标准的服务语音？

任务 3　高速铁路客运服务涉外礼仪

【教学目标】

1. 能力目标

能根据所学涉外礼仪知识，恰当地进行高速铁路涉外服务礼仪工作。

2. 知识目标

了解英国、法国、德国、美国、日本、韩国等国的基本礼仪规范，理解礼宾次序礼仪、迎送礼仪、宴请礼仪等基本涉外礼仪，掌握涉外礼仪的基本原则、基本要求。

3. 素质目标

树立高速铁路客运服务涉外礼仪意识，具备高速铁路涉外服务礼仪的基本职业素质。

【任务导入】

1957 年国庆节后，周总理去机场送一位外国元首离京。当那位元首的专机腾空起飞后，外国使节、武官的队列依然整齐，并对元首座机行注目礼。而我国政府的几位部长和一位军队的将军却疾步离开了队列。他们有的想往车里钻，有的想去吸烟。周总理目睹这一情况后，当即派人把他们叫回来，一起昂首向在机场上空盘旋的飞机行告别礼。随后，待送走外国的使节和武官，总理特地把中国的送行官员全体留下来，严肃地给大家上了一课："外国元首的座机起飞后绕机场上空盘旋，是表示对东道国的感谢，东道国的主人必须等飞机从视线里消失后才能离开，否则，就是礼貌不周。我们是政府的工作人员和军队的干部，我们的举动代表着人民和军队的仪表，虽然这只是几分钟的事，如果我们不加以注意，就很可能因小失大，让国家的形象受损。"

讨论题：

（1）此案例对你有哪些启示？

（2）与外宾道别应注意什么？

"十里不同风，百里不同俗"，东西方文化有着重大的差异。随着现代交通的发展以及改革开放的深入，国与国之间的交往越来越频繁，国人与外宾交往的机会越来越多。作为一名客运人员，不仅要了解本国优秀的礼仪文化，还需要了解国际通行的礼仪规范。在对外交往过程中，以礼仪为桥梁，不仅有助于增进友谊，促进合作，还有助于维护自身形象和国家尊严，体现我"礼仪之邦"的风采。

涉外礼仪是指在对外交往或涉外工作中，用以维护自身形象、企业形象和本国形象，并向外宾表示尊重、友好、礼貌的各种礼节、仪式及其惯用形式。它是在长期的国际交往中逐步形成的，是国际通用的礼仪规范。

一、涉外礼仪的原则

涉外礼仪的原则，是根据礼仪通则与涉外交往活动实践，从整体性、普遍性角度加以概括形成的，对涉外交际具有普遍指导意义的一些原则。常言道“小是小非讲风格，大是大非讲原则”。在对外交往中，必须认真贯彻以下原则。

（一）不卑不亢，注重国格

在对外交往中，客运人员应时刻不忘祖国的利益高于一切，热爱祖国和人民，在尊重他国利益和尊严的基础上，遵循规范、得体的原则塑造自己的个人形象，维护国家、民族、企业的形象。因此，在涉外活动中，每个相关人员不仅要特别注重国格、人格，维护国家利益、民族尊严以及自己所在单位或企业的权益，而且要注意热情有度，内外有别，保守国家和企业商业秘密。

（二）平等相待，礼尚往来

在涉外交往过程中，我们应该特别注意对任何交往对象都要一视同仁，给予平等的尊重与友好，不要有大小、强弱、贫富之别，不能厚此薄彼，区别对待。除此之外，应该做到不以貌取人，不根据对方的外貌与衣着来决定自己的态度。

人与人之间，企业与企业之间，国与国之间只有共同努力、平等相待才能相互理解，消除误会，从而建立起稳定、良好的关系，达到双赢的效果。如果只有单方面的热情，另一方反应冷淡，唯我独尊，不予理睬，甚至冷嘲热讽，是非常失礼的表现，严重的还有可能致使双方断交或产生敌对情绪。正如《礼仪》所言：“礼尚往来，往而不来非礼也，来而不往亦非礼也。”

（三）表态慎重，信守约定

古今中外人士都一致推崇做人应该“言必信，信必果”。特别是在对外交往过程中，言行一定要谨慎，表态要慎重。西方人常常把信誉、商誉和荣誉连在一起，做事很认真、很有计划性，一旦做出决策，不轻易改变。在外交场合有两种人是最不受欢迎的：第一种就是那些答应了要参加但未到达并且也不事先打招呼的人；第二种就是那些不守时的人，尤其是常常迟到的人，他们不尊重别人的时间，没有礼貌，所以也不受欢迎。

在今天这个生活和工作节奏越来越快、国际交往也越来越密切的新时代，人们的观念必须发生改变，必须认真而严格地遵守自己的承诺，做到言而有信。

二、涉外礼仪基本要求

当今世界，尽管各国社会形态各不相同，经济发展水平各不相等，民族人口有多寡之别，国家有大小之分，但是有一点是共同的，即文明民族都很注重礼貌礼节。一个文明程度越高的国家或民族，其国民或族人就越讲礼貌懂礼节，其国际形象就越佳。

（一）注重形象，仪表得体

在国际交往中，人们普遍对交往对象的个人形象倍加关注，不仅因为个人形象真实体现着个人的教养和品位、精神风貌和生活态度，还因为个人的形象总是与国家形象、民族形象、企业形象密切相关，通过个人形象可以如实地体现出对交往对象的重视程度。在对外交往中，很多外国人对中国的了解和看法，主要来自他有机会接触到的中国人。因此，在对外交往中，要是不注意维护自身形象，从某种程度上说，就有可能会损害中国的国际形象和整个中华民族的形象。

在与外国人打交道时，每一名涉外人员衣着的基本礼仪要求是：得体而应景。涉外人员应当懂得依照自己所处的具体场合，选择与其相适应的服装。

在日常生活中，服装是“人的第二肌肤”。每个人的服装穿着不仅会给人以深刻的印象，而且也被视为其身份、地位、修养与品位的客观体现。在涉外交往中，这一点表现得尤为突出。

在公务场合，涉外人员的着装应当既端庄大方又严守传统，重点突出“庄重保守”的风格，不可太强调个性。具体而言，男士最好选择身着藏蓝色、灰色的西服套装或中山装套装，内穿白色衬衫，脚穿深色袜子和黑色皮鞋。穿西服套装时，务必要打领带。女士的最佳衣着则是，身穿单一色彩的套裙，内穿白色衬衫，脚穿肉色长筒丝袜和黑色高跟皮鞋。有时，穿着单一色彩的连衣裙亦可，但是尽量不要选择以长裤为下装的套装。在公务场合，不得穿夹克衫、牛仔装、运动装、健美裤、背心、短裤、旅游鞋和凉鞋等休闲装。尤其应避免穿着过于时髦、过于随便、过于暴露、过于透视、过于短小、过于紧身的服装。

在观看演出、出席宴会、参加舞会、登门拜访、参与聚会等最常见的社交场合，涉外人员的着装就可以重点突出“时尚个性”的风格。最为常见的主要有时装、礼服、民族特色的服装以及个人缝制的服装。在西方国家，最正规的大礼服，男士的是黑色的燕尾服，女士的则是袒胸露背、拖地的单色连衣裙式服装。

目前，我国的具体做法是，在需要穿着礼服的场合，男士穿着深色的中山装套装或西装套装，女士则穿着单色的旗袍或下摆长于膝部的连衣裙。其中，尤其以深色中山套装与单色旗袍最具有中国特色，并且应用最为广泛。

在社交场合，最好不要穿制服。若非职业军人或公、检、法人员，切勿身穿军服或公、检、法专用的制服，前去参加有外国人参加的社交活动。

在居家休息、健身运动、浏览观光、街市漫步、商场购物等休闲场合，涉外人员的着装应当穿出“舒适自然”的风格。牛仔装、运动装、夹克衫、T 恤衫、短袖衬衫、短裤等是休闲场合着装首选。

（二）以礼待人，称呼得当

称呼，指的是人们在交谈时用以表示彼此关系的名称。在对外交往过程中，人们碰到的头一个问题就是怎样称呼对方才合乎礼仪。在对外交往中，应该严格遵循国际上通行的称呼习惯，丝毫不能大意。在国外，男子通称为“先生”，未婚女子被称为“小姐”，已婚女子被称为“夫人”。对不了解其婚姻状况的女子可称为“小姐”。在外交场合，女子都可以被通称为“女士”。对军人可以军衔相称，对医生、律师、法官以及有学问的人可以职称或学位相称。总之，涉外称呼一定要符合礼仪要求，否则，容易伤害对方的感情，或者被对方认为缺乏教养。

与外国人交往应酬时，尤其是在比较正式的场合，应当选用的称呼主要有以下几种。

1. 尊　称

它几乎适用于任何场合，主要包括“先生”“小姐”“女士”。应当强调的是，在称呼一位妇女时，最好根据其婚否，分别以“小姐”或“夫人”相称。若一时难以判断，则可以称之为“女士”。在有的国家，“阁下”这一泛尊称也可以使用。

2. 荣誉性称呼

在人际交往中，若交往对象拥有在社会上备受重视的学位、学术性头衔、专业技术性头衔、军衔、爵位，例如“博士”“教授”“医生”“律师”“法官”“工程师”“将军”“公爵”等，均可用作称呼。

3. 公务性称呼

在公务活动中，一般可以直接以对方的职务相称。例如，可称其为“部长”“经理”“总裁”“科长”“主任”等。不过有的国家并不习惯采用此类称呼。

4. 一般性称呼

它适用普通场合，即直接称呼他人的姓氏或姓名。例如，“杰克逊”“麦当娜”，“塞缪尔·亨廷顿”“亨利·米勒”，等。

5．特殊性称呼

它主要是指对于王室成员或神职人员的专门称呼。例如“陛下”“殿下”“教皇”“大主教”“神父”“牧师”“拉比”等。

（三）知书达礼，遵纪守法

1．尊重妇女，礼让有节

尊重妇女是国际社会公认的一条重要的礼仪原则，也是衡量男士是否具有文明教养与礼仪风度的重要标准。在西方社会，日常生活中讲究“女士优先”，是一位男士风度高雅的前提。

尊重妇女的具体体现是：一位男士，在日常生活的任何时候，任何情况下，在行动上从各个方面要尊重妇女、照顾妇女、保护妇女、体谅妇女、关心妇女，并尽心竭力地去为妇女排忧解难。比如：在社会场合做介绍时，先把男士介绍给女士；参加社交聚会时，宾客见到站在一起的男女主人时，也总是应先与女主人打招呼；而女士进入聚会场所时，先到的男士应站起来迎接；当介绍来宾时，应先把男士介绍给女士；当男女双方握手时，也只有等女士伸出手之后，男士方可与之相握；当上下车、上下楼梯、进出电梯时，均让女士先行，并主动予以照顾；在旅途中，遇到携带行李的女士，男士应帮助提携并放好行李；如果男女并排行走，男士应当自觉请女士走在人行道的内侧，自己走在外侧。在西方国家中，人们都认为尊重妇女，就是尊重人类的母亲，这是一个文明人所应有的教养。

2．入乡随俗，谨言慎行

对外交往中，人们总认为语言不通是交往时的唯一障碍，其实在某些时候，不了解交往对象所在国的风俗习惯才是最大的障碍。若预先了解了对方的习俗禁忌，你就可以尽量避免犯忌，从而成为一个彬彬有礼、受人欢迎的客人或是一个知书达礼、体贴周到的主人。

当前，国际礼仪强调以人为本，要求尊重个人隐私，维护人格尊严，并将尊重个人隐私与否视为一个人在待人接物方面有无教养，能否尊重和体谅交往对象的重要标志之一。对于西方人来讲，凡涉及经历、收入、年龄、婚恋、健康状况、政治见解等均属于个人隐私，别人不应查问。

3．爱护环境

爱惜和保护环境，从本质上讲，就是对整个人类的爱惜和保护。注重环保作为涉外礼仪的主要原则之一，是国际舞台上备受关注的焦点话题。在日常生活里，能否以实际行动“爱护环境”，已被视为一个人有没有教养、讲不讲社会公德的重要标志之一。

三、涉外礼仪实务

（一）礼宾次序礼仪

礼宾次序，是指在国际交往中对出席活动的国家、团体人士的位次，按某些规则和惯例进行排序的先后次序。它不仅体现着东道主给予外宾的礼遇，而且在一些国际性场合还表示各国主权平等的地位，这体现的是尊重与秩序。在同时接待来自不同国家、不同地区、不同单位的国外团体或个人时，必须按照国际惯例和本国的常规做法，来排定其尊卑先后的具体顺序，并且据此给予对方以相应的礼遇。

1．位次排序的基本原则

（1）客方为尊

在涉外交往中，如果是双边交往，主方会把客方安排在尊位；如果是多方交往，尊位往往是主方。

（2）职位高低

位次排序的目的之一就是彰显身份与地位，以表示主方对客方的尊重。根据职位的高低排尊卑，位次由尊到卑。

（3）平等

位次排序一方面要强调等级，另一方面也要强调平等。要照顾低级别者、弱者和不便者，让每一位参与者都受到平等的对待。

2．不同场合的位次排序

在不同的国家里，礼宾序列的具体排列往往采用不同的方法。目前，我国在排列礼宾序列时一般采用下述做法：

（1）依照来宾的具体地位的高低排列其次序。在正式的政务、商务、文化、科教、学术、军事交往中，均可采用此种方法。若外国来宾系组团前来，则应按照团长的具体地位的高低来排列其先后次序。

依照国际惯例，多人进行并排排列时，最基本的原则是：以右为尊。这适用于各种类型的国际交往，包括政治磋商、商务往来、文化交流以及私人接触、社交应酬等。

会见时：

根据国际惯例，通常会将主人和主宾的座位安排在面向出口的位置，并让客方坐在主人的右侧。如有翻译，通常坐在主人和主宾的后面或各方紧挨本方主人一边的位置。（如图 3.24 所示）

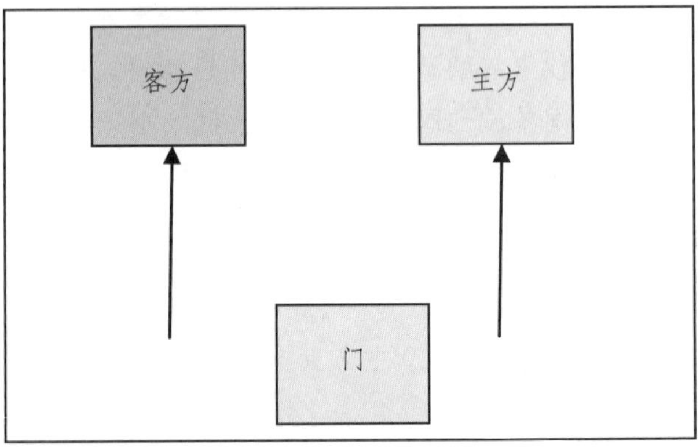

图 3.24　位次排序基本排法

在主席台举行会议就座时：会议主席台如果只有主客双方两个人时，还可按照会见时的“主左客右”的国际惯例就座，同时保证面门就座的位次排列。

如果主客双方人数较多，超过两个人时，可有以下两种排列方法：

一种是主方人员从高到低排列坐在左侧，级别高或者尊贵者坐中间，级别低者坐边上。客方人员同样按照从高到低排列，坐在主人的右侧。这种方法比较适合总人数为双数的情况。（如图 3.25 所示）

6	5	4	3	2	1	1	2	3	4	5	6
客方						主方					

图 3.25　主客超过两人时的排法（适于双数）

一种是主客交叉排列。通常，主方一号坐在中间，客方一二号分别坐在主方一号的右边和左边，然后按照主客交叉的原则级别从高到低排列。这种方法比较适合总人数为单数的情况。（如图 3.26）

6	5	4	3	2	1	1	2	3	4	5	6	7
主客交叉就座												

图 3.26　主客超过两人时的排法（适于单数）

（2）依照来宾所在国家或地区的名称的汉语拼音字母或拉丁字母的先后来排列其次序。在举行大型的国际会议或体育比赛时，通常可以采用此种排列方法。

（3）依照来宾抵达现场的具体时间的早晚来排列其先后次序。当各国大使同时参加派驻国的某项活动时，一般均以他们到任的具体时间的早晚来排定其礼宾序列。在非正式的涉外活动中，亦可采用此种排列方法。

（4）依照来宾告知东道主自己决定到访的具体时间的先后来排列其次序。在举办较大规模的国际性的招商会、展示会、博览会时，大都可以采用这一排列方法。

（5）不排列。所谓不排列，其实也是一种特殊的排列方法。当上述几种方法难以应用之时，便可采用这种排列方法。

在礼宾实践中，上述五种方法可以交叉采用。但是，不论采用何种排列方法，均应事先向外国来宾进行通报。

（二）悬挂国旗

在我国境内悬挂外国国旗，乃是我国给予对方的一项礼遇。依照国际惯例，我国规定：在中国境内悬挂外国国旗时，必须同时悬挂中国国旗。在同时悬挂中外国旗时，其高度要相等，其面积要大致相似，以示彼此相互平等。

悬挂或摆放中外国旗的常规是：如并排升挂两国国旗，应以国旗自身面向为准，以右为上，以左为下。例如，我国举行国宴时，一般将外国国旗悬挂在右侧，而将我国国旗悬挂在左侧，此举意在表示对外方的尊重。

并排升挂三面或三面以上国旗时，依然讲究以右为上。应当按照礼宾序列，自右而左，依次升挂。通常，东道国国旗往往居于末尾，即最左侧。不过在举行国际会议时，按惯例并无宾主之分，因此东道国国旗不必居后。

应当强调的是：国旗象征着国家，因此在涉外交往中升挂国旗时，绝不容许将任何一方的国旗弄错或挂错。此外，按惯例不允许使用污损的国旗，不准倒挂国旗，不准在墙壁上交叉悬挂或竖挂国旗。

（三）涉外迎送礼仪

迎送，顾名思义，就是迎来送往或迎接送别，这是一种常见的社交礼仪。在国际交往中，对外国来访的客人，通常视其身份和访问的性质以及两国关系等情况，安排相应的迎接送别活动，称为“涉外迎送”。

1．迎送类别

一般情况下，对外国国家元首、政府首脑和军方首领的正式访问，各国一般都要举行隆重的迎送仪式，如安排检阅仪仗队等。对一般代表团和人员的访问，一般不举行正式欢迎仪式。但是，对于应邀前来访问者，无论官方人士、专业代表团还是民间团体、知名人士，在他们抵达或离开时，都应安排相应身份的人员前往机场、车站或码头迎送。

2．迎送原则

一般按照国际礼宾惯例，迎送规格依照“对等原则”，主要迎送人员应与来宾的身份相当。当然，有时也需适当考虑两国之间的关系，灵活变通，综合平衡。如果由于各种原因而不可能完全对等时，可由职位相当的人士或副职出面，并向对方做出解释。

3. 迎送事项

客人到达之前，主人应做好各方面的准备工作，如对来宾名单的研究，对来宾的称呼，接待客人怎么穿着才得体，迎送规格，计划活动的安排，等等。

迎送人员必须准确掌握外宾乘坐的飞机（火车、船舶）抵达及离开的时间，迎接或送行时，不可迟到或早退。在迎候外宾的过程中，迎候人员应始终面带微笑，以表示欢迎之意。在为外宾送行时，送行人员应在外宾临上飞机（火车、船舶）之前，按一定顺序同外宾一一握手告别。飞机起飞（火车、船舶开动）之后，送行人员应向外宾挥手致意，直至飞机（火车、船舶）在视野里消失时方可离去。

在参加迎接的主要领导人与客人握手后，由女青年或儿童献花，也有的由女主人向女宾献花。献花须用鲜花，并注意保持花束整洁、鲜艳，一般忌用菊花、杜鹃花、石竹花以及黄色花卉等。

迎接外宾时，宾主双方要互相介绍、引见。一般由礼宾人员或我方迎候人员中身份最高者，率先将我方迎候人员按一定顺序一一介绍给客人，然后再由客人中身份最高者，将客人按一定顺序一一介绍给主人。若宾主早已相识，则不必介绍，双方直接行见面礼即可。

外宾抵达后，从机场（车站、码头）到住地，或访问途中，或访问结束后，由住地到机场（车站、码头），主人都应陪车。

（四）涉外会谈礼仪

会谈是指双方或多方，就某些重大的政治、经济、文化、军事问题，以及其他共同关心的问题交换意见。一般地说，会谈内容较为正式，政治性或专业性较强。

如果是双边会谈一般用长方形桌子；多边会谈用椭圆形桌子；小范围的会谈，也可不用长桌，只放沙发。

会谈时，宾主相对而坐，以正门为准，主人坐背对正门一侧，客人面向正门。如会谈的长桌，一端朝向正门，则以入门方向为准，右为客方，左为主方。如图 3.27 和图 3.28 所示。主谈人居中，我们习惯把译员安排在主谈人右侧，但有的国家亦让译员坐在后面，一般应尊重主人的安排。其他人员按礼宾顺序左右排列。记录员可安排在后面，如参加会谈人数少，也可安排在会谈桌就座。

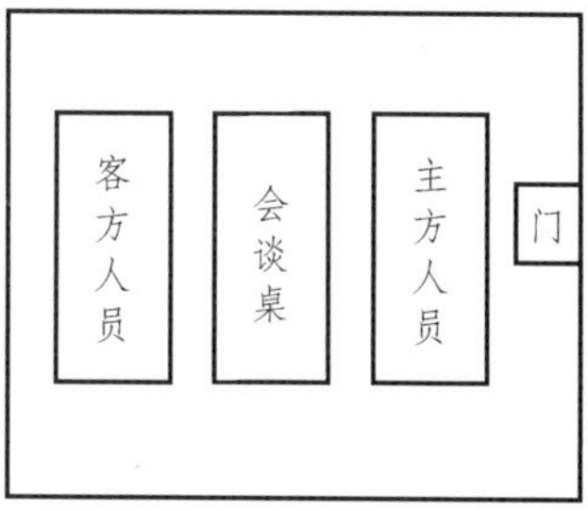

图 3.27　涉外会谈（一）

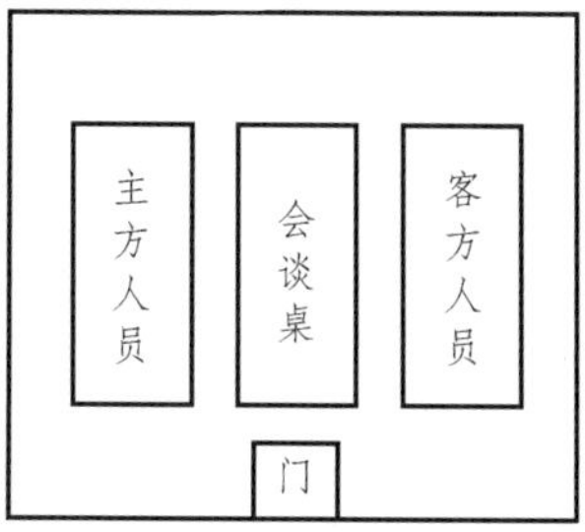

图 3.28　涉外会谈（二）

（五）涉外宴请礼仪

涉外宴请，是指在国际交往中由于某种需要而设宴招待客人的礼仪活动。它是最常见的交际形式之一。各国宴请都有本国和本民族的特点和习惯。

宴会大体上分为国宴、正式宴会、便宴和家宴四种。另外根据举行时间的不同，宴会又有早宴、午宴和晚宴之分。一般来讲，晚宴比白天的宴请更为隆重和正式。

正式宴会与国宴的安排大体相同，只是不挂国旗、不奏国歌以及出席规格有所不同。宾主按身份排位就座。正式宴会对餐具、酒水、菜肴道数、陈设以及服务员的装束、仪态的要求都很严格。通常菜肴包括冷盘、汤和几道热菜（中餐一般 4 ~ 5 道，西餐多用 2 ~ 3 道），最后上点心、甜食和水果。国外宴会前还要加上开胃酒，席间佐餐用酒，一般多用红、白葡萄酒，很少用烈性酒，尤其是白酒。餐后在休息室上一小杯烈性酒，通常为白兰地。我国在这方面做法没有这样多，餐前一般在会客室稍作叙谈，通常只上茶和饮料，如无休息室休息也可直接入席。席间一般用两种酒，一种甜酒，一种烈性酒。餐后不再回会客室，也不必上餐后酒。

涉外宴请的位次排序主要考虑两个方面：排桌序和排座次。

关于排桌序。尊桌的标准主要有两个：一是以门的方向来确定，面朝门的中央位置为尊位；二是以靠主桌的位置来确定，主桌右边为尊，桌次高低以离主桌位置远近而定，右高左低。如图 3.29 所示。桌数较多时，要摆桌次卡。这种情况使用于两桌以上的情况。如果只有两桌，则右边的桌子为尊。如图 3.30 所示。

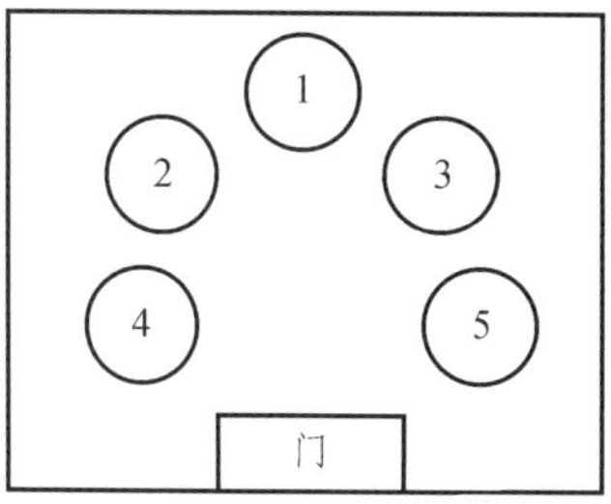

图 3.29　涉外宴请排桌序（一）

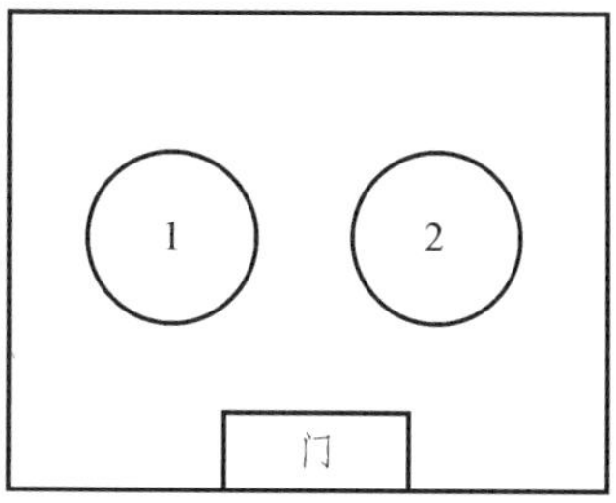

图 3.30　涉外宴请排桌序（二）

同一桌上，一般来说靠墙面门的位置为主人位，主人位的右手是第一客人的位置，主人位的左手是第二客人的位置，以后依次按序排列。在具体安排座次时，可以把身份大体相同、使用同一语言者或属同一专业的排在一起。翻译一般安排在主人的右侧。在许多国家，翻译不上席，只安排坐在主人和主宾的背后，以便工作。

关于桌子的形状，我国通常用圆桌，而欧美国家则喜欢用方桌和长条桌。

当使用圆桌时，主客方人员的排位有三种最基本的方式，即之字式排位、交叉式排位和连线式排位，如图 3.31 所示。其中，深色代表主方人员，浅色代表客方人员。

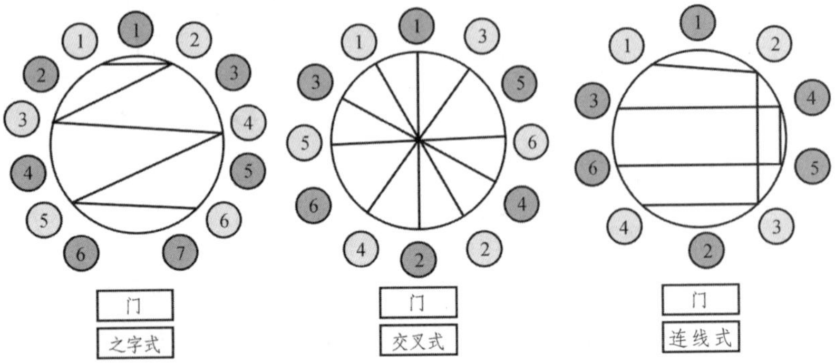

图 3.31　使用圆桌时的排位

之字式排位法：主人面门而坐，以主人为中心，各方人员各自按“以右为尊”的原则依次按“之”字形排列，同时要做到主客相同。

交叉式排位法：主方一号和二号相对而坐，其余人员按照“以右为尊”的原则以此类推，如三、四号相对而坐，五、六号相对而坐，同时主客方交叉而坐。客方人员也按此种方法排位。

连线式排位法：主方一号和二号相对而坐，主方其余人员和客方各按“以右为尊”的原则顺时针排列，同时要做到主宾相同。

当使用长条桌时，我们主要看看典型的英式排法。其中，级别最高者坐在长条桌的两端，如果是家庭式的邀请，第一主人通常是女主人，而不是男主人。但商务、公务场合没有这种规定，是以级别定尊卑。在进行家庭宴请时，如有女主人参加，宴请排位次序如图 3.32 所示。

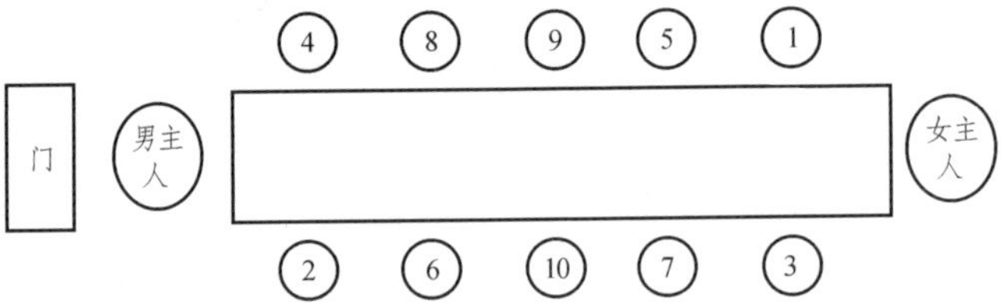

图 3.32　使用长桌时的英式排法（家庭宴请）

如果宴请属于公务或商务类，没有女士参加，宴请排位次序如图 3.33 所示。

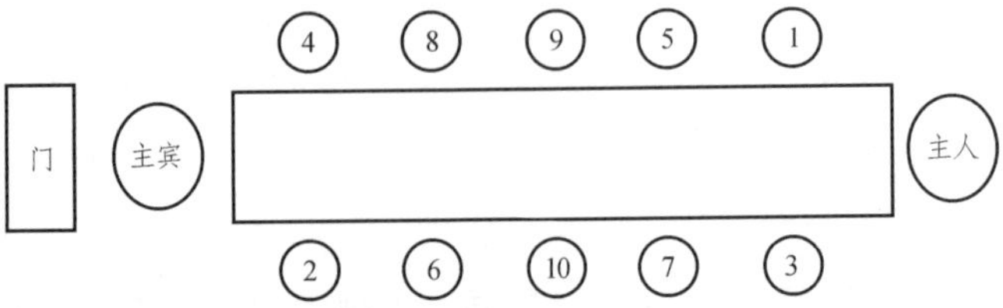

图 3.33　使用长桌时的英式排法（公务、商务类）

四、部分国家礼仪介绍

（一）英国礼仪

英国人在待人接物方面所表现出来的独特风格，往往会给人以深刻的印象。英国人给人的印象是：重视传统、保守理智、不苟言笑。一般认为，具有绅士风度美誉的英国交际礼仪，是西方社交礼仪的代表。

1．社交礼仪

英国人不喜欢被人统称为“ENGLISH”（英国人或英格兰人），将他们称为“BRITISH”（英国人或不列颠人）会使所有的英国人感到满意。

在进行介绍时，一般先少后长，先低后高，先次后要，先客后主，即先介绍年少者、职位低者、次要人员和客人，然后再介绍年长者、职位高者、重要人员和主人。

英国人崇尚绅士风度，即衣着得体、举止优雅、严谨、果断。

英国人喜欢以握手表示友好。与人握手时，无论男女，无论天气多冷，都应先把手套摘掉，而且摘得越爽快越能体现对对方的尊重。

英国人遵守纪律，即便是几个人上车，他们也会自觉地排队上车。在英国坐出租车，一般按 10% 左右付小费，将小费列入服务费账单的饭店不必另付小费。

在主人家中做客数日，视情况付给提供服务的用人一些小费。

2．服饰礼仪

英国人的穿衣模式受到世界许多人的推崇。尽管英国人讲究衣着，但十分节俭，一套衣服一般要穿个十年八年。一个英国男子一般有两套深色衣服，两三条灰裤子。20 世纪中叶以后，英国人的衣着已向多样化、舒适化发展，比较流行的有便装夹克、牛仔服。

3．仪态礼仪

在英国，人们喜欢在演说或别的场合伸出右手的食指和中指，手心向外，构成 V 形手势，以示胜利；如有人打喷嚏，旁人就会说上帝保佑你，以示吉祥。

4．餐饮礼仪

英国的宴请方式多种多样，主要有茶会和宴会，茶会包括正式和非正式两种。英国人在席间不布菜也不劝酒，全凭客人的兴趣取用。一般要将取用的菜吃光才礼貌，不喝酒的人在侍者斟酒时，将手往杯口一放就行。客人之间告别可相互握手，也可点头示意。

5．商务礼仪

到英国从事商务活动要避开 7、8 月，这段时间工商界人士多休假。另外在圣诞节、复活节也不宜开展商务活动。在英国送礼不得送重礼，以避贿赂之嫌。在商务会晤时，按事先约好的时间光临，不得早到或迟到。英国工商界人士办事认真，不轻易动感情和表态，他们视夸夸其谈、自吹自擂为缺乏教养的表现。

6．主要禁忌

英国人认为 13 和星期五是不吉利的，尤其是 13 日与星期五相遇更忌讳，这个时候，许多人宁愿待在家里不出门。在英国，忌讳谈论男人的工资、女人的年龄、政治倾向等。他们忌讳四人交叉式握手，还忌讳点烟连点三人。

（二）法国礼仪

1．社交礼仪

法国是个浪漫的国度，法国人在社交礼仪上非常讲究，主要有以下特点：

（1）爱好社交，善于交际。对于法国人来说，社交是人生的重要内容，没有社交活动的生活是难以想象的。

（2）诙谐幽默，生性浪漫。法国人在人际交往中大都爽朗热情，善于雄辩，高谈阔论，好开玩笑，讨厌不爱讲话的人，对愁眉苦脸者难以接受。受传统文化的影响，法国人不仅爱冒险，而且喜欢浪漫的经历。

（3）渴求自由，纪律较差。在世界各国人中，法国人是最著名的“自由主义者”。一般纪律较差，不大喜欢集体行动。与法国人打交道，约会必须事先约定，并且准时赴约，但是也要对他们可能的姗姗来迟事先有所准备。

（4）自尊心强，偏爱“国货”。法国的时装、美食和艺术有口皆碑，在此影响之下，法国人拥有极强的民族自尊心和民族自豪感，在他们看来，世间的一切都是法国最棒。与法国人交谈时，如能讲几句法语，一定会使对方热情有加。

（5）骑士风度，尊重妇女。法国人崇尚骑士风度，即勇敢、智慧，尊重妇女。在人际交往中，法国人所采取的礼节主要有握手礼、拥抱礼和吻面礼。

2．服饰礼仪

法国人对于衣饰的讲究，在世界上是最为有名的。所谓“巴黎式样”，在世人耳中即与时尚、流行含意相同。

在正式场合，法国人通常要穿西装、套裙或连衣裙，颜色多为蓝色、灰色或黑色，质地考究。出席庆典仪式时，一般要穿礼服。男士所穿的多为配以蝴蝶结的燕尾服或是黑色西装套装，女士所穿的则多为连衣裙式的单色大礼服或小礼服。

对于穿着打扮，法国人认为重在搭配得法。在选择发型、手袋、帽子、鞋子、手表、眼镜时，都十分强调要使之与自己的着装相协调、一致。

3．餐饮礼仪

作为举世皆知的世界三大烹饪王国之一，法国人十分讲究饮食。在西餐之中，法国菜可以说是最讲究的。法国人爱吃面食，面包的种类很多；他们大都爱吃奶酪；在肉食方面，他们爱吃牛肉、猪肉、鸡肉、鱼子酱、鹅肝，不吃肥肉、宠物、肝脏之外的动物内脏、无鳞鱼和带刺骨的鱼。法国人特别善饮，他们几乎餐餐必喝，而且讲究在餐桌上要以不同品种的酒水搭配不同的菜肴；除酒水之外，法国人平时还爱喝生水和咖啡。

法国人用餐时，两手允许放在餐桌上，但却不许将两肘支在桌子上。在放下刀叉时，他们习惯于将其一半放在碟子上，一半放在餐桌上。

4．主要禁忌

法国的国花是鸢尾花。法国人大多喜爱蓝色、白色与红色，他们所忌讳的色彩主要是黄色与墨绿色。法国的国鸟是公鸡，他们认为它是勇敢、顽强的直接化身。菊花、牡丹、玫瑰、杜鹃、水仙、金盏花和纸花，一般不宜随意送给法国人。

与英国人和德国人工样，法国人所忌讳的数字是“13”与“星期五”。

在人际交往之中，法国人对礼物十分看重，但又有其特别的讲究。法国人喜欢具有艺术品位和纪念意义的物品。男士不赠送香水、化妆品等礼物给关系一般的女士。在接受礼品时若不当着送礼者的面打开其包装，则是一种无礼的表现。

（三）德国礼仪

德国人的特点是：纪律严明，法治观念极强；讲究信誉，重视时间观念；极端自尊，非常尊重传统；待人热情，十分注重感情。

1．社交礼仪

德国人在人际交往中非常重视礼节。与德国人握手时，有必要特别注意以下两点：一是握手时务必要坦然地注视对方；二是握手的时间宜稍长一些，晃动的次数宜稍多一些，握手时所用的力量宜稍大一些。

重视称呼是德国人在人际交往中的一个鲜明特点。对德国人称呼不当，通常会令对方大为不快。一般情况下，切勿直呼德国人的名字。称其全名，或仅称其姓，则大都可行。

与德国人交谈时，切勿疏忽对“您”与“你”这两种人称代词的使用：对于熟人、朋友、同龄者，方可以“你”相称。在德国，称“您”则表示尊重，称“你”则表示地位平等、关系密切。

德国人非常守时，约定好的时间，无特殊情况，绝不轻易变动。

2．服饰礼仪

德国人在穿着打扮上的总体风格是庄重、朴素、整洁。

一般情况下，德国人的衣着较为简朴。男士大多爱穿西装、夹克，并喜欢戴呢帽，妇女们则大多爱穿翻领长衫和色彩、图案淡雅的长裙。

德国人在正式场合露面时，必须要穿戴得整整齐齐，衣着一般多为深色。

在商务交往中，男士穿三件套西装，女士穿裙式服装。

德国人对发型较为重视。在德国，男士不宜剃光头免得被人当作“新纳粹”分子。德国少女的发式多为短发或披肩发，烫发的妇女大半都是已婚者。

3．餐饮礼仪

宴席上，男子坐在妇女和地位高的人的左侧，女士离开和返回饭桌时，男子要站起来以示礼貌；请德国人进餐，事先必须安排好。就餐谈话时，不隔着餐桌与坐得较远的人交谈，怕影响别人的情绪。

在肉类方面，德国人最爱吃猪肉，其次才轮到牛肉。以猪肉制成的各种香肠，令德国人百吃不厌。

德国人一般口味较好，喜食油腻之物。

在饮料方面，德国人最欣赏的是啤酒。

4．主要禁忌

在所有花卉之中，德国人对矢车菊最为推崇，并且选定其为国花。在德国，不宜随意以玫瑰或蔷薇送人，前者表示求爱，后者则专用于悼亡。

德国人对黑色、灰色比较喜欢。对于红色以及渗有红色或红、黑相间之色，则不感兴趣。

对于“13”与“星期五”，德国人极度厌恶。他们认定，在路上碰到了烟囱清扫工，便预示着一天要交好运。他们对于个人交叉握手，或在交际场合进行交叉谈话比较反感。

在德国，星期天商店一律停业休息。在这一天逛街，自然难有收获。

向德国人赠送礼品时，不宜选择刀、剑、剪、餐刀和餐叉。以褐色、白色、黑色的包装纸和彩带包装、捆扎礼品，也是不礼貌的。

与德国人交谈时，不宜涉及纳粹、宗教与党派之争。在公共场合窃窃私语，德国人认为是十分无礼的。

（四）美国礼仪

由于美国人受传统束缚很少，且美国是移民国家，文化的包容性较强，所以在美国的礼仪中，传统的东西较少。但美国文化深受欧洲文化的影响，因此，美国的礼仪在吸取欧洲礼仪的基础上有自己的特色。

1．社交礼仪

美国人见面时，不一定会握手，只要笑一笑，打个招呼就行了，即使这是第一次见面。在美国，人们见面时喜欢直呼其名，这是亲切友好的表示。纵使交谈之初可能互相用姓称呼，但过一会儿就改称名字。人们很少用正式的头衔称呼别人，正式的头衔只用于法官、高级政府官员、军官、医生、教授和高级宗教人士。美国人从来不用行政职务如局长、经理、校长等头衔来称呼别人。另外，在与人交谈时，美国人不谈及个人的私事，诸如年龄、婚姻、收入、信仰等。看到别人买的东西不问其价格；如果看到别人回来，也不问他去哪儿了或者从哪里来，否则就会遭人厌恶。美国人常用“鼻子伸到人家私生活里来了”这句话来表示对提问人的轻蔑。

2．服饰礼仪

美国人在穿着打扮上以体现个性为主，很难从穿着上看出他们是富有还是贫穷，以及他们的身份地位如何。在美国，穿得好的不一定有钱，穿得不好的不一定没钱。若简单地以衣帽取人，不仅会主次不分，使自己陷入窘境，而且也会受到轻视。

与欧洲人相比，美国人比较随意，不像欧洲人那样讲究，但在正式的社交场合，美国人的穿着有很严格的规定。例如，美国许多公司上班有专门设计订做的制服，在律师楼和银行上班的老板和职员们天天都是西装笔挺，而且每日均需要换新，若两日相同，就容易被人误会是个夜晚没有回家更衣的人。再如，在美国举办各种宴会，往往在请柬上注明是否“黑领结”。如果注明了“黑领结”，男士则一定要穿无尾礼服，系黑色领结，女士必须穿晚礼服。这时，男士的长条领带，女士的裤装都上不了台面。如果没有注明“黑领结”，而表示是“正式穿着”，那么西服就可以上场。如果写的是“白领”，表示要穿燕尾服，系白色领带。因此什么宴会穿什么样的衣服，是很有讲究的。因此，注意场合与服装的搭配在美国尤为重要。

3．送礼、约会、做客的礼仪

一般来说，美国人不随便送礼，礼物通常不很贵重，只是些书籍、文具、巧克力糖之类的物品，在探病时则以送鲜花与盆景为主。美国人在收到礼物时，一定要马上打开，当着送礼人的面欣赏或品尝礼物，并立即道谢。另外，美国人重视礼物包装，你很可能收到一份里三层外三层精美包装的礼物，打开却只是几颗巧克力糖而已，你也不要因此觉得失望或者认为美国人小气，相对于礼物的价值，美国人更注重的是心意。

美国人办事重效率，往往每天都有严格的计划，因此去美国家庭做客都要提前预约，否则会被认为是不速之客，可能会吃闭门羹。一旦约定，就要准时到达，不能迟到，也不要太早到。因为客人到来之前，主妇都要布置客厅、准备茶点。规模较大的正式场合，守时更为重要。做客时间一般不宜过长，但饭后不要立即告辞，应再与主人攀谈一会儿。若夫妇同去做客，应由妻子先起立告辞。如果你与主人不太熟，做客后应打电话或写短柬以表谢意。这样美国人会认为你很懂礼貌，从而留下一个好印象。

4．餐饮礼仪

用餐时，应等到全体客人面前都上了菜，且女主人示意后才开始用餐。在女主人拿起她的勺子或叉子以前，客人不得食用任何一道菜。用餐时，始终保持沉默是不太礼貌的，但咀嚼食物时不要讲话，讲话时不应放下刀叉，但也不要拿着刀叉乱晃。取菜时，最好每样都取一点，这样会使女主人愉快。用餐完毕后，女主人应先离座，客人再一起随着离开，餐巾放在桌上，不要照原来的样子折起，除非主人请你留下吃下顿饭。

（五）日本礼仪

日本是一个非常重视社交礼仪的国家，讲究礼节是日本人的生活习俗。

1．社交礼仪

初次见面时，日本人对互换名片极为重视。初次见面不带名片，不仅失礼而且对方会认为你不好交往。互赠名片时，要先行鞠躬礼，并双手递接名片。接到对方名片后，要认真看阅，看清对方的身份、职务、公司，用点头动作表示已看清楚对方的身份。日本人认为名片是一个人的代表，对待名片就像对待他们本人一样。如果接过名片后直接放入口袋，便被认为是失礼。

到日本官方机构、单位、公司或者是日本人家中拜访或做客，都必须预约。日本人在日常工作和生活中都很守时，迟到会被认为是失礼的行为。

日本的“鞠躬文化”也是日本礼仪文化的要素之一。日本人为表示恭敬礼貌而作“鞠躬”。不仅在初次见面使用，而且在日常的见面和分手道别（感谢、道歉的场合）也频繁地使用。日本“鞠躬文化”中，男性与女性鞠躬的方法有所不同。

日本人请求对方做某事时，不直接说“请你……”，而是委婉地说“我希望……”，“这么做怎么样”等；谢绝邀请时，一般不明确说“不行”，而是显出犹豫的样子，作为不好开口的信号。这些表现方式源于日本人的民族性格，日本这个单一民族的国家里，国民的性格有其共通之处，所以他们认为不需要表达得过于明确，对方也会明白自己的意思。

无论是访亲问友或是出席宴会，日本人都要带去礼品。到日本人家做客必须带上礼品，但礼物不必贵重，一般带上包装食品就可以了。日本人对礼品讲究包装，接受礼品的人一般都要回赠礼品。

2．服饰礼仪

无论在正式场合还是非正式场合，日本人都很注重自己的衣着。在正式场合，男子和大多数中青年妇女都着西服。男子穿西服通常都系领带。无论多热的天气，他们必定穿西装系领带出现在会见场合。和服是日本的传统服装，现在男子除一些特殊职业者外，在公共场所很少穿和服，但是在婚礼、庆典、传统花道、茶道以及其他隆重的社交场合，和服仍然是公认的必穿的礼服。

3．餐饮礼仪

日本以优良的餐桌礼仪见称。餐厅若需要脱鞋应注意将鞋尖朝外摆放，通常由同去的女士负责整理。

榻榻米的正确坐法是“正座”，即把双膝并拢跪地，臀部压在脚跟上。轻松的坐法有“盘腿坐”和“横坐”。“盘腿坐”即把脚交叉在前面，臀部着地，这是男性的坐法；“横坐”是双腿稍稍横向一侧，身体不压住双脚，这常是女性的坐法。

一般日本人在用餐之前及之后都要高声表达两种感受，用餐前要表达自己欣赏这顿饭食的意思，用餐后要感谢主人预备这顿极美味的饭食。

日本人的一餐饭食包括一碗饭、一碗味噌汤、两道或三道菜肴，配菜越多，那顿饭便越够体面。若有数道菜肴端上餐桌，已令客人颇难选择先品尝哪一道。用餐的正确次序是先喝小口热汤，然后可以品尝任何一道菜肴，但不要只集中吃同一道菜肴，应顺序循环吃每道菜肴，使各份比例均等，才可同一时间吃光所有菜肴。

4．主要禁忌

日本人一般不吃肥肉和猪内脏，有的人不吃羊肉和鸭子。

日本人不喜欢紫色，认为这是悲伤的色调；最忌讳绿色，认为是不祥之色。他们忌 9、4 等数字；受西方影响，不少人不喜欢 13，更忌讳星期五是 13 日；他们还忌讳三人一起合影，认为中间的人被左右两人夹着，是不幸的预兆。

（六）韩国礼仪

近年来，随着中韩经贸往来日益频繁，很多韩国人来华或长住在我国。因此，了解韩国的礼仪对于我们在工作和社会交往中具有一定的指导作用。

1．社交礼仪

韩国素有“礼仪之国”的称号，韩国人十分重视礼仪道德的培养，尊敬长辈是韩国人民恪守的传统礼仪。在韩国，长者得到特别尊重，在长者面前不能抽烟，与长者谈话要摘掉墨镜。

韩国人热情好客，每逢宾客来访，总是根据客人的身份举行适当规格的欢迎仪式。接待外国首脑来访，要按国际惯例举行盛大的迎送仪式，数以万计的人夹道欢迎或送别，场面隆重。在多数场合遇见外国朋友，韩国人总是彬彬有礼，热情问候，谈话得体，主动让道，挥手再见。

韩国人见面都是微微一鞠躬，互握双手或合手；分手时也鞠躬。男子不能主动与妇女握手。韩国重男，出门时妇女让男子先走；宴会时致辞以“先生们、女士们”开头。在宴会等场合，男女分开进行社交活动。两人在过道上交谈，应让第三者从两人中间通过。

应邀到韩国朋友家中做客，主人家事先要进行充分准备，并将室内院外打扫得干干净净。

韩国人时间观念很强，主人总是按约定的时间等候客人的到来，有的还要全家到户外迎候。客人到来时，主人多弯腰鞠躬表示欢迎，并热情地将客人迎进家中，并用饮料、水果等进行招待。韩国人素来待客慷慨大方，主人总要挽留客人吃饭，许多经济条件好的人家还要挽留远道而来的客人在家中留宿几天，用丰盛的饭菜款待。

进韩国人家里要脱鞋，到韩式食堂进餐也要脱鞋，因此一定要注意穿干净的袜子。袜子不干净或有破洞是失礼行为，会被人认为没有教养。入座时，宾主都要盘腿席地而坐，不能将腿伸直，更不能叉开。

2．餐饮礼仪

韩国人平时使用的一律是不锈钢制的平尖儿的筷子。中国人、日本人都有端起饭碗吃饭的习惯，但是在韩国人看来这种行为不合他们的规矩，而且也不能用嘴接触饭碗。圆底儿带盖儿的碗放在桌子上，没有供你手握的把，再加上米饭传导给碗的热量，不碰它是合情合理的。至于碗盖，可以取下来随意放在桌上。

既然不端碗，左手就一定要听话，老实地藏在桌子下面，不可在桌子上“露一手儿”。右手一定要先拿起勺子，从水泡菜中盛上一口汤喝完，再用勺子吃一口米饭，然后再喝一口汤，再吃一口米饭后，便可以随意地吃任何东西了。这是韩国人吃饭的顺序。

勺子在韩国人的饮食生活中比筷子更重要，它负责盛汤、捞汤里的菜、装饭，不用时要架在饭碗或其他食器上。而筷子只负责夹菜。不管你汤碗中的豆芽儿菜怎么用勺子也捞不上来，你也不能用筷子。这首先是食礼的问题，其次是汤水有可能顺着筷子流到桌子上。筷子在不夹菜时，传统的韩式做法是放在右手方向的桌子上，两根筷子要拢齐，三分之二在桌上，三分之一在桌外，这是为了方便再用。

韩国人家里如有贵客临门，主人感到十分荣幸，一般会以好酒好菜招待。客人应尽量多喝酒，多吃饭菜。吃得越多，主人越发感到有面子。传统观念是“右尊左卑”，因而用左手执杯或取酒会被认为不礼貌。

3．主要禁忌

韩国人普遍忌“4”字，因韩语中“4”与“死”同字同音，传统上认为是不吉利的。因此，在韩国没有 4 号楼、4 层楼、4 号房，军队里没有第 4 师，宴会厅里没有 4 桌，敬酒不能敬 4 杯，点烟不能连点 4 人。此外，孕妇忌打破碗，担心胎儿因此而唇裂；婚姻忌生肖相克，婚期择双日，忌单日；节庆期间要说吉利话；男子不要问女子的年龄、婚姻状况；打喷嚏时要表示歉意；剔牙要用手或餐巾盖住嘴；交接东西要用右手，不能用左手，因传统观念上认为“右尊左卑”，认为用左手交接东西是不礼貌的行为；给长辈或接长辈给的东西要用双手；等等。

总之，每一个国家都有自己独特的礼仪。因此，我们在对外交往和服务工作中，要了解一些外国的礼仪习俗。特别要注意其礼仪中的禁忌，以免在工作中引起不必要的误解和矛盾。

（5）会谈时，宾主相对而坐，以正门为准，主人坐背对正门一侧，客人面向正门。(　　)

（6）并排升挂三面或三面以上国旗时，依然讲究以右为上。(　　)

3. 思　考

（1）我国在排列对外礼宾次序时，常采用哪几种方法?

（2）在涉外交往中，悬挂国旗的基本规则是什么?

（3）关于涉外会谈礼仪、涉外宴请礼仪，你都知道哪些规定?

（4）根据你的所见所闻，谈谈你所知道的礼仪趣事。

（5）哪些物品不宜作为礼物送给外国友人?

（6）思辨讨论：在涉外旅游活动中，展示中国人的文明礼仪素养有何重要性?

任务 4　高速铁路客运服务礼仪规范

【教学目标】

1. 能力目标

能够根据客运服务质量礼仪要求规范自己的服务言行，并能够将其应用于高速铁路客运服务的具体实践。

2. 知识目标

理解高铁车站、高铁列车客运服务质量礼仪的具体内容和要求。

3. 素质目标

树立高速铁路客运服务礼仪意识,具备从事高铁客运服务礼仪的相关职业素养。

【任务导入】

王林是某火车站的一名客运员，主要工作是高铁进站口检票。一天，他在工作中遇到了这样的情况：

王林：女士，您好！请您出示您的身份证。

旅客：我没有购票，准备上车补票。

王林：对不起，这位女士，这趟车是对号入座的，没有购票不能上车。

旅客：我都说了，我没来得及买票，我上车补票不行吗?

王林：对不起，您没有车票不能上车。

旅客：那我送站总可以吧，我把亲属送上车，就出来。

王林：对不起，现在乘车已没有送站了，你不能进站。

这位旅客最终也没能进站，旅客生气了找车站领导投诉，说因为王林的阻拦耽误了她的行程，请车站赔偿她的损失。请问王林做得对吗？为什么?

讨论题：

1. 王林做得对吗?为什么?
2. 这个案例对你有哪些启示?

高铁客运服务直接面向广大旅客，客运人员的服务礼仪直接影响旅客服务质量评价，进而影响铁路的社会形象。良好的服务礼仪对于满足旅客的旅行需求有重要的作用，同时也可以一定程度上弥补客运服务中存在的一些不足。良好的客运服务礼仪不仅能体现铁路企业的管理水平和服务水平，同时还可以展现广大铁路职工爱岗敬业的良好精神风貌。

高速铁路客运服务礼仪规范，概括起来就是高速铁路车站、列车从业人员在工作中必须遵守的行为规范，是体现行业工作特点、展示自身精神风貌的外在表现，也是向旅客表达尊重、体现以旅客为中心的具体体现。在高速铁路客运行业提倡“旅客至上”的新时期，高铁客运服务礼仪规范被引入了全新的理念，意义重大。

一、高速铁路车站服务礼仪规范

（一）问讯服务礼仪规范

问讯处是旅客求助的中心，应为旅客提供整洁明亮的问讯环境和设施先进的问讯设备。问讯处尽量采用“开放式”的设计，让旅客与服务人员面对面进行交流，有条件的车站还应安装触摸式电子查询设备，供旅客自助查询。另外，问讯处还应提供丰富的问讯资料供旅客翻阅。自然流畅、文雅规范、不卑不亢的礼仪引导，会给我们的客运服务工作增添无限的魅力。

（1）问讯处客运员应统一穿着铁路制服，衬衣下摆不外露，制帽、职务标志佩戴规范（女性问讯处客运员还可佩戴白手套、头花）；头发整齐，精神饱满，面带微笑，服务期间采用标准站姿。男性问讯处客运员不留胡须，不佩戴任何金银首饰和装饰品，女性问讯处客运员不化浓妆。

（2）面对旅客问询，应彬彬有礼，面带微笑。一句“您需要帮助吗”，有利于消除旅客的焦虑、紧张和不安，给旅客以安慰、信任。其他岗位的工作人员面对旅客询问，也应热情回复。

（3）回答旅客问询时，要正视旅客，认真倾听，不要随便打断对方的问话。如需插话，应当在旅客讲话暂停后进行。不要直接否定对方的讲话，更不要“抬杠”，如果没有听清旅客的问话，应说“对不起，请您再说一遍，好吗”。

（4）回答问询，要使用普通话，声音大小适中，态度温和、耐心，回答内容要准确。对所有旅客要一视同仁，不以貌取人。当旅客向你表示感谢时，应微笑并谦逊地回答：“不用谢，这是我应该做的。”

（5）遇到不知道或不确定的问题时不能信口开河，也不要敷衍应付。应严格执行“首问首诉”的规定，做到问讯工作的有始有终。

（6）如果有多位旅客同时问询，应有条不紊一一作答。

总之，在问讯服务中，应做到百问不厌、百问不倒。客运员应熟练掌握本岗位业务基础知识，多总结、多积累其他相关岗位的业务知识，对交通、旅游、购物、餐饮、住宿、医疗等相关延伸知识也应有所了解，这样才能想旅客之所想，急旅客之所急，做到“问不倒，问不恼”。

（二）售票服务礼仪规范

售票业务由多个岗位构成，如窗口售票、进款、票库、计划管理等。其中窗口售票直接与旅客接触，所以售票服务礼仪就变得非常重要。

（1）窗口售票员上岗时应穿统一制服。穿着铁路制服要整洁、得体、规范，鞋袜、领带等要佩戴整齐，胸卡、肩章等服务标志要正确佩戴在指定位置。男性窗口售票员不留长发、胡须，女性窗口售票员发不过肩，不披头散发。

（2）窗口售票员应坐姿规范，声音亲切、大小适中。语言简练、电脑操作熟练，动作利落、快捷。

（3）售票时，应热情周到。对于旅客的反复询问，不要厌烦，严禁与旅客发生口角。

（4）回答旅客询问，应音量适中，必要时可提高音量。遇特殊情况，可让旅客将要求写在纸上，以免造成车票误购、误售。

（5）如遇旅客所需车票已售完时，应替旅客着想，可向旅客推荐其他车次。

（三）安检服务礼仪规范

实名制验证及“三品检查”工作对于维护站、车安全意义重大。在安检时，遇到旅客不理解、不耐烦的情况时有发生，因此必须注重安检服务礼仪规范。

（1）安检引导员应站姿规范，用语文明，请旅客主动出示有效的身份证件，同时主动伸手帮旅客把大包、重包放到安全检测仪上或抬到桌上进行检查。

（2）根据客流情况引导旅客分流。引导前面旅客安检的同时，提醒下一位旅客做好准备，以加快安检速度。

（3）安检时，如对旅客携带物品存疑，应把包拿到处置台进行开包检查，注意轻拿轻放。尽量由旅客自行打开，女包女检。安检处置员查包时，应有公安人员在场监督。

（4）开包检查时，如若发现违禁品，应耐心、和蔼地向旅客详细指出哪些物品属于违禁品，严禁旅客将违禁品带进站、带上车；若未发现违禁品，应对旅客的支持表示感谢。

（5）安检身检员使用手持式金属探测器对旅客进行全方位探查，对手持式金属探测器报警时所对应的部位要进行触摸检查，严格执行“男不检女”的规定。

（6）如果因安检工作不慎而损坏了旅客的物品，要立即向旅客赔礼道歉，同时承担赔偿责任。

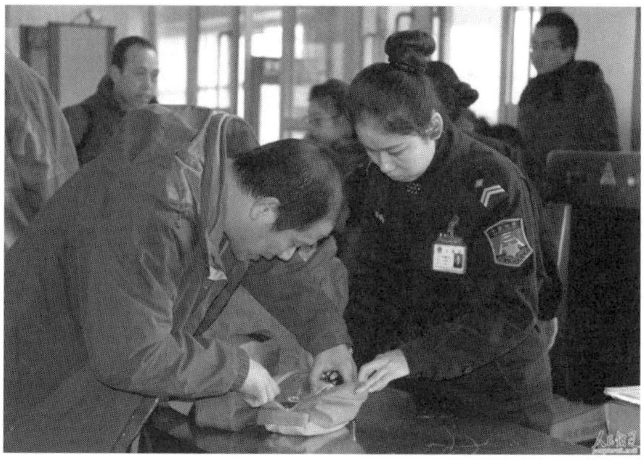

（7）安检完毕后，应向旅客表示感谢，说："对不起，给您添麻烦了，祝您旅途愉快，再见。"

（四）候车大厅服务礼仪规范

高速铁路车站候车大厅是车站的门面和窗口，宽敞明亮、整洁干净的候车大厅会使旅客心情舒适、愉悦，良好规范的服务礼仪也会让旅客产生赞赏、信赖之情。候车大厅人多嘈杂，旅客身份较复杂，文化层次相差大，客流量大，要做好文明服务礼仪，体现现代铁路客运服务的新面貌，候车大厅服务是关键而艰难的一个场所。

（1）着统一服装，做到仪表整洁、仪容端庄，符合中国国家铁路集团有限公司（简称"中国铁路"）《铁路旅客运输服务质量标准》和新版《铁路旅客运输服务质量规范》的要求。

（2）热情回答旅客的提问。在大厅遇到有人问询时，应停下脚步主动关切地问他："先生，您有什么事需要我帮忙吗？"显示出你的诚恳和亲切。

（3）随时解决候车大厅中旅客遇到的困难，做到耐心细致。

（4）应始终服务在旅客的身边，不要等到旅客去找你。

（五）检票服务礼仪规范

（1）着统一服装，做到仪表整洁、仪容端庄。

（2）应及时掌握列车运行情况，积极配合车站广播室及时、准确、清楚地通告列车运行情况，态度温和、语速适中。注意用语文明，对旅客说："您好，请出示您的身份证或手机信息。"

（3）检票即旅客用身份证通过验票机检验时，应做到微笑面对旅客，提醒或帮助旅客时，语气平和，吐字清晰，态度和蔼。

（4）如遇个别旅客扰乱秩序，应态度和蔼并进行劝阻："对不起，这位先生（女士），请您排队通过。"杜绝大声呼喊、训斥、推搡旅客。如旅客出现屡劝不止的现象，可态度严肃、语气坚定地进行劝阻。如因车站工作失误给旅客造成麻烦，要主动向旅客道歉，并想方设法为旅客解决困难。

（5）停检后，遇匆忙赶来的旅客应制止其强闯检票口，同时态度和蔼、语气亲切，耐心进行安慰，并提出解决建议："先生（女士），您别着急，您改乘××次列车同样可以到达。您可以去售票处办理改签手续。"切忌态度冷漠、刻薄生硬，甚至冷嘲热讽。

（六）出站服务礼仪规范

高速铁路车站客运服务人员贴心、规范的服务，将会为旅客的旅行画上圆满的句号。出站服务主要由高速铁路车站站台客运员和出站口客运员承担。

（1）如遇旅客方位识别存疑，除通过广播宣传引导外，站台客运员应随时为旅客指明正确的出站方向，做到有问必答。

（2）应积极疏导出站人群，对一些携带物品较多或行走不便的旅客，应主动帮扶，以保证出站秩序井然。如帮旅客拿行李要得到旅客的允许，并走在旅客身边，以免产生误解。

（3）出站查验身份证时，应着装整洁、精神饱满，向旅客微笑致意。[①]

（七）贵宾室服务礼仪规范

（1）贵宾服务应热情周到、有礼有度。

（2）引导贵宾时，一般走在贵宾左前方，与贵宾保持1米左右的距离，同时确保贵宾走中间。拐弯时，要放慢步伐或停下来，并以配以手势说"请这边走"。走到阶梯处或有门槛的地方要提醒贵宾注意，说"请注意脚下"或"请当心"。

（3）针对贵宾的服务语言要突出"礼"字，具体要求如下。

① 待客三声：来有迎声（主动问候）；问有答声（有问必答，按时回答，如实回答）；去有送声。

② 待客"四个不讲"：不尊重对方的语言不能讲；不友好的语言不能讲；不客气的语言不能讲；不耐烦的语言不能讲。

（4）和贵宾相遇时应立即起身、面带微笑、主动问候。

二、动车组客运服务礼仪规范

（一）普通旅客服务礼仪规范

1．始发迎客

（1）在座位的网兜内，整齐地放置各类期刊和清洁袋。

（2）检查洗手液是否注满、喷头是否通畅，将车厢内电源插座外盖扣好。

（3）如果车厢内的空气不够清新，在旅客上车前，乘务人员可在座椅侧面、窗帘上喷洒少量香水，车厢内喷洒少量空气清新剂。洗手间内除喷洒空气清新剂外，还可将固体香水取下直接对准通风口，以起到祛除异味的作用。

---

① 关于出站验票、补票，现行出站验票均以身份证方式，补票的问题在列车行进中就已处理。

（4）乘务人员的行李物品不能占用旅客行李架。

（5）乘务人员在车厢中相遇可背对背侧身，让对方通过，与旅客相遇时则应礼让旅客，让旅客先行通过。

（6）列车上要备有《全国地图册》《列车时刻表》及日常小用品、常用药品。

（7）确保每个特等座位、一等座位的网兜内配备的杂志种类齐全。

（8）迎客前须再次整理仪容仪表，旅客上车时，主动问候旅客，老人等重点旅客上车时，主动上前搀扶，协助提拿行李，儿童上车时弯腰问候，可抚摸儿童肩部表达对儿童的关爱。

（9）委婉提醒旅客找到座位后将过道让开，以便后面的旅客通过，但不得吆喝、推搡旅客，随时注意自身在疏通过道或协助旅客安放行李时是否堵住了过道。

（10）提醒旅客将大件物品存放在大件行李架上，小件物品按安全要求规范地放在座位上方的行李架上，要亲切、友好地提醒旅客不要将所携带的物品放在过道上，以免给其他旅客带来不便。

（11）协助老、弱、病、残及行李过多、过重的旅客安放行李。

（12）卧铺车厢乘务人员须主动上前迎接旅客并将其带到铺位上。

（13）在帮旅客摆放行李时，要先经旅客同意，摆放时轻拿轻放，同时要注意将行李摆放在旅客视线范围内，并提醒旅客自行看管好行李。避免将行李摆放在离旅客座位过远的行李架上，尤其是老年旅客的行李，要尽量放置在其座位的下方、上方或前方，避免其因无法照看而感到不安。

2．途中服务

（1）当发现旅客自带旅行茶杯时，可询问旅客是否需要添加茶水。

（2）当旅客正在食用自带的食品时，可询问旅客是否需要清洁袋。

（3）仔细观察旅客，对神色异常、感觉不舒服的旅客及时给予关心和帮助。

（4）为旅客提供服务时，要使用规范的服务用语。

（5）当旅客结伴而行时，可为其调转座椅方向，使他们能够面对面乘车。若旅客与朋友或家人座位不在一起时，可尽量为其调换座位。

（6）在保障安全、不违反政策的前提下适当为患病、身材高大等有特殊困难的旅客调整到更加舒适的座位或为其升级座位等级。

列车马上要开动前，如旅客尚未就座，可上前提醒旅客坐好，注意安全。

（7）提醒旅客不要把容易滴洒的液体放在行李架上。

（8）提醒旅客保管好笔记本电脑等贵重物品或易碎物品。

（9）放置报纸后勤洗手，以免污染其他物品。要检查报纸日期，避免发放过期报纸。

（10）乘务人员在车厢中走动，动作要轻，避免碰撞正在阅读报刊或休息的旅客，拉帘子的动作要轻并要提前和旅客打好招呼，避免惊扰旅客。

（11）对于一等座旅客，如果旅客需要，可为其提供拖鞋。禁止用大、小托盘送拖鞋，送拖鞋时一次最多拿 4 双。可在旅客面前打开拖鞋的外包装，用手撑开拖鞋鞋面并将拖鞋整齐地摆放在旅客靠过道的脚边。

（12）提前安排好视频播放顺序。乘务人员要提前在车厢感受音量大小，并做适当调整。

（13）了解旅客对视频节目的反应，及时更换不受欢迎的节目。

（14）为特等座旅客提供饮品时，主动协助旅客打开小桌板。检查列车提供的食品、饮料的品质，以及餐饮用具是否干净。

（15）服务特等座旅客时，不要等到旅客的饮料全部喝完后再为旅客添加。热水须保持一定的温度，禁止为旅客提供“温吞水”，提供茶水、咖啡、米饭或汤时，为了避免烫着旅客，可在杯子、饭碗、汤碗与下面的垫盘之间垫张纸巾。

（16）为旅客送茶和咖啡时，可使用杯托。

（17）为特等座旅客服务时，要留心观察，最好在旅客开口之前就提供所需服务。

3．餐食服务

（1）旅客预定的特殊餐食要优先提供。

（2）用委婉的语言提醒前排旅客调直座椅靠背，以方便后排旅客用餐。

（3）为特殊旅客（老人、视障人等行动不便的旅客）提供餐食服务时，要征求旅客意见，在征得其同意后，帮助其打开餐盒。

（4）为旅客冲泡热饮，须同时送上纸巾或湿纸巾。

（5）为旅客提供餐饮服务时要主动协助旅客放下或取出小桌板。

（6）乘务人员为旅客送热饮时要提醒旅客小心烫手。

（7）有旅客在餐饮服务时提出其他的需求，要尽可能及时满足。如当时无法满足，为了避免遗忘，可将旅客的需求、座位号记录下来并尽快给予满足。

（8）禁止将热饮或杂物从旅客头顶上方掠过，旁边旅客协助递送时须及时向提供帮助的旅客致谢。

（9）服务过程中时刻提醒旅客注意安全，阻止儿童在过道上玩耍。

（10）收餐时可在垃圾车的抽屉内准备一些餐巾纸和清洁袋，以及干净的湿毛巾（随时擦拭旅客小桌板上的汤汁）。

（11）注意礼貌用语，对旅客提出的需求尽可能满足，确实无法满足时，委婉地向旅客说明原因，取得旅客的谅解。

（12）掌握好服务节奏，减少旅客等待的时间。

（13）列车变速运行时要固定好售货车内的物品，避免发出较大的声响。

4．巡视车厢

（1）动车组乘务人员须保持口腔清新，避免口腔异味干扰旅客。

（2）要保持洗手间干净、卫生，定期打开洗手间通风口，及时喷洒香水，如部分洗手间马桶异味较大，须及时盖好马桶盖。

（3）打扫洗手间时须关上洗手间的门，以免冲水的噪声和异味打扰旅客。

（4）乘务人员单独回答旅客询问时，可以采用蹲式服务，音量以不影响其他旅客休息为宜；委婉提醒大声交谈的旅客，避免其影响其他旅客。

（5）巡视车厢时避免碰撞看报或休息的旅客，如不小心碰撞旅客，应及时真诚地道歉。

（6）旅客把报纸伸出过道阅读时，乘务人员应委婉地要求旅客把过道让出并及时对旅客的配合表示感谢。

（7）提醒大声喧哗的旅客保持车厢的安静，要注意说话的态度及语气，充分尊重旅客，宜采用征求意见式劝阻法，而不是严肃的命令式劝阻法。

（8）通过与旅客交谈、发放旅客征询意见表等形式，消除旅客旅途的寂寞，培养旅客乘坐动车组出行的偏好。发放旅客征询意见表时，还须为旅客提供笔。

（9）特等座旅客按了呼唤铃时，乘务人员应立即到车厢询问旅客："请问有什么可以帮你？"之后关闭呼唤铃。禁止出现乘务人员直接关闭呼唤铃，不询问旅客需要什么帮助的情况。

（10）询问特等座阅读书报的旅客是否需要打开阅读灯。

（11）当洗手池水龙头出现故障时，乘务人员应主动为旅客提供湿纸巾。

（12）列车上供旅客使用的服务设施出现故障时，乘务人员可以提前在出现故障的位置贴上一些提示性的告示。

（13）乘务人员在工作中应时刻保持良好的精神面貌和训练有素的举止。

（14）耐心倾听旅客的各种抱怨，力所能及地满足旅客的要求。

（15）避免谈论有争议的话题，避免与旅客长谈。

（16）列车快到站前，应及时将预计到站时间和到达地的天气等情况告知旅客。

（17）特等座旅客暂时不用的毛毯应及时折叠，整齐地放在其座椅边缘；旅客看完后丢弃的报纸应及时收走。

（18）从乘务人员座椅起身时，用手轻轻按压椅面，避免座椅强烈弹起而发出声响。

（19）送客时，对行李较多的旅客应提供适当的帮助，当其堵住车厢通道时，应主动上前帮助旅客提拿行李；如旅客的背包肩带掉落，可帮其扶好。

5．其他服务

（1）旅客丢弃在车厢通道上的杂物，包括报纸、纸巾、包装纸，甚至是非常小的牙签、碎纸屑等都要及时清理干净。

（2）注意观察旅客用餐的情况，及时回收旅客用完的餐盘及食品包装，回收时应避免将餐食的汤汁溅落在旅客身上。

（3）为特等座旅客提供毛毯时，毛毯上的动车组标志应正面朝上。

（4）当特等座旅客睡觉时，可协助旅客关闭阅读灯、拉上窗帘，根据旅客休息情况调暗车厢灯光。

（5）旅客休息时，主动提醒旅客头朝窗户方向，避免餐车或行人碰撞其头部。

（6）旅客休息时，应及时收走小桌板或座椅口袋中的杂物，避免杂物影响旅客休息，对于有水的水杯应及时收走或将盖子拧紧，以免水泼洒到旅客身上。

（7）旅客睡着时，实行“零干扰”服务。

（8）委婉阻止持低等级车票的旅客到高等级车厢就座，避免乘务人员及售货车频繁进出车厢。乘务人员说话要轻，动作也要轻，避免打扰旅客。

（二）特殊旅客服务礼仪规范

1．贵宾旅客

（1）了解贵宾旅客的职务、年龄、性别、服务喜好等信息，以方便为其提供个性化的服务。

（2）贵宾旅客上车时，及时为贵宾旅客挂好衣物并向其介绍座位号和到达站。

（3）列车长代表乘务组向贵宾旅客致欢迎词，表达竭诚为其服务的意愿。

（4）主动向贵宾旅客介绍供餐程序和餐食品种，征求贵宾旅客的意见后，再确定其用餐的品种和时间。

（5）尽量减少对贵宾旅客的不必要打扰，如贵宾旅客不需要服务，乘务人员之间应做好沟通，避免重复询问。

（6）送客时帮助贵宾旅客提拿行李并交给接站人员或随行人员，真诚地向贵宾旅客道别，表达期待再次为其服务的意愿。

（7）与贵宾旅客聊天时，话题应避免涉及商业机密或政治方面的内容。

（8）不要忽视贵宾旅客的随行人员，对贵宾旅客随行人员的各项服务应优先于普通旅客。

（9）列车乘务人员应真诚地询问贵宾旅客及其随行人员对列车服务质量的满意度。

（10）贵宾旅客随行人员下车时，也须主动向其道别。

2. *孕妇、儿童及携带婴儿的旅客*

（1）孕妇旅客上车时，应主动帮助其提拿、安放随身携带品。

（2）向孕妇旅客多提供几个清洁袋，主动询问孕妇旅客乘车感受，随时给予照顾。

（3）下车时，乘务人员可协助孕妇旅客提取行李。

（4）儿童旅客上车时可弯腰向其问好，以表示欢迎及爱护，要告知儿童旅客的监护人在列车运行期间不要让孩子随便跑动，以免发生危险。

（5）根据车上现有条件向儿童旅客提供一些读物、玩具等。

（6）主动关闭婴儿所在座位的通风孔，告知携带婴儿的旅客卫生间换尿布台的位置及使用方法。

（7）主动帮助携带婴儿的旅客提拿行李并将行李安放整齐，事先提示其把婴儿用的物品取出，放在便于拿取的位置。

（8）用餐时，提醒携带婴儿的旅客及周围的旅客注意避免将小桌板上的饮料（尤其是热饮）泼洒到婴儿身上。主动询问携带婴儿的旅客是否需要为婴儿准备食物，是否要冲奶粉，有无其他特殊要求等。为婴儿准备热水时，用小毛巾或餐巾纸将冲好的奶瓶包好，递给照顾婴儿的旅客。

（9）提供饮料服务时，须先将饮料给儿童旅客的监护人后再由其转交给儿童旅客，根据需要为儿童旅客提供吸管。

（10）要时刻关注携带婴儿的旅客，但除非旅客请乘务人员帮忙，否则不要主动去抱婴儿。

（11）对于经过批准上车的无人陪伴、单独乘车儿童，须随时关注其情况并向其提供必要的帮助。

（12）列车到站时，与接站人员做好无人陪伴、单独乘车儿童的交接工作。

3．老年旅客

（1）老年旅客上车时，需主动上前搀扶并将其送到座位上。

（2）老年旅客腿部怕冷，应主动提供毛毯。

（3）由于老年旅客听觉较差，经常听不清楚广播内容，乘务人员应主动告诉其广播内容并向其介绍车厢服务设备、洗手间的位置等信息。与老年旅客讲话时，音量要提高，但要注意保持友好亲切的说话语气和服务态度。

（4）为老年旅客提供饮料时，应主动介绍饮料的相关情况，提醒老年旅客该饮料是否含有糖分。

（5）老年旅客在用餐时，在征得其同意后，可主动为其打开餐盒及刀叉包。

（6）旅途中经常看望老年旅客，主动问寒问暖。工作空余时多与他们交谈，消除老年旅客的寂寞。

（7）主动帮助老年旅客填写旅客征询意见表。

（8）到达目的地后，提醒老年旅客别忘记所携带的物品，搀扶其下车，与接站人员做好交接。

（9）如老年旅客要使用洗手间，应及时满足并帮其放好马桶垫纸。

4．伤残旅客

（1）了解伤残旅客的到达站信息，并将到达时间、换乘车次及时间等信息通过语言、手势或写字等多种有效的方式告诉伤残旅客。

（2）将车上设备的使用方法、洗手间位置、餐饮品种等内容通过语言、手势或写字等多种有效的方式告诉伤残旅客。服务过程中要尊重伤残旅客的意愿。

（3）将伤残旅客安排在离车门较近的位置。

（4）伤残旅客就座后，应主动询问其是否需要枕头或毛毯。

（5）对于下肢伤残的旅客，应及时用小纸箱等物品协助其垫高下肢，尽量使其感觉舒适。

（6）乘务人员在为伤残旅客（特别是刚受伤的旅客）服务的时候，应保持正常的心态，以免伤其自尊心，不可出现歧视、怜悯等态度。

（7）在供应饮料和餐食时，应帮助伤残旅客放好小桌板，在征得其同意后，帮助其打开餐盒。

（8）无人陪伴的伤残旅客去洗手间时要主动搀扶。

（9）到站后，帮助伤残旅客下车并与接站人员做好交接后，服务工作才结束。

（10）高速铁路客运服务工作中经常会遇到有语言障碍的旅客，掌握基本的手语非常必要。

5．晕车旅客

（1）轻声询问晕车旅客乘车前后的情况及有无晕车史，根据情况为旅客提供晕车药并加以安慰。

（2）主动提供热毛巾、温水及清洁袋，建议晕车旅客解开过紧的领带或衣领扣。

（3）可将晕车旅客转移到人少、通风良好的车厢。

（4）待晕车旅客症状缓解后，适时为其他旅客提供服务。

（5）下车时，主动帮助晕车旅客提拿行李并搀扶其下车。

【任务实施】

1. 将学生分成若干组，每组6位同学，并确定组长。

2. 由组长负责组织，根据动车组列车客运服务过程，组织小组成员共同整理某一过程的客运服务礼仪规范。

3. 每个小组将自己的资料进行整理，制作成PPT展示给大家并进行演示。

4. 教师为每个小组分别打分。

活动评分表

评分标准	得分	说明
资料是否充分、全面。(30分)		
现场展示是否正确、得体。(20分)		
PPT文件制作是否生动、准确。(10分)		
PPT文件讲解是否通顺、流畅。(20分)		
小组成员活动是否积极。(10分)		
团队协作是否协调。(10分)		

【案例资料】

小李刚从铁道职业技术学院毕业，被分配到某车站做客运售票工作。小李对待本职工作满腔热情，可是上班第一天就被部门领导批评了，原因是服务态度不好，可是小李有些不明白自己哪里做得不对，下面是她的回忆：

旅客：你好，我想买一张到天津的卧铺票，都有哪几趟车能到啊？

小李：屏幕上显示着呢，你自己看。

旅客：×××次列车到北京大概几点啊？

小李：我今天第一天上班不太清楚，你去查查列车时刻表或者上12306的网站上查查。

旅客：那好吧，我想买一张×××次列车的下铺。

小李：给我你的身份证啊。

小李将打好的车票连同身份证、零钱一起从小窗口飞出，旅客正好顺利地接到。

小李：下一位……

讨论题：

1. 此案例中，小李工作中是否存在服务态度不好的问题，应该怎样做才合适呢？

2. 这个案例对你有哪些启示？

【任务练习】

1. 选择题（1-2 题为单选题，3-8 题为多选题）

（1）（　　）是旅客求助的中心，应为旅客提供整洁明亮的问讯环境和设施先进的问讯设备。

A. 安检处　　B. 检票口

C. 问询处　　D. 售票处

（2）引导贵宾时，一般走在贵宾（　　）。

A. 并排　　B. 后面

C. 前面　　D. 左前方

（3）针对贵宾的服务语言要突出“礼”字，要做到（　　）。

A. 不尊重对方的语言不能讲　　B. 不友好的语言不能讲

C. 不客气的语言不能讲　　D. 不耐烦的语言不能讲。

（4）出站服务中，客运员应（　　）。

A. 积极疏导出站人群　　B. 着装整洁

C. 精神饱满　　D. 向旅客微笑致意

（5）检票员应做到（　　）。

A. 注意微笑面对旅客　　B. 着统一服装

C. 及时掌握列车运行情况　　D. 语气平和，态度和蔼

（6）检票服务应做到（　　）。

A. 严肃端庄　B. 着统一服装　　C. 仪表整洁　　D. 仪容端庄

（7）回答旅客问询时，要（　　）。

A. 正视旅客　　B. 可以随意打断旅客的话

C. 认真倾听　　D. 不要随便打断对方的问话

（8）安检员应做到（　　）。

A. 站姿规范

B. 用语文明

C. 根据客流情况引导旅客分流

D. 严禁旅客将违禁品带进站、带上车

2. 判　断

（1）在问讯服务中，应做到百问不厌、百问不倒。（　　）

（2）窗口售票员上岗时，特殊情况下可以不穿统一制服。（　　）

（3）男性窗口售票员不留长发、胡须，女性窗口售票员发可过肩，可以披散头发。（　　）

（4）检票停止后，遇匆忙赶来的旅客，检票员应制止其强闯检票口，同时态度和蔼、语气亲切，耐心进行安慰，并提出解决建议。（　　）

（5）站台客运员应随时为旅客指明正确的出站方向，做到有问必答。（　　）

（6）贵宾服务应热情周到、有礼有度。（　　）

3. 思　考

（1）动车组客运服务在始发迎客时，有哪些服务礼仪规范?

（2）动车组客运服务在进行餐食服务时，有哪些服务礼仪规范?

（3）动车组列车为儿童服务时，应遵循哪些服务礼仪规范?

（4）动车组列车为老年旅客服务时，应遵循哪些服务礼仪规范?

（5）谈谈你对特殊旅客服务礼仪规范的理解。

（6）分组讨论：进行动车组客运服务应注意遵守哪些规范。

参考文献

[1] 李增和. 铁路客运服务与礼仪[M]. 成都：西南交通大学出版社，2014.

[2] 金正昆. 涉外礼仪教程[M]. 北京：中国人民大学出版社，2010.

[3] 贾俊芳. 高速铁路客运服务[M]. 北京：中国铁道出版社，2014.

[4] 董正秀. 铁路运输服务礼仪[M]. 北京：中国铁道出版社，2007.

[5] 林友华. 社交礼仪[M]. 北京：高等教育出版社，2014.

[6] 付桂英. 体态礼仪与形体训练[M]. 北京：北京师范大学出版社，2013.

[7] 周平. 铁路旅客运输服务[M]. 北京：中国铁道出版社，2006.

[8] 铁路职工岗位培训教材编审委员会. 列车员 列车值班员[M]. 北京：中国铁道出版社，2013.

[9] http://www.cdpf.org.cn/special/zgsy/node_305701.htm. 中国残联专题——手语图文教学.

[10] 周加李. 涉外礼仪[M]. 北京：机械工业出版社，2017.

[11] 张英姿. 高速铁路客运服务礼仪[M]. 北京：北京交通大学出版社，2017.